Frauen, die wir werden

Ann G. Thomas

Frauen, die wir werden

---

*Vorbilder in Märchen
und Mythen
für das Leben,
das noch vor uns liegt*

Übersetzt aus dem Englischen von
Susanne Dahmann

Scherz

Inhaltsverzeichnis

EINLEITUNG

Als Psychotherapeutin habe ich im Laufe der Zeit mit zahllosen Frauen gearbeitet, die Probleme mit dem Älterwerden hatten. Dabei habe ich die Erfahrung gemacht, daß Mythen und Märchen diesen Frauen bei der Lösung ihrer Probleme oft helfen konnten. Denn all diesen Erzählungen liegt eine tiefe Weisheit zugrunde, die sich der Seele unmittelbar erschließt und die uns etwas über den Sinn des Älterwerdens offenbart. Immer wieder hat mich die eine oder andere Frau angerufen oder mir geschrieben, um zu sagen: «Das und das ist mir passiert, und da habe ich mich an die Geschichte erinnert, die Sie mir erzählt haben…»

Für dieses Buch habe ich eine Anzahl von Märchen und Mythen ausgewählt, die mir besonders bedeutungsvoll erscheinen. Ich werde mich nicht darauf beschränken, sie bloß nachzuerzählen, sondern ich versuche ihre Botschaft zu deuten, indem ich die Erkenntnisse der modernen Psychologie über das Älterwerden anwende, um die verwendeten Symbole und Metaphern zu entschlüsseln.

Es ist noch nicht lange her, da glaubten Psychologen, daß sich das körperliche und seelische Wachstum eines Menschen im wesentlichen zwischen dem ersten und dem 25. Lebensjahr vollzieht. Heute wissen wir, was den Märchenerzählern seit Jahrtausenden klar ist: Um ein gesundes und erfülltes Alter zu erleben, muß man seine emotionale Entwicklung ständig fortsetzen. Wenn unser Leben erfolgreich sein soll, dann müssen wir mehr tun, als nur unseren Körper und unseren Intellekt funktionstüchtig zu erhalten. Wir müssen uns auch um unsere seelischen und spirituellen Bedürfnisse kümmern. Ohne diese Bemühungen wird unser Geist verkümmern und absterben.

Schon zu der Zeit, als es noch keine schriftliche Überlieferung

gab, hatten Psychologen, religiöse Führer und Märchenerzählerinnen ein sicheres Gespür dafür, daß die innere Natur des Menschen sowie die Natur des Universums in ihrem Wesen unverän-
dert bleiben, auch wenn sich Kulturen, Gesellschaften und Zeiten
ändern mögen. Wer Weisheit und Frieden – das höchste Ziel des
Alters – erlangen will, der muß das Abenteuer einer inneren Odys-
see wagen.

Dieses Buch handelt von den Aufgaben und Herausforderungen, denen sich all diejenigen stellen müssen, die sich auf den Weg
begeben.

Lassen Sie mich zunächst erzählen, wie ich überhaupt dazu
kam, dieses Buch zu schreiben:

Ein warmer Lufthauch zieht durch das Fenster meines Schlaf-
zimmers und bringt den Duft von Jasmin mit. Ich habe für heute
keine Sprechstunden vereinbart. Der Tag beginnt perfekt. Es ist ein
Gefühl wie früher, wenn die Schulferien vor der Tür standen und
man alles auf eine aufregende, magische Weise als unbeschwert und
verheißungsvoll empfand. Der Tag, der vor mir liegt, verspricht
einer dieser ungetrübten freien Tage zu werden.

Als ich mir im Badezimmer das Gesicht wasche, schaue ich
zufällig in den Spiegel. Und da schaut mir, mit einer Intensität, die
ich auf meiner Haut spüre, eine alte Frau entgegen.

Einen Moment lang starren wir einander sprachlos an.

Dann…

«Du bist alt», höre ich mich selbst sagen.

Sie schaut zurück und wartet geduldig, bis ich all ihre Falten
begutachtet habe, so, als würde ich sie zum ersten Mal befühlen.

«Du bist wirklich alt, oder?» sage ich. «Du bist eine alte Frau.
Heute ist ein wundervoller Sommermorgen, bis eben fühlte ich
mich, als ob ich zwanzig sei, und plötzlich bist du da…»

Sie hebt eine Augenbraue und zeigt mir ein belustigtes Lächeln,
als ob sie sagen wollte: «Du führst Selbstgespräche. Ist das nicht
etwas, was deine Großmutter immer tat?»

Ich nicke und kann es kaum glauben. Ich bin erwacht in der
Erwartung eines magisch unbeschwerten Tages, aber nun ist die
Magie auf einmal von ganz anderer Art: Die magischen Kräfte
haben von irgendwoher eine alte Frau herbeigezaubert, und sie ist
in meinem ziemlich gewöhnlichen Badezimmer Wirklichkeit geworden. Darüber muß ich in Ruhe nachdenken.

«Diese Begegnung im Spiegel», begreife ich mit einemmal, «hat nichts mit dem Älterwerden zu tun. Hier geht es darum, alt zu sein.»

«Aber du bist noch nicht alt. Vielleicht hat das Kissen dir heute nacht Falten ins Gesicht gedrückt. Und außerdem, was ist denn so schlimm daran, alt zu sein?»

Diese Frage konnte ich wirklich leicht beantworten. Ohne nachzudenken, fielen mir die Schrecknisse des Alters ein: Falten, Hautstreifen, Altersflecken und Zellulitis. Dann wird die Kraft immer weniger, das Telefonbuch kann man nicht mehr mit bloßem Auge lesen, es fällt schwer, einen Faden in die Nadel zu fädeln. Die Koordinationsfähigkeit nimmt ab, und die physische Beweglichkeit ist eingeschränkt. Und als ob das nicht genug wäre, sind da noch die Jahre, die bloße Zahl an Jahren. Wenn die Zahl groß genug ist, wird man von vielen als zu alt abgetan.

Wer als alte Frau angesehen wird, muß damit rechnen, «altes Weib» oder «Hexe» genannt zu werden. Früher waren diese Bezeichnungen respektvolle Namen für Frauen, die sich durch ihre Weisheit und ihre Spiritualität auszeichneten. Heute sind daraus Schimpfwörter geworden, die man für alte Frauen bereithält, die unzufrieden, mürrisch und aggressiv geworden sind. Da heute keine Frau mehr mit diesen einst so ehrenvollen Titeln angesprochen werden möchte, sind diese Bezeichnungen auch eine Warnung an sie, im Alter ja keinen Ärger zu machen oder störend aufzufallen.

Es ist kein Wunder, daß wir alle versuchen, das Älterwerden zu verdrängen. In unserer Kultur hat das Alter keinen Platz. Die Familie und die Freunde spiegeln dieses kulturelle Vorurteil wider. Die natürlichen Verluste und Veränderungen, die das Altern begleiten, sind in der Tat beängstigend. Als ich mir dies eingestehe, empfinde ich sowohl Angst als auch Wut.

Und doch gibt es viele Menschen, die auch im hohen Alter inneren Frieden und Reichtum ausstrahlen. Es scheint so, daß diese Menschen über eine unsichtbare Einsicht verfügen. Wenn man mit ihnen spricht, wirken sie ruhig, ausgeglichen und zuversichtlich.

Wie findet diese Verwandlung statt? Meine Begegnung mit der alten Frau im Spiegel konfrontierte mich mit dem Gefühl, plötzlich und überraschenderweise am Ende meines persönlichen Weges angelangt zu sein. Ich empfand den Schrecken, der jede unerwartete Berührung mit dem Tod begleitet. Gleichzeitig erkannte ich jedoch, daß die Zeit trügerisch ist. Ich war – in dem Spiegel – eine Frau, die junge Leute eine «alte Dame» nennen würden. Die Zeit schien zu rennen. Im Laufe des Tages hatte ich das Gefühl, daß die Zeit außer Kontrolle geriet, ich dem Tod mit rasender Geschwindigkeit entgegenging. War meine Zeit vorüber?

Bis zu diesem Tag hatte ich – während meiner Jugend und auch als erwachsene Frau – immer den Eindruck gehabt, genug Zeit zu haben. Bis zu meiner Begegnung mit der Frau im Spiegel war Zeit immer im Überfluß vorhanden gewesen. Alle Menschen, die ich kannte, waren auf die Gegenwart oder die Zukunft konzentriert: Wir zogen unsere Kinder groß und malten uns ihre Zukunft aus. Wir arbeiteten, um die Dinge zu bekommen, die wir besitzen wollten, wir fanden Wege, um die Machtpositionen zu erobern, die wir zu brauchen meinten, und wir verwandten unsere Energie darauf, gesellschaftliche Mißstände zu beseitigen, ob das nun Armut, Ignoranz oder Krankheit war. Unser Leben war zielgerichtet, und es gab immer jede Menge Zeit… Und dann, eines Morgens, war da plötzlich eine alte Frau im Spiegel, die etwas brachte, was kein Geschenk zu sein schien – den Schrecken.

Ich begann, alte Menschen aufzusuchen, die trotz ihres Alters Zuversicht ausstrahlten, und ich sammelte Geschichten aus vielen verschiedenen Kulturen über das Älterwerden. Sowohl von den Menschen als auch aus den Geschichten lernte ich, daß das Altern einen Sinn hat. Und ebendiesen Sinn versucht inzwischen auch die westliche Psychologie wiederzuentdecken.

Die alte Frau, die mir an jenem Sommermorgen begegnete, war keine Chimäre. Sie war die Verbindung – eine trickreiche und trügerische Verbindung – zu einer Welt, deren Sprache ich erlernen mußte. Sie zeigte mir, daß man nicht ohne eigenes Zutun zu einer erfüllten und zufriedenen älteren Frau heranreift. Dazu ist mehr nötig – mehr als die vernunftgeleitete Auseinandersetzung mit physiologischen und psychologischen Veränderungen oder die Teilnahme an Seniorenabenden. Wir müssen uns auch auf unsere inneren Welten konzentrieren, denn dort liegt der Schlüssel zu unserer Zukunft.

In den ersten sechs Kapiteln dieses Buches stelle ich jeweils eine der Aufgaben vor, die von uns auf dem Weg zu einem sinnerfüllten und glücklichen Alter gemeistert werden müssen. Die erste stellt sich bereits für Frauen um die Vierzig – also lange bevor das wirkliche Altern beginnt. Die Herausforderung lautet: Jede muß intellektuell und *gefühlsmäßig* die Wirklichkeit ihres eigenen Todes akzeptieren. Eine Frau, die diese frühe Entwicklungsaufgabe zu vermeiden sucht, wird nicht in der Lage sein, Sinn und Freude in ihrem Leben zu finden, denn sie wird vom ersten Moment an in Angst gefangen sein.

Wenn wir akzeptieren, daß das Leben endlich ist, dann können wir versuchen die Frage zu beantworten, welchen Platz wir im kosmischen Plan einnehmen oder ob es überhaupt einen solchen kosmischen Plan gibt. Die eigene Endlichkeit zu akzeptieren heißt also, nach neuen Fragen und Antworten zu forschen, sich auf eine Reise ins Ungewisse zu begeben, die jede ganz für sich alleine antritt.

Die zweite Aufgabe besteht darin festzustellen, wie wir unser Leben gelebt haben. Die meisten von uns haben neben den Freuden und Erfolgen auch unerfüllte Träume, unerreichte Ziele und Enttäuschungen zu bewältigen. Wir neigen dazu, diese Erfahrungen zu verdrängen. Vielleicht wußten wir es nicht besser, vielleicht hatten wir gar keine Wahl, oder es ist ohnehin Schnee von gestern. Dennoch müssen wir, um unser Leben ganz zu verstehen, um es in Besitz zu nehmen, akzeptieren, daß diese Enttäuschungen und Mißgeschicke unwiderruflicher Bestandteil unserer Lebensgeschichte sind.

Wir stellen fest, daß es nicht mehr genügend Tage gibt, um alles wiedergutzumachen. Es ist nicht rückgängig zu machen, daß Familien sich entfremdet haben, daß Menschen gestorben sind, bevor sich die Gelegenheit zur Aussprache ergab, daß wir alle viele Chancen vertan haben. Wir können uns nicht länger vormachen, daß eines Tages alles anders sein wird. Wir müssen unsere Vergangenheit annehmen, wenn wir nicht wollen, daß der bohrende Schmerz, versagt zu haben, unser Leben überschattet. Viele flüchten sich lieber in Alkohol, Depression oder Krankheit, anstatt sich selbst – so wie wir nun mal sind – anzunehmen. Natürlich können wir diese Kiste mit Enttäuschungen nur dann öffnen, wenn wir auch imstande sind zu realisieren, daß vieles von dem, was uns schmerzhaft und enttäuschend erscheint, auch einen Sinn hat. Nur diejenige, die in ihrem Leben Sinn erkennt und bereit ist, ihr Leben zu akzeptieren, wird auch den Weg zu Verzeihung und Heilung finden. Und dieser Weg ist es, der zur Weisheit führt, die wir an einigen unserer älteren Freundinnen so schätzen.

Neben dem Verständnis für das, was in unserem Zusammenleben mit anderen Menschen geschehen ist, eröffnet das Älterwerden jeder von uns die Möglichkeit, mehr von ihrer inneren Natur zu entdecken. Dieses innere Selbst enthält Aspekte von uns, die wir jahrelang unterdrückten, weil sie uns, als wir sie zuerst begutachteten, häßlich oder unerwünscht erschienen. Derjenige Teil der Psyche eines Menschen, der solche Merkmale birgt, wird von der Schule C. G. Jungs der Schatten genannt.

Es ist ein Irrtum, wenn wir glauben, diese Aspekte unserer Persönlichkeit erfolgreich unterdrückt zu haben. Die frühere Neigung, sich aufzublasen, die Intoleranz, die unkontrollierte Wut sind immer noch da, sie führen lediglich ein Schattendasein. Vielleicht warten all diese Eigenschaften nur darauf, endlich wieder an die Oberfläche zu drängen, wenn Streß oder Alter oder etwas anderes unsere Verteidigung schwächen. Wer sich dann unachtsam verhält, der läuft Gefahr, die Menschen, die er liebt, zu kränken und sich selbst lächerlich zu machen.

Außerdem ist es so, daß zumindest einige unserer Schattenseiten – oft gerade die, die wir selbst am meisten verabscheuen – für die Menschen um uns herum durchaus sichtbar sind. So empfinden uns andere vielleicht als sehr bestimmend oder unbeherrscht, während wir selbst uns einreden, daß wir nur hilfsbereit oder hartnäckig seien.

Wenn wir seine Aufgaben annehmen, schenkt uns das Alter nun die Gelegenheit, das, was wir unterdrückt hatten, ans Tageslicht zu bringen, damit wir es uns einmal in Ruhe anschauen können. Erst dann sind wir in der Lage zu entscheiden, wohin eine besondere Eigenschaft in unserem Leben gehört. Verstauen wir diese Eigenschaft dann wieder an ihrem Platz, dann wissen wir zumindest, daß es sie gibt, und können sie besser kontrollieren, wenn sie wieder einmal auftauchen sollte.

Der Schatten eines jeden Menschen ist einzigartig. Darüber hinaus gibt es eine tiefliegende Ebene der menschlichen Psyche, die C. G. Jung das *Kollektive Unbewußte* nennt. Auf dieser tiefsten

Ebene befinden sich die Archetypen, die psychologischen Repräsentanten des menschlichen Instinkts. Da in jedem Menschen Archetypen ruhen, sind sie unsere Verbindungen untereinander in diesem Universum. Niemand ist ein Archetyp, aber Archetypen leben in jedem von uns und beeinflussen unser Dasein.

Das Dunkle Weibliche ist ein solcher Archetyp, der das Leben einer jeden Frau bestimmt, vor allem im Alter. Es ist wichtig, ihn kennenzulernen, denn viele alte Frauen werden zu Karikaturen des Dunklen Weiblichen, indem sie sich den scharfen und zornigen Ton der «bösen Hexe» oder der «alten Zicke» zu eigen machen. Diese Frauen stehen in krassem Gegensatz zu den weisen Frauen, die das Dunkle Weibliche erforscht und dabei gelernt haben, wie man seine Energie umsetzen kann.

Wenn wir älter werden, fällt es uns oft schwer, noch taktvoll oder duldsam zu sein. War es also die böse Hexe, die sich im Unterbewußtsein verborgen hatte, dann wird sie nun auftauchen. Es ist eine wichtige Aufgabe, sie sich anzuschauen und zu entscheiden, welche Art von Beziehung wir zu diesem Teil unserer Psyche aufbauen wollen.

Eine weitere wichtige Aufgabe für uns als älter werdende Frauen besteht darin, den Archetyp der Guten Mutter zu entdecken. Viele Frauen wissen, wie man andere nährt und bemuttert, aber nur wenige haben gelernt, auch sich selbst eine Mutter zu sein. Es ist ein weitverbreiteter Irrtum, daß erwachsene Frauen aus dem Alter heraus sind, wo man das braucht, was die Gute Mutter bereithält. Wenn wir diesem Irrglauben anhängen, wird es uns nicht gelingen, diese reiche Quelle an Kraft und Wohlbefinden in den Tiefen unserer Seele zu mobilisieren. Eine weitere Aufgabe, die wir vollbringen müssen, ist es also, diesen Archetyp in uns zu entdecken und von der Guten Mutter zu lernen, was es bedeutet, sich selbst eine Mutter zu sein.

Auf der Ebene des Kollektiven Unbewußten gibt es in der Seele einer jeden Frau auch einen männlichen Archetyp. Die Chinesen nennen diese psychologische Verkörperung der menschlichen Grundenergie *yang*-Energie, bei C. G. Jung heißt sie *Animus*. Der männliche Archetyp hat nichts mit Geschlecht oder mit Männlichkeit zu tun.

Vielen Frauen, die über Jahre hinweg mit der Versorgung der Kinder und des Haushalts vollauf beschäftigt waren, ist dieses ihnen innewohnende Potential in ihren jungen Jahren unbewußt geblieben. Andere, die sich ihren Weg innerhalb der patriarchalischen Gesellschaft erkämpft haben, haben sich eine harte, scheinbar männliche Maske zugelegt, um überleben zu können. Keiner dieser beiden Frauentypen – ebensowenig wie viele von uns, die nicht in eine dieser Kategorien fallen – hat es dabei geschafft, die vorhandene Energie des Animus zu nutzen. Aber sie ist da, wenngleich sie oft verborgen bleibt, bis das Alter einige äußere Vorbehalte entfernt und uns die Zeit schenkt, diesen Aspekt von uns selbst näher zu erforschen. Ziel muß es sein, mit sich eins zu werden.

Frauen, denen es nicht gelingt, die Energie ihres Animus zu entdecken und zu nutzen, werden im Alter oft extrem aggressiv und unfreundlich. Anstelle von Selbstsicherheit strahlen sie Aggressivität aus. Anstatt sich auszusöhnen, werden sie bitter. Sie werden nicht zu weisen alten Frauen, sondern zu zänkischen Weibern, oder sie fallen ins andere Extrem und begeben sich in eine kindliche Abhängigkeit.

Am Ende dann müssen wir verstehen lernen, in welcher Verbindung die einzelnen Aufgaben miteinander stehen. Wachsen und Älterwerden ist kein schneller Kurs zum Thema «Wie verbessere ich mich selbst», sondern ein immerwährender Prozeß. Wenn wir das Leben als ein stetes Wachsen begreifen, dann werden auch wir unserem persönlichen Sinn begegnen. Das Bewußtsein für diese Aufgabe wird uns durch unser Alter begleiten, und wir werden uns entfalten wie die Rose des Westens oder wie der Lotus des Ostens.

Es ist die psychologische und spirituelle Aufgabe schlechthin, Ganzheit zu erlangen. Ist eine Frau erst einmal auf der Reise, dann wird sie Quellen sprudelnder Energie und ungeahnter Kreativität entdecken; sie wird sich getragen fühlen, obgleich sie losgelassen hat, und sie wird sich verbunden fühlen, obgleich sie innerlich frei ist.

Und jetzt... *Es war einmal...*

Schneemädchen und silberne Lindenbäume

DAS BEWUSSTSEIN VON DER EIGENEN ENDLICHKEIT

Es war einmal eine alte Frau, die saß in einem Sessel nahe beim Herd. Die Nacht war kalt. Sogar das Holzscheit, das der Mann zusätzlich auf das Feuer gelegt hatte, konnte dem hereinziehenden abendlichen Frost nicht trotzen. Sie zog einen schwarzen Wollschal fester um ihre Schultern.

Zu ihren Füßen saßen Kinder mit ihren Eltern, sämtlich in irgendeiner Weise mit der alten Frau verwandt, aber in einem solch verschlungenen Stammbaum, daß sie ihn kaum noch erinnerte. Im Raum war es still, nur das Knacken des Feuers und das Atmen des Hundes, der zu ihren Füßen lag und schlief, waren zu hören.

Sie betrachtete diese Menschen, die sie lieb hatte, und diese betrachteten sie. Im Raum zwischen ihnen entspann sich die Energie ihrer Verbindung. Die alte Frau betrachtete diese Energie sorgsam, trennte die verschiedenen Fäden der Verzweiflung, des Schmerzes, der Freude und der Erwartung von dem verschlungenen Knäuel der Gefühle. Jedes einzelne Fädchen verfolgte sie zurück bis zu seinem Ursprung.

Obgleich die alte Frau niemals lesen oder schreiben gelernt hatte, wußte sie doch, wie man Menschen liest … und deren Energie. Sie suchte Neues zu erfahren. Wer kämpfte? Wer litt Schmerzen? Wessen Leben veränderte sich gerade? Wer trauerte?

Wann immer man einem Leben begegnet, trifft man auch auf Bedürfnisse. Der innere Geist des Menschen sendet aus, was sie nicht in Worte fassen können und was sich vielleicht so anhören würde: «Wie soll ich das durchstehen? Warum bin ich hier? War schon jemand vor mir hier? Ich fürchte mich in diesem fremden, neuen Land und muß einen Weg, einen Führer finden.»

Was die alte Frau in den Gesichtern und dem Geist der Menschen las, das bestimmte auch, welche Geschichten sie erzählte. An einem Abend konnte sie nur einige wenige von den Hunderten von Geschichten erzählen, die sie kannte. Und ihre Geschichten wurden niemals nur zur Freude und zur Erheiterung erzählt, auch wenn die Kinder und die einfacheren Geister unter den Erwachsenen das denken mochten.

Ihre Geschichten wurden erzählt, auf daß sie die Reise zu den inneren, wissenden Orten derer antreten sollten, die zuhörten. Wenn die Geschichte eine Verbindung schuf, wenn sie sinnreich war, dann geschah etwas Bedeutungsvolles, eine neue Wesenheit entfaltete sich im Leben dieser Person. Etwas in diesem Menschen würde gestärkt und genährt werden durch das Gefühl der Gemeinschaft. Denn es ist die Wahrheit, auch wenn nur wenige sie kennen, daß niemand allein reist: Wenn eine Geschichte eine Verbindung herstellt, dann spürt der Mensch einen Sinn. Wenn aber eine Geschichte für ihre Zuhörer ohne Sinn bleibt, dann ist sie eine Totgeburt. Die alte Frau hatte auch dies oft genug gesehen, um zu wissen, daß auch das eine Wahrheit war.

In derselben Nacht saß auf der anderen Seite des Kontinents eine andere alte Frau an einem Lagerfeuer und erzählte ihren Begleitern Geschichten. Ihre Zuhörer, die in Karawanen von Ort zu Ort wanderten, waren ebenfalls verwandt, wenn nicht durch das Blut, so durch ihre Geschichte. Auch sie brauchten heilende Geschichten, und sie versammelten sich oft im Dunkeln und warteten auf diese alte Frau, die ihre Seelen suchte und aus ihrem Fundus von Hunderten von Geschichten diejenige heraussuchte, die in dieser Nacht den Menschen, mit denen sie reiste und die sie liebte, Sinn spenden würde.

Aber das war vor Hunderten von Jahren. Wie steht es mit unserem eigenen Herz und unseren eigenen alten Frauen?

Unsere Feuerstellen bleiben meist kalt, nur selten versammeln sich Menschen darum, ein Lagerfeuer wird selten entzündet. Und die alten Frauen? Wir leben in einer Zeit, in der viele von uns nach der Menopause noch ein hohes Alter erreichen. Wo sind denn die weisen alten Frauen? Seltsamerweise sind nur wenige da, um uns zu leiten. Und obwohl immer mehr Frauen begreifen, daß das Alter ein fremdes und neues Land ist, für dessen Durchquerung wir auf die Hilfe Ortskundiger angewiesen sind, leben wir doch in einer Kultur, in der dem Altwerden nur wenig Wert beigemessen wird.

Viele alte Frauen sind einfach deswegen nicht weise geworden, weil sie das geglaubt haben, was die Gesellschaft ihnen beibrachte. Auch in ihrem eigenen Altern sehen sie keinerlei Wert. Sie machen sich das Vorurteil zu eigen, daß ihre technologisch unkundige Generation nur wenig Wertvolles zu vermitteln habe, und ziehen in Altersheime und Krankenhäuser, weg von uns, unerreichbar fern. Diese alten Menschen nehmen alle Weisheit, die sie erlangt haben, mit sich.

Man hat den Eindruck, daß wir – diejenigen, die schon alt sind, und die anderen, die in mittleren Jahren sind – sämtlich vergessen haben, daß solche Dinge wie Sinnfindung, Zugehörigkeit, der Umgang mit schlimmen Ereignissen, mütterliche Liebe und ein Dasein im Einklang mit uns selbst Aufgaben sind, die absolut zeitlos sind. Scheinbar haben wir völlig vergessen, daß man auf solche Dinge achten muß, während man sein Leben lebt, denn das sorgfältige Reflektieren dessen, was das Leben hervorbringt, vermittelt uns eine Weisheit, die man in äußerlichen und mechanischen Denkprozessen nicht findet. Hierin liegen die Chancen eines langen Lebens. Das sind die Einsichten, die jede braucht, die ein langes Leben leben will.

Nur wenige von uns kennen weise alte Frauen, die ihnen als Leitfiguren dienen können, aber wir alle haben Märchen und Geschichten. Früher wurde Weisheit oft in Form von Geschichten weitergegeben. Parabeln, Märchen und Mythen waren so verbreitet wie heute Fernsehshows. Viele dieser Geschichten sind in Vergessenheit geraten, aber sie sind dennoch nicht verlorengegangen. Wenn wir sie aufs neue lesen und erzählen, werden wir entdecken, daß sie voller reicher Symbole sind. Ihr Reichtum liegt in einem Überfluß von Einsichten: Sie erzählen, wie Frauen sich früher ein sinnvolles Alter schufen, und sie verschweigen auch nicht das Schicksal von Frauen, die einen falschen Weg gingen. Und weil die grundlegenden Belange des Lebens sich über alle Zeiten nicht verändern, sind diese Einsichten heute ebenso wertvoll, wie sie es damals waren.

Die Geschichten, die ich hier gesammelt habe, waren und sind für Frauen in mittleren Jahren gedacht, die sich auf ihre späteren Jahre vorbereiten wollen. Wir brauchen Anleitung, wie wir den Weg zu einem sinnvollen Alter finden können, welche Richtung wir wählen sollen. Wir brauchen Geschichten, die uns diesen Weg aufzeigen, die sich wie Landkarten auftun und die uns vor Gefahren und Sackgassen bewahren. Und sehr oft brauchen wir auch Geschichten, die uns ermutigen, die Reise überhaupt anzutreten.

In vielen der Geschichten, die ich für dieses Buch ausgewählt habe, ist eine alte Frau, die als Mentor fungiert, die Hauptperson. Manchmal weist sie den Weg, manchmal warnt sie sehr beredt, mit Hilfe von Symbolen, vor Gefahren. Immer weist sie auf die einzigartigen emotionalen und spirituellen Aspekte der Geschichte hin. Viele der Märchen machen uns erst die Tatsache bewußt, daß das Leben voller Widersprüche ist und daß wir niemals einen Sinn oder einen Weg finden werden, wenn wir uns nicht bemühen, die Widersprüche unseres eigenen Lebens zu verstehen.

Diese Widersprüchlichkeit tritt immer deutlicher zutage, je älter wir werden. Plötzlich fällt es nicht mehr so leicht, das Leben als ein simples Projekt in Schwarzweiß anzusehen. Plötzlich erscheint es nicht mehr angemessen, alle Ereignisse entweder als gut oder als schlecht zu bezeichnen. Sogar die logische Einteilung und Reihenfolge des Lebens kommt uns nicht mehr so einfach vor.

Deshalb beginnen wir unsere Erkundungsfahrt in das Alter mit einem Widerspruch. Die Logik würde verlangen, daß wir die Stufen von der Jugend zum Alter beschreiben und sie eine nach der anderen beschreiten. Wir würden beginnen mit der Wahrnehmung der verpaßten Chancen und mit dem Verlust der körperlichen

Möglichkeiten und mit dem Tod enden. Vielleicht würden wir die Reihenfolge der Schritte zwischendurch einmal diskutieren, aber es gäbe doch wenig daran zu rütteln, daß der Tod das Ende ist. Hier treffen wir auf unseren ersten Widerspruch, denn wir werden niemals einen Sinn finden können, wenn wir nicht am Ende beginnen und uns von dort *zum Anfang zurück* arbeiten. Denn erst, wenn wir uns mit der Tatsache vertraut machen, daß unser Leben ein Ende hat, werden wir erfahren, wie man das letzte Drittel des Lebens auf sinnvolle Weise lebt.

Die meisten Menschen beschäftigen sich irgendwann im Alter zwischen vierzig und fünfzig automatisch mit dem Tod. Man hat diese Lebensphase auch *Midlife-crisis* genannt. Der Kern der Midlife-crisis ist die Panik über die Kürze des Lebens und der Versuch, dieses Gefühl abzuwehren. Das heißt, wir geraten in Panik über die Unausweichlichkeit unseres eigenen persönlichen Todes und müssen nun unsere Konzentration von den Dingen um uns herum auf die Dinge in unserem Inneren verlegen. Wer an dieser Stelle stehenbleibt, für den wird der Rest des Lebens immer nur noch schneller und schneller dahinrasen, während er versucht, seinen eigenen Tod zu verdrängen. Aber auch für die anderen ist das Gefühl der Panik unterschwellig immer da.

Das ist der Grund, warum wir uns mit dem Tod beschäftigen müssen. Tun wir das nicht, dann werden wir gezwungen sein, unsere Energie darauf zu verwenden, ihn zu verdrängen und die aufkommende Panik zu unterdrücken. Solange wir in dieser Defensivhaltung verharren, werden wir niemals zu neuen Wegen aufbrechen können und nicht offen genug sein, um zu wachsen. Statt dessen werden wir zu alten Frauen werden, die so tun, als wären sie jemand anders. Wir werden zu Karikaturen unserer selbst.

Der Tod ist also eine Metapher. In jungen Jahren müssen wir uns auf die Dinge außerhalb unserer selbst konzentrieren, denn man muß daran arbeiten, die Welt zu verstehen und seinen Platz in ihr zu finden. In mittleren Jahren sollte diese Aufgabe jedoch erfüllt sein, und wir müssen nun loslassen und uns auf einen inneren Punkt konzentrieren.

Es gibt viele Märchen und Mythen über den Tod, aus denen man zwei wichtige Vorstellungen herauskristallisieren kann. Die erste ist, daß der Tod ein Übergang ist. Die zweite ist, daß man nur, wenn man den Sinn des Lebens entdeckt, die Angst vor dem Tod besiegen kann. Die Märchen helfen uns, mehr über diese zwei Vorstellungen herauszufinden.

Die Stärke von Geschichten liegt eben darin, daß sie mit Metaphern arbeiten. Alle alten und modernen Geschichtenerzähler vermitteln ihre Botschaften mit Hilfe von Symbolen. Auch wenn es unserem bewußten, rational denkenden Geist des zwanzigsten Jahrhunderts seltsam vorkommen mag: Das Unterbewußtsein begreift Symbole, deren Verständnis sich unser bewußtes Denken erst erarbeiten muß. Symbole wirken indirekt, komplex und vielschichtig. Logik und geradliniges Denken sind sehr hilfreich, wenn wir verstehen wollen, wie etwas funktioniert. Wenn es aber um den Sinn des Alterns und des Todes geht, dann ist eine rationale Annäherung an das Thema nicht besonders nützlich. Schließlich wissen wir alle recht genau, wie wir letztlich das hohe Alter und den Tod erlangen – wir leben einfach weiter.

Ich erinnere mich, daß meine Großmutter, als ich jung war, von jemandem sagte: «Sie hat das Sterben vergessen.» Ich habe keine Ahnung, ob das die Redewendung einer besonderen Gegend oder Großmutters Spezialität war. Wie auch immer, die Vorstellung machte mir angst. Sie erstaunte mich auch, denn Großmutter war einer der liebsten Menschen, die ich kannte, und sie wirkte, während sie diese Aussage machte, in keiner Weise ärgerlich. In den letzten Jahren denke ich häufiger an ihre Worte. Ich glaube, ihre Bedeutung ist in der folgenden Geschichte enthalten.

Niemand lebt ewig

Es war einmal eine Frau, die den Tod fürchtete. «Wenn ich nur einen Weg finden könnte, ewig zu leben», sagte sie. «Wenn ich nur nicht sterben müßte.»

«Der Tod wird kommen», sagten alle zu ihr. «Niemand lebt ewig.»

«Ich wünschte, ich könnte es», antwortete sie.

Eines Tages verließ sie ihr Dorf und machte sich auf die Reise zu einem weisen Mann, von dem sie gehört hatte und der einige

Tagesreisen entfernt lebte. Als sie bei ihm ankam, fragte sie ihn: «Könnt Ihr mir sagen, wie man ewig lebt?»

«Aber nein», antwortete dieser, «niemand lebt ewig. Ich kann dir nur sagen, wie man zweihundert Jahre alt wird, was, wie ich meine, durchaus genug ist. Wenn du noch länger leben willst, dann mußt du zu der alten Frau gehen, die in den Wäldern haust. Sie ist älter als ich, und so weiß sie vielleicht einen Weg.» Also machte sich die Frau auf den Weg, und nach vielen Tagen gelangte sie zu der Hütte der alten Frau. «Könnt Ihr mir sagen, wie man ewig lebt?» fragte sie.

«Aber nein», antwortete die alte Frau. «Niemand lebt ewig. Ich kann dir nur sagen, wie man fünfhundert Jahre alt wird, was, wie ich meine, durchaus genug ist. Wenn du noch länger leben willst, dann mußt du zu dem Mann gehen, der auf dem Gipfel des Berges wohnt. Er ist älter als ich, und so weiß er vielleicht einen Weg.» Also machte sich die Frau auf den Weg, und nach vielen Tagen gelangte sie auf den Gipfel des Berges, wo ein sehr, sehr alt aussehender Mann völlig regungslos saß. Zuerst dachte die Frau, er sei tot, aber dann wandte er sich um und schaute sie an.

«Könnt Ihr mir sagen, wie man ewig lebt?» fragte die Frau.

«Nein, das weiß ich nicht», antwortete der alte Mann, «ich glaube nicht, daß irgend jemand ewig leben wird. Aber ich habe schon eine lange, lange Zeit gelebt, und du kannst hierbleiben und lernen, was ich weiß.»

So blieb die Frau viele hundert Jahre bei ihm. Eines Tages beschloß sie, in ihr Dorf zurückzukehren, um sich dort umzuschauen. Der alte Mann riet ihr, nicht dorthin zu gehen, aber sie war fest entschlossen, und so gab er ihr schließlich ein Pferd mit.

«Steige niemals von dem Pferd ab», warnte er sie. «Reite in das Dorf, schaue dich um und dann kehre sogleich zurück. Du mußt auf jeden Fall zurück sein, bevor die Sonne untergeht.»

Die Frau versprach es ihm und ritt davon. Als sie in ihrem Dorf ankam, erkannte sie es nicht mehr, denn es waren so viele Jahre vergangen. Sie schaute sich ein wenig um, wendete ihr Pferd und ritt von dannen. Auf dem Rückweg wurde sie von einem Karren aufgehalten, dessen Ladung heruntergefallen war. Die ganze Straße war von Haufen getragener Schuhe bedeckt, und es war unmöglich, auf der einen oder anderen Seite daran vorbeizukommen. Ein Mann, wie sie noch keinen älteren gesehen hatte, war dabei, die Schuhe Stück für Stück einzusammeln. Er bewegte sich sehr langsam, denn offensichtlich schmerzte ihn sein Rücken, wenn er sich bückte, um einen Schuh aufzuheben. Auch fiel es ihm schwer, den Arm zu heben, wenn er die Schuhe in den Karren zurückwarf.

«Bitte beeile dich», sagte die Frau, «ich muß nach Hause auf meinen Berg zurück.»

«Ich kann nicht schneller», sagte der alte Mann. «Vielleicht kannst du mir helfen?»

Die Frau betrachtete die Berge von Schuhen und dachte: «Es wird Tage dauern, bis er das alles eingesammelt hat.» Sie schaute den sehr, sehr alten Mann an, der mit seiner Last kämpfte, und dachte: «Armer alter Mann.» Also stieg sie von ihrem Pferd herab, und während sie das tat, fragte sie ihn: «Woher hast du all diese verschlissenen Schuhe?»

«Ich habe sie selbst kaputt gelaufen», sagte der alte Mann. «Jahr um Jahr bin ich über die Erde gelaufen und habe nach dir gesucht. Ich bin der Gevatter Tod.»

Und als ihre Füße die Erde berührten, zerfiel die Frau zu Staub und Knochen. Gevatter Tod sammelte vorsichtig ein, was von ihr geblieben war. «Niemand lebt ewig», flüsterte er sanft, als er sie davontrug.

Die Abneigung gegen das Sterben hat es schon immer gegeben. Der Tod ist die einzige Veränderung, die nicht rückgängig gemacht werden kann, und die Menschen fühlen sich hilflos angesichts dieser unausweichlichen Endgültigkeit.

Diese Geschichte aus Italien zeigt, daß man den Tod vielleicht aufschieben, ihm aber nie entgehen kann. Heute verstehen wir unter aufschieben vielleicht Diät oder Körpertraining oder Genforschung. All das sind logische Antworten auf die Frage, wie man den Tod hinauszögern kann. Aber der Satz «Niemand lebt ewig» ist heute noch ebenso wahr wie damals, als diese Geschichte zum ersten Mal erzählt wurde.

Warum gehen dann einige Menschen so furchtlos auf diese Zeit des Endes zu, während andere ängstlich, erschreckt und vielleicht sogar wütend sind? Was müssen wir wissen und welche Erfahrungen müssen wir gemacht haben, damit wir uns ganz und nicht zerrissen, friedvoll und nicht gequält, dem Sinn unseres Lebens verbunden und nicht verunsichert und verwirrt fühlen?

In einem Märchen muß man jede Figur, ebenso wie jede Person in einem Traum, als Teil der Hauptfigur oder des Träumenden verstehen. Diese Geschichte enthält nur wenige Figuren. Neben der Hauptfigur gibt es noch einige Menschen, über die man jedoch nichts weiter erfährt, sie erscheinen beliebig. Dann sind da die folgenden drei Personen: ein weiser Mann, eine alte Frau auf einem Hügel und dann der alte Mann auf dem Berg. Und schließlich der Tod. Im Leben der Frau, weder in ihrem inneren noch in ihrem äußeren, gab es einen Raum für Singen, Tanzen oder Liebe. Es gab kein gesellschaftliches Leben für sie, kein Zusammenleben mit der Familie oder Zeit für Freunde, Verwandte oder geliebte Menschen. Es war ihr unmöglich, sich dem ungeheuren Reichtum ihrer Psyche zu öffnen. Weil sie Angst hatte, mußte sie die größten Teile ihres inneren und äußeren Lebens verdrängen.

Die vorhandenen Figuren repräsentieren verschiedene Aspekte einer weisen Person, die im Innern der Hauptfigur lebt. Abgesehen von dem Mann auf dem Berg sagen sie alle dasselbe: «Niemand lebt ewig.» Die Frau besitzt also eine innere Stimme, die ihr etwas sagt, was sie nicht hören will. «Das wird nicht gutgehen mit deiner Hartnäckigkeit», warnte ihre innere Stimme sie, «mach nicht weiter, suche dir einen anderen Weg.»

Wir alle haben diese Situation schon unzählige Male erlebt. Wir wissen etwas, ohne daß es uns gesagt worden wäre. Irgendeine innere Stimme warnt uns, bestimmte Fragen nicht zu stellen oder eine bestimmte Richtung nicht einzuschlagen. Die Frau in der Geschichte ist nicht imstande, auf ihre innere Stimme zu hören, und fragt weiter.

Hier liegt der Widerspruch. Wenn wir die uns verbleibenden Tage intensiv leben wollen, dann müssen wir uns der Furcht vor dem Tod stellen. Wir können nicht aus lauter Angst vor dem Tod davonlaufen.

Eine unserer Methoden, wegzulaufen und uns zu verstecken, ist die, daß wir uns ganz auf unseren Körper konzentrieren. Er ist der

Teil von uns, der ganz real ist, und schließlich ist er unser ganzes Leben lang unser Zuhause gewesen. Wir identifizieren uns so stark mit unserem Körper, daß wir schon glauben, daß der Körper alles ist, was uns ausmacht. «Ich bin groß, klein, fett, dünn, hübsch, langweilig …», sagen wir, wenn wir uns selbst beschreiben. Wenn wir uns mit dem Körper, den wir bewohnen, erst einmal identifiziert haben, dann laufen wir Gefahr, in dem Maße älter zu werden, wie der Körper es wird.

Nun sind aber physische Veränderungen unvermeidbar, und so werden wir vor Probleme gestellt, die auch unseren Geist altern lassen. Einige Frauen, die ich kenne, wirken schon seit vielen Jahren sehr alt. Sie haben ihre Fröhlichkeit verloren. Freude, Humor und Abenteuerlust sind Gewohnheit, Routine und der Beschäftigung mit dem Körper gewichen. Wenn sie sich selbst beschreiben, dann klingt das so: «Ich bin krank, ich habe Verstopfung, ich fühle mich schwach, ich habe Schmerzen, ich bin so vergeßlich, ich bin so müde, ich bin so alt…»

Andere Frauen wieder, nach dem Kalender vielleicht sogar um Jahre älter, scheinen voller Leben zu sein. Auch sie bemerken, daß ihr Körper müde wird, aber es gibt andere Dinge, die ihre Aufmerksamkeit gefangennehmen. Sie haben sich entschieden, ihren Geist nicht an ihrem Körper anzuketten.

Die Schwierigkeiten scheinen damit zusammenzuhängen, wie eine Frau die Frage «Wer bin ich?» beantwortet. Frauen, die sich selbst hauptsächlich als Körper sehen, werden alt. Frauen, deren Identität im Geist liegt, altern auf andere Weise.

Wenn wir uns der Frage widmen, wer wir sind, dann verliert der Tod seinen Schrecken. Einige Frauen, die ich in ihren letzten Stunden begleitete, haben mir gesagt, daß sie keine Furcht mehr empfanden. Sie sahen den Tod als eine weitere Verwandlung an, als die Geburt in eine nächste Phase hinein. Diese Frauen hatten ein Gefühl des inneren Friedens und der Kontinuität. Was müssen wir tun, um dorthin zu gelangen?

Zunächst einmal müssen wir uns fragen: Wie erreichen wir Ganzheit, Frieden, Festigkeit und Sinn? Wie bekommen wir heraus, wer wir sind? Auf welche Weise können wir unseren Geist entdecken? Wie kann man so geheilt sterben? Das sind keine einfachen Fragen, auf die es auch keine einfachen Antworten geben wird.

Unsere nächste Geschichte, eine Erzählung der Inuit, berichtet von einer Frau, die erkannte, welche Konsequenzen die Fixierung auf die äußere Erscheinung hat.

WIE SEHE ICH AUS?

Es waren einmal zwei Frauen, die lebten zusammen in der Kälte des hohen Nordens. Alle anderen ihres Stammes hatten die Gegend verlassen, und die beiden alten Frauen kauerten zusammen in ihrem Zelt und sprachen von dem kalten Winter, der nahte.

«Wir haben ein wenig zu essen», sagte die eine, «wir müssen es einteilen und das Beste hoffen. Wenn wir sterben, dann sterben wir.» Der anderen Frau mißfiel diese Aussicht, aber obwohl sie unzufrieden war, fiel ihr doch auch nichts Besseres ein, was sie hätten tun können. Beide Frauen schliefen ein.

Als sie schliefen, erwachte die unzufriedene Frau von einem Geräusch. Sie stand auf und verließ das Zelt. Draußen stand ein schöner junger Mann. Er streckte ihr seine Hand entgegen, und als sie diese ergriff, schwebten beide gen Himmel. Sie stiegen immer weiter auf, bis sie an ein Loch im Himmel gelangten. Auf der anderen Seite des Lochs fand die Frau sich in einem wunderschönen Haus wieder. Dort war es warm, und es gab jede Menge zu essen. Sie fühlte sich voller Energie und Fröhlichkeit. Der junge Mann und sie lebten einige Zeit zusammen.

Eines Tages sagte der junge Mann zu ihr: «Ich muß dich nun für eine Weile allein lassen. Es ist voller Gefahren hier, bitte gib auf dich acht.» Mit dieser seltsamen Warnung verließ er sie.

Die Frau spazierte durch das Haus und den Garten, aber schon bald wurde ihr langweilig. «Mein junger Mann ist so schön», dachte sie, «ich frage mich, wie ich auf ihn wirke.» Während sie das dachte, ging sie zu einem etwas weiter entfernt gelegenen Teich, um ihr Spiegelbild anzuschauen.

Als sie bei dem Teich ankam, entdeckte sie an seinem Ufer ein kleines Haus. Eine junge Frau grüßte sie dort, und die beiden begannen sich zu unterhalten. Die alte Frau sagte zu ihr: «Ich bin gekommen, um mein Spiegelbild im See anzuschauen, denn ich habe Sorge, daß ich für meinen jungen Mann nicht attraktiv genug bin.»

Die junge Frau lächelte wissend. «Ich kann dir helfen», sagte sie. Gemeinsam beugten sie sich über das Wasser, und die jüngere Frau zeigte ihr da und dort eine Falte oder einen Altersflecken. «Und einige graue Haare hast du auch», sagte sie.

Die alte Frau schaute die Stellen in ihrem Gesicht an, auf die die junge Frau hingewiesen hatte. Je länger sie sie betrachtete, desto mehr Stellen schienen es zu sein, und sie wurde immer müder und schwächer. Als sie genug geschaut hatte, fühlte sie sich so entmutigt, daß sie es kaum mehr schaffte, zum Haus zurückzugehen. Die junge Frau schnitt ihr einen Stock, auf den sie sich beim Gehen stützen konnte.

Als sie wieder in ihrem Haus war, mußte sich die alte Frau erst einmal ausruhen. Während sie dalag, kehrte der junge Mann zurück. Nach einem Blick wußte er, was geschehen war. Er wendete sich von ihr ab, und als er das tat, hatte die Frau das Gefühl zu fallen. Sie schloß ihre Augen für einen Moment, und als sie sie wieder öffnete, fand sie sich bei ihrer alten Freundin im Zelt wieder.

───────────── ▲ ─────────────

Wenn wir die Symbolik und die Bedeutung dieser Geschichte für uns heute verstehen wollen, dann müssen wir uns ihr wie einem Traum annähern und den literarischen Aspekt in den Hintergrund stellen.

Träume und Märchen haben ihren Ursprung im Unbewußten. Während ein Traum unserem persönlichen Unbewußten entspringt und uns Dinge verrät, die wir zuvor nicht in Betracht gezogen hatten, entsteht ein Märchen aus dem Unbewußten seiner Erzähler und seiner Zuhörer. Diese haben es jahrhundertelang verändert und nuanciert, bis es uns in seiner heutigen Form erscheint. Ein Traum ist von einzigartiger Bedeutung für denjenigen, der ihn geträumt hat. Ein Märchen ist von kollektiver Bedeutung für die Gemeinschaft, die es bewahrt.

Also wollen wir diese Geschichte, die von der Erfahrung des Alterns aus der Sicht einer alten Frau handelt, dahingehend untersuchen, was sie uns über das Älterwerden der Frau mitteilt.

Es ist die Geschichte einer Frau, der es vergönnt war, eine Wahrheit zu erfahren. Während ein Teil von ihr schlief, wohlgegründet auf dem Boden der alltäglichen Realität, betrat ein anderer Teil dieser Frau eine neue Dimension. Sie begann, sich in der Welt des Geistes zu bewegen. Indem sie das tat, erlebte sie sich selbst als ebenso jung, wie unser Geist es immer ist.

Wer lernt, in der Welt des Geistes zu leben, der entwickelt zunächst einmal seine Fähigkeit, die verschiedenen Zweiheiten seines Lebens zusammenzubringen. Das Verständnis vom Leben in «Entweder-Oder»-Entscheidungen muß der Erkenntnis weichen, daß das, was wir immer als Gegensatz betrachtet haben, in Wirklichkeit eins ist. Für die Frau in dieser Geschichte wurde der Gegensatz Körper-Geist zu einem einheitlichen Selbst. Solange ihr das bewußt war, war sie auch glücklich.

Diese Erkenntnis fällt unserem westlich geprägten Verstand ungeheuer schwer. Wir sind davon überzeugt, daß das, was wir sehen, auch wirklich ist. Folglich muß das Gegenteil von etwas, was wir sehen, unwirklich sein. Die Idee der Zweiheit nun, der Glaube, daß beides wirklich ist, erscheint uns so verrückt wie die Welt von Alice im Wunderland. Wie kann es angehen, daß meine Hand sich so fest anfühlt und doch tatsächlich mehr aus leerem Raum besteht als aus fester Materie oder Zellen? Wie ist es möglich, daß die einzelnen Zellen in meinem Körper ständig miteinander in Verbindung sind, um die Funktionen meines Körpers aufrechtzuerhalten? Wie können wir Festigkeit erfahren, wenn wir durchs Universum reisen? Wie können wir uns als Individuen betrachten und doch eins sein? Warum bin ich als Frau sowohl männlich als auch weiblich, glücklich und traurig, freundlich und unfreundlich? Es hilft nichts zu sagen, daß wir all das nur nacheinander sein können: Erst bin ich traurig, dann glücklich. Damit machten wir es uns zu leicht. In dem Augenblick, in dem der Herbst kommt und die Ringelblume stirbt, produziert sie die lebenerhaltenden Samen. In dem Augenblick, wenn neues Leben geboren wird, ist es schon im Sterben begriffen. Wenn die Nacht fällt und der Mond aufsteigt, beginnt die Erde ihre Drehung auf den neuen Tag und auf die Sonne zu.

Meine Klientinnen kommen oft zur Therapie, weil sie im Dilemma eines «Entweder-Oder» feststecken. «Ich könnte das tun», sagen sie, «oder das. Ich kann mich nicht entscheiden.»

In Wirklichkeit kämpfen sie mit dem Gefühl, das sie in der Mitte hält. Dort nämlich, genau im Herzen dieser Zweiheit oder der Gegensätzlichkeit, wohnt ihre Wahrheit und der Sinn ihres Lebens.

«Ich empfinde nichts mehr für meinen Ehemann, und ich will ihn verlassen», sagt eine Frau, «aber ich weiß nicht, ob eine Scheidung das richtige ist.»

«Ich möchte noch einmal zur Uni gehen und einen Abschluß machen. Aber irgendwie komme ich nie soweit, daß ich mir mal ein Vorlesungsverzeichnis besorge.»

«Mein Mann und ich können uns nicht einigen, wohin wir ziehen wollen. Jeder hat seine eigenen Vorstellungen, und die gehen auseinander. Ich möchte nicht dahin, wo er hin will, aber ich möchte auch nicht, daß er unglücklich ist. Ich möchte gewinnen, aber ich will nicht, daß er verliert.»

Die Frau in unserer Geschichte bleibt schlafend auf der Erde, während sie in den Himmel aufsteigt. Sie ist alt und gleichzeitig jung. Sie ist sich ihrer selbst gewiß, das Körperliche berührt sie nicht, und doch ist sie unsicher und ihrer äußeren Erscheinung gegenüber kritisch. Alles geht gut in diesem Märchen-Traum, bis sie sich einmal auf die Trennung zwischen Körper und Geist konzentriert. Als sie ihrem Körper wieder mehr Bedeutung zumißt, folgen ihre Gefühle und Empfindungen nach, und sie erlebt sich erneut als alte Frau. Sie fällt auf die Erde zurück und verliert die Verbindung zu ihrer spirituellen Welt. Als sie erwacht, liegt sie in ihrem Zelt.

Es gibt in dieser Geschichte noch einen weiteren Sinn zu entdecken. Sie beginnt damit, daß die Frau erfährt, wie sie sich verhalten soll, damit sie sich in der ihr verbleibenden Lebenszeit lebendig fühlen kann. Ein Teil von ihr stellt fest: «Es gibt nicht genug zu essen. Es ist zu wenig Grundlage da für den kommenden Winter meines Lebens. Weil nur so wenig da ist, werde ich vielleicht sterben.»

«Du kannst das nicht ändern», antwortet ein anderer Teil von ihr. «Vielleicht ist es nicht genug. Wenn wir sterben, dann sterben wir.»

«Es gibt noch eine andere Art, Alter und Tod zu betrachten», entgegnet ein dritter Teil ihrer Psyche, «du mußt lernen, deinen Fokus zu verändern. Höre auf, dich auf deinen Körper zu konzentrieren. Beachte sein Altern nicht länger und denke nicht länger an seine vergangene Jugend. Du und dein Körper, ihr seid nicht dasselbe, denn wenn du das glaubst, halten dich Alter und Tod gefangen.»

Die alte Frau in unserer Geschichte erfährt diese Wahrheit aus den Tiefen ihres Unbewußten. Es wird ihr durch einen Traum vermittelt – einer von vielen Wegen, Wirklichkeit zu erleben.

In unserer nächsten Geschichte entdeckt eine alte russische Frau am Ende ihres Lebens, daß sie einsam ist. Während das Märchen diese Einsamkeit als äußerlich darstellt, wissen wir doch, daß die Erzählerin uns eine Metapher für die innere Einsamkeit darbietet, die eintritt, wenn wir zum ersten Mal über den Tod nachdenken. Diese alte Frau begeht den sehr menschlichen Fehler zu glauben, daß die Lösung ihres Problems von außen kommen müsse. Sie glaubt, daß sie die Gefühle der Einsamkeit abschütteln kann, indem sie etwas zu ihrem Leben hinzufügt, und begreift dabei nicht, daß ebendiese Gefühle der Schlüssel zu einer Begegnung mit ihrem eigenen Leben und seinem Sinn sind.

Das Schneekind

Es lebte einmal vor langer, langer Zeit in einem Dorf in Rußland eine alte Frau mit ihrem Mann. Die alte Frau fühlte sich einsam und unglücklich, und sie meinte, wenn sie nur ein Kind hätte, wäre alles anders. Also formten ihr Mann und sie eines Tages ein wunderschönes Kind aus Schnee. Das Schneekind war sehr blaß und sehr kalt, aber es wurde doch lebendig und kam herein, um mit den alten Leuten zu leben.

Die alte Frau war überglücklich und sorgte Tag und Nacht für das Kind. Dieses wuchs viel schneller, als man jemals zuvor ein Kind hatte wachsen sehen, und schon bald ging es der alten Frau bei ihrem Tagewerk zur Hand. Und allen, die sie sahen, schien das eine glückliche Familie zu sein. Manch einer im Dorf glaubte, das Kind singen zu hören, obgleich es vielleicht nur der Wind war, der über die Steppe fuhr.

Der Winter verging, und der Frühling kehrte in das Dorf in Rußland zurück. Der Schnee schmolz, die Blumen begannen zu blühen, die Vögel kehrten aus den warmen südlicheren Ländern zurück, wo sie den Winter verbracht hatten. Als die Tage milder und heller wurden, wurde das Schneekind immer trauriger. Manch einer im Dorf glaubte, das Kind weinen zu sehen, obgleich es vielleicht nur der Frühlingsregen war.

Da fragte die alte Frau: «Was ist mit dir, meine Tochter?», aber das Schneekind seufzte nur und antwortete nicht, und die alte Frau fragte nicht wieder. Aber es war doch nur zu deutlich, daß das Mädchen nicht glücklich war.

Der Frühling ging, und der warme Sommer kam nach Rußland. Nun weinte das Schneekind jeden Tag, aber die alte Frau tat so, als würde sie es nicht bemerken. Bis eines Tages die anderen Kinder aus dem Dorf zu dem kleinen Haus der alten Frau kamen. «Wir gehen in den Wald zum Spielen», sagten sie, «das Schneekind soll mit uns kommen.»

Die alte Frau schaute das weinende Mädchen an und dachte, daß die Gesellschaft der anderen Kinder es vielleicht aufheitern würde. Das Schneekind ging mit den Kindern in den Wald, spielte aber nicht mit ihnen, denn es war zu traurig.

Als der Abend kam, wurde den Kindern im Wald kalt, und so sammelten sie Holz und entzündeten ein Feuer. Sie saßen um die Feuerstelle und sangen, aber das Schneekind stimmte nicht in ihre Lieder ein. Sie erzählten einander Geschichten, aber das Schneekind schien sie nicht zu hören. Schließlich spielten sie ein Hüpfspiel – sie sprangen eines nach dem anderen über die Glut des Feuers. Als alle Mädchen gesprungen waren, zogen sie auch das Schneekind zum Feuer. «Spring auch du», sagten sie, «du bist an der Reihe. Es macht Spaß. Spring doch!»

Und das Schneekind sprang, aber die Hitze der Glut ließ es schmelzen, und es ging mit einem lauten Zischen, das wie ein Seufzer klang, in Dampf auf.

Bei mir hinterläßt dieses Märchen immer ein Gefühl der Traurigkeit. Es ist ein Wintermärchen, das mich an eine Glaskuppel erinnert, wo ein kleines Schütteln der Kugel eine eisige Winterlandschaft voller frischer Schneeflocken hervorruft. Aber diese Geschichte hat ein Ende, und zwar kein gutes.

Es ist die Geschichte einer Frau, die in hohem Alter feststellt, daß ihrem Leben etwas sehr Wichtiges fehlt, das sie in ihrer Kinderlosigkeit zu erkennen meint. Natürlich fragen wir uns, wofür das steht. Das Bild des Kindes birgt viele Assoziationsmöglichkeiten. Ein Kind steht für Unverbrauchtheit, Frische, Unschuld. Wer ein Kind zur Welt bringt, schafft tief in sich etwas Neues. Dieses neue Wesen beginnt als ein kleines Pünktchen, für menschliche Augen nicht sichtbar, und tritt nach einiger Zeit als ein vollständiges Individuum hervor, das auf sich selbst gestellt leben kann.

Das Märchen erinnert uns daran, daß wir, wenn wir älter werden, Trauer über alles empfinden, was unser Leben für uns nicht bereithielt. Diese Frau hier hat nichts geschaffen, sie hat nichts getan, um sich selbst oder ihren Geist zu erneuern. Jetzt will sie kreativ werden. Ihr Sehnen und die beginnende kreative Energie, die es freisetzte, ist ein Geschenk. Bis dahin ist dies eine normale Entwicklung. Problematisch wird es, als die alte Frau hinausgeht und in kurzer Zeit ein Kind schafft, das ihr einzigartig, rein und vor allem lebendig erscheint. Sie scheint nicht zu wissen, daß ein Schaffensprozeß seine Zeit braucht, die man nicht verkürzen kann, ohne das Ergebnis zu beeinflussen.

Leben, auch in Symbolen, entsteht aus Leben, und Schnee ist kein Symbol für Lebendigkeit. Ein aus Wasser, Erde, einem Wald, einem Garten oder Frühlingssamen geschaffenes Kind wäre ein bedeutungsvolles Symbol für neues Leben in der inneren Welt der Frau gewesen. Aber was ist, wenn das Neue aus Schnee geschaffen wurde, der kein Leben in sich trägt? Wie sollen wir dieses Symbol verstehen?

Natürlich besteht Schnee aus Wasser, und vielleicht ist Schnee in einem Märchen russischer Herkunft auch gleichbedeutend mit Wasser. Aber Wasser ist nur dann lebendig, wenn es beweglich ist und fließt, in flüssigem Zustand. Wasser ist das weibliche Bild für Meer und Fluß, es enthält alles Leben, aus dem wir stammen. Wenn aber das Wasser erstarrt, so denken wir immer an Tod. Eis und Schnee sind ohne Farbe, gefroren und kalt, sie sind unbeweglich wie der Tod selbst.

Die alte Frau erkennt also, daß man in seinem eigenen Leben etwas von innen heraus erschaffen muß. Ihr ist auch klar, daß diese Schöpfung mit Leben erfüllt sein muß und sie selbst überleben soll. So versinnbildlichen Kinder oft das, was unser eigenes Leben über den Tod hinaus verwandelt. Aber irgend etwas von der Frau in dem Märchen ist kalt und erstarrt. Ein Gefühl, ein Teil ihres Inneren ist hart und leblos geworden, und aus ebendiesem Teil versucht sie, etwas Neues zu erschaffen. Daraus entsteht ein Geschöpf, das im Leben nicht existieren kann. Sie erschafft etwas, das nicht wirklich lebt.

Die Frau in diesem Märchen ist die Frau in uns allen, die impulsiv und ohne nachzudenken handelt. Sie ist der ungeduldige Teil in uns, sie erkennt, daß sie etwas Neues braucht, und versucht dann, es möglichst schnell zu bekommen. Sie ist der Teil in uns, der draußen, an einem kalten und unfruchtbaren Ort, nach etwas sucht, das die tiefgehenden Fragen unseres Lebens beantworten soll. Die Frau dieses Märchens lebt in jeder von uns.

Es gibt immer wieder Zeiten in unserem Leben, in denen wir Erneuerung brauchen, und das Älterwerden, das die Erkenntnis der Endlichkeit des Lebens mit sich bringt, ist sicher eine solche Zeit. Dieses Märchen soll uns warnen. Wir müssen Ruhe bewahren und nicht die erstbeste Ablenkung annehmen. Ablenkungen sind kalt und starr. Sie haben keine Wärme. Es gilt vielmehr, nichts mehr so zu machen, wie man es bisher machte. Das Alter ist die Zeit in unserem Leben, die nach neuen Wegen verlangt.

Es ist sehr schwer, etwas zu tun, was man sich nicht vorstellen kann, und das ist offenbar auch die Schwierigkeit, mit der die alte Frau kämpft. Sie ist umgeben von Schnee, Schnee ist ihr vertraut, und deshalb versucht sie, aus dem, was sie umgibt, etwas Neues zu schaffen. Das Märchen versinnbildlicht, wie groß die Gefahr ist, daß man anstelle der Kreativität, die uns lebendig hält, etwas erschafft, was nicht wirklich lebendig und lebensfähig ist.

Es gibt ein Märchen aus Indien, das von einer ewigen Schlacht zwischen den Göttern des Guten und denen des Bösen erzählt. Erst siegen die einen, dann die anderen, und die Schlacht geht immer weiter. So ist es auch in unserem Leben. Das sind die Zweiheiten, das «Entweder-Oder» des Lebens. Wir entscheiden uns für eine Seite und kämpfen gegen die andere. Es gibt fröhlich/traurig, liebevoll/haßerfüllt, gesund/krank, verheiratet/single, dünn/übergewichtig, energiegeladen/müde. Die Gegensätzlichkeiten unseres Lebens haben kein Ende, und wir werden uns immer wieder vor die Wahl gestellt sehen, wenn wir nicht einmal anfangen, die letztendliche Zweiheit zu überdenken: lebendig/tot. Das erfüllt uns mit Panik, denn es scheint, als hätten wir keine Wahl. Wir erstarren innerlich und greifen nach einer halbherzigen Lösung.

In dem Märchen aus Indien suchen die Götter schließlich nach einer Lösung, die beiden Seiten gerecht wird. Sie rufen Kali an, eine Göttin, der es gelingt, die Schlacht zu beenden. Es ist also etwas Neues vonnöten, um die Zweiheit aufzuheben. In diesem indischen Märchen steht Kali für die weibliche Kraft der emotionalen Energie. Die beiden verfeindeten Parteien brauchten die Emotionalität, den Keim der Kreativität, der von ihren vernünftigen Extremen zwar abgetrennt war, aber dennoch in ihrer Mitte existierte. Dies ist ein weiteres Beispiel dafür, daß, egal, aus welcher Kultur oder welchem Land sie stammt, die Weisheit des Alters eine Wahrheit birgt, die wir für uns gebrauchen können.

«Lebe nicht immer nach dem gleichen Muster», wird uns gesagt, «bringe etwas Neues in dein Leben.» Dieses Neue ist hier wieder die Konzentration auf das Gefühl in der Mitte zwischen beiden Extremen. Der Keim der Verwandlung wird hier so lange verborgen bleiben, bis wir eine wirkliche Beziehung – eine objektive, annehmende, nicht verurteilende Beziehung – zu unseren Emotionen aufbauen. Dann erst sind wir fähig zu sehen, was es zu sehen gibt.

Die Frau in unserem Märchen ist schneeblind. Sie behandelt dieses erstarrte Kind – oder das Kalte, Leblose, für das es steht –, wie wir oft neurotische Symptome behandeln, die in unserem Leben auftreten. Sie verhält sich so, als ob das, wovon sie meint, daß es geschehen könnte, wirklich geschähe.

Ruth, eine fünfzig Jahre alte Lehrerin, kam einmal zu mir. Sie war sehr deprimiert. «Das Leben ist so kurz», sagte sie zu mir, «und ich habe das Gefühl, nichts getan zu haben. Ich fühle mich so leer.» Während wir in der Therapie gemeinsam an dem Problem arbeiteten, bemühte sie sich – wie viele andere Klientinnen das auch tun –, auf andere Weise eine Lösung ihres Problems zu finden.

Die Lösung erschien als ein Mann, der viel jünger war als Ruth. Sie verliebte sich. Jede meiner Warnungen wies sie zurück. Der junge Mann wurde, wie das Schneekind, immer wunderbarer. Ruth brach die Therapie ab, versprach aber zurückzukehren, falls sie wieder unter Depressionen leiden würde. Ungefähr ein Jahr später rief sie mich an.

Wie die Frau im Märchen hatte auch Ruth das Gefühl, etwas wiederherstellen zu müssen, weil sie sich leer und einsam fühlte. Wie die Frau im Märchen erkannte auch sie, daß sie etwas tun mußte, um das Gefühl zu begreifen und einzuordnen. Unglücklicherweise verhielt sie sich auch in einer dritten Weise wie die Frau im Märchen – sie handelte, bevor sie verstanden hatte, was das Gefühl der Leere überhaupt bedeutete.

Dies war, schlicht gesagt, eine impulsive Reaktion auf das Gefühl, und solche impulsiven Reaktionen sind gemeinhin nicht sehr produktiv. Ruth, nicht anders als die alte Frau, entschied sich dafür, die Leere mit etwas auszufüllen, was nicht lebenserhaltend war. Beide wählten etwas, das die Lücke zu füllen und Sinn zu geben schien. Als der junge Mann auftauchte, ließ Ruth sich von der Phantasie leiten, sie sei zwanzig Jahre jünger – sie beschloß, die Lücke in ihrem Leben dadurch zu füllen, daß sie ihr Älterwerden verneinte.

Sowohl für Ruth als auch für die alte Frau in der Geschichte ging eine Weile lang alles gut, es traten keine größeren Probleme auf. Die Kälte im Schneekind/in der alten Frau ist immer noch da, aber sie scheint das zu mögen. Wie wir hören, singt sie sogar. So ist der Verlauf einer neurotischen Reaktion oft. Zu Beginn der Reaktion haben wir vielleicht sogar das Empfinden, es gehe uns besser als zuvor.

Aber dann fangen die Schwierigkeiten an. Der Frühling kommt, dann der Sommer. So bezaubernd, wie ein Schneekind im Winter sein kann – im Frühling, zwischen grünem Gras, Blumen und Vögeln, wirkt es einfach fehl am Platz. Man kann nicht länger den Eindruck erwecken, daß es sich hierbei um eine nette Familiengeschichte handelt. Und vor allem das Schneekind selbst ist traurig und weint.

Ruth beschreibt es ganz ähnlich: «Zuerst», sagt sie, «verbrachten wir die meiste Zeit allein miteinander. Er brachte mir Blumen. Wir schliefen miteinander. Es war wundervoll. Dann tauchte eine leichte Spannung auf. Er nahm mich auf Partys mit, aber ich fühlte mich unter seinen Freunden überhaupt nicht wohl. Diejenigen, die verheiratet waren, hatten Kinder, die so alt waren wie meine Enkel. Die Unverheirateten wirkten irgendwie so unreif. Am liebsten blieben sie alle die ganze Nacht auf. Ich wurde dann müde und wollte nach Hause. Wenn wir einmal ins Restaurant oder ins Theater gingen, hielten mich die Leute immer für seine Mutter. Es war mir so peinlich!

Immer häufiger gerieten wir über Kleinigkeiten in Streit. Ich litt plötzlich unter Kopfschmerzen, und anstatt besorgt zu sein, wurde er ärgerlich. Ich glaube, er veränderte sich, verhielt sich gewissermaßen jünger, weniger verantwortlich. Aber vielleicht habe ich anfangs einfach nicht richtig erkannt, wie er war. Jedenfalls ist er weg, und ich bin wieder hier.»

Auch für die Frau in unserem Märchen wird das Leben schwerer. Anders als Ruth, die nach und nach erkannte, was geschah, fällt die Frau immer mehr aus ihrem Zusammenhang. Sie ist die moderne Frau, die sich, wenn sie sich innerlich deprimiert fühlt, in den Teufelskreis von Einkaufswut oder verzweifelter Aktivität begibt. Je schlimmer es sich anfühlt, desto mehr kauft sie ein, trinkt oder ißt sie, um so die Bedürfnisse und Gefühle, die sie hat, unter vielen Schichten von Alkohol oder Fett zu begraben. Verständlicherweise fürchtet sie sich vor den unangenehmen Gefühlen, denn sie hat noch nicht erkannt, daß diese sie zu einem besseren Verständnis ihrer selbst bringen werden.

Die alte Frau weiß anfangs zwar, daß ihr ein kreatives Objekt fehlt, aber als die Schwierigkeiten auftauchen, begreift sie nicht, daß ihre Antwort auf die Sehnsucht falsch ist. Deshalb kann sie es nicht noch einmal versuchen. Wenn sie wie Ruth imstande gewesen wäre, ihren Fehler zu erkennen, hätte sie ihrer Geschichte vielleicht auch einen glücklicheren Ausgang geben können.

Vielleicht denken Sie, ein jüngerer Mann oder ein Schneekind sei doch ein Aspekt Ihrer Kreativität. Wie auch immer – Sie müssen bereit sein, genau hinzuschauen und gut zuzuhören. Wenn Ihre Entscheidung falsch ist, werden Sie sich unwohl oder sogar peinlich berührt fühlen. Sie werden ein Weinen oder einen Seufzer hören. Wenn Sie genau hinsehen und zuhören, dann werden Sie klüger sein und frei genug, einen anderen Weg zu finden.

Unser Märchen enthält eine ganze Reihe hoffnungsvoller und

ermutigender Botschaften. Es versichert uns, daß eine kreative Energie für uns bereitgehalten wird, egal, wie alt wir sind, und daß unser Bedürfnis nach Kreativität in irgendeiner Form zutage treten wird, wenn wir uns mit unserer Sterblichkeit befassen.

Das Märchen suggeriert, daß, welches Gefühl auch immer unser ursprüngliches gewesen sein mag – Einsamkeit, Depression oder irgendeine andere Empfindung –, es ist doch in jedem Fall ein Bote, der uns auffordert, uns selbst zu entdecken. Um diese Botschaft voll zu erfassen und umzusetzen, müssen wir unsere neu erworbene Fähigkeit des Hinsehens und des Zuhörens anwenden.

Wir lernen aus unserem Märchen, daß Kreativität ein Prozeß ist, der Zeit zum Reifen braucht. Ist man zu eilig, dann geschieht ein Unglück, es werden Fehler gemacht, und neurotische Symptome treten auf. Aber die Symptome selbst sind noch keine Katastrophe. Ruth hat bei ihrem impulsiven Versuch, eine schnelle Lösung zu erlangen, lediglich ein paar Monate ihres Lebens und ein wenig Stolz verloren. Ein beschädigtes Selbstbild und verletzter Stolz tun zwar weh, aber man stirbt wohl kaum daran.

Die Geschichte enthält aber auch deutliche Warnungen. Lösungsversuche, die man, ohne nachzudenken, betreibt, enthalten zumeist Fallstricke. Es ist wichtig, sich so viel Zeit wie möglich zu nehmen, bevor man einen Plan durchführt. Wer versucht, etwas zu verdrängen – wie die Frau im Märchen, die nicht auf die Tränen des Mädchens reagiert –, dessen kreatives Potential wird einfrieren und unerreichbar werden. Kreative Energie nützt uns nämlich gar nichts, wenn sie von unseren Gefühlen getrennt wird. Wir müssen unser Bedürfnis, etwas zu schaffen, ebenso spüren, wie wir etwas brauchen, das geschaffen werden muß. Wir können nicht darauf hoffen, unsere Ganzheit wiederzuerlangen, wenn wir etwas erschaffen, was außerhalb unserer selbst steht und zu dem wir in keine wirkliche Beziehung treten können. Eine solche Annäherung an das Problem ist zum Scheitern verurteilt und spaltet uns nur noch mehr auf. Wir sind uns dann selbst entfremdet.

Dies ist ein unter Frauen sehr weit verbreitetes Problem. Und es ist ein Zustand, den viele von uns auch dann schon auf irgendeine Weise erleben, wenn sie noch lange von der Lebensphase entfernt sind, in der wir mit unserer Vergänglichkeit konfrontiert werden. Aber welches sind die Anzeichen dafür?

Wir sind uns selbst entfremdet, wenn wir nicht mehr bemerken, wie wir uns fühlen oder was mit uns geschieht. Wir sind uns selbst entfremdet, wenn uns äußerliche Umstände überrennen. Wir sind uns selbst entfremdet, wenn wir nur in der Zukunft oder nur in der Vergangenheit leben, wenn wir nicht mehr wissen, wieviel Essen, Luft, Bewegung oder Ruhe wir brauchen, oder wenn wir die Dinge nur noch selten tun, die wir sonst gern machten.

Diese Entfremdung beginnt früh im Erwachsenenleben, wenn wir Kinder haben. Es ist ja eine warme und liebende Empfindung, aus der heraus wir die Bedürfnisse unserer Kinder beantworten, und doch verleitet sie uns leicht, nur noch zu geben und das gesunde Gefühl für unsere eigenen Bedürfnisse zu verlieren.

Manche Frauen haben, wenn sie ein mittleres Alter erreichen, den Eindruck, taub zu sein. «Es ist, als wäre ich gar nicht hier», beschrieb mir eine Frau ihr Empfinden. Eine andere sagte: «Die Leute fragen mich, ob ich dies oder jenes möchte, und ich weiß es einfach nicht. Ich habe mich so lange nur darum gekümmert, was andere wollten, daß ich nicht mehr weiß, was mich selbst interessiert. Mein Mann weiß, was er will. Meine Kinder und meine Enkel wissen, was sie wollen. Auch ich muß Gefühle, Vorlieben oder Meinungen haben, aber ich weiß nicht, wo sie sind oder wie sie aussehen.»

In der Sprache der Märchen bedeutet dies: Ein Teil von mir ist zu Hause, ein anderer ist im Wald unterwegs. Ein Teil von mir weint, aber ich bemerke es nicht. Diese Teile von mir können einander nicht sehen oder hören, und sie haben keine Vorstellung davon, was der jeweils andere fühlen könnte.

Unsere patriarchale Kultur befördert die Entfremdung der Frauen von sich selbst noch, vor allem wenn es um die wütenden oder aggressiven Seiten in uns geht. Worte wie «zänkisches Weib», «Zicke» oder «alte Hexe» sind nur drei von Hunderten negativen Begriffen, mit denen zornige Frauen herabgesetzt und ihre aggressiven Gefühle ganz unterdrückt werden sollen. Frauen, die sich Anerkennung von anderen wünschen oder sich anpassen wollen, haben diese Regeln schon akzeptiert und verinnerlicht. Wir haben bei der Entfremdung von uns selbst kräftig mitgeholfen.

Jede von uns erkennt spätestens in ihren mittleren Jahren, daß ihr eigener Tod eine Realität ist, und dann spüren wir, daß wir in uns gehen müssen, um die verstreuten Stücke unseres Selbst einzusammeln. Wir fühlen, daß es notwendig ist herauszufinden, was «wirklich» und «ganz» bedeutet und welches unser Platz im Universum ist. Wohin gehören wir? Wenn wir weglaufen, wird uns das nur weiter von uns entfremden? Was aber sind die Stücke unseres Selbst, die wir suchen? Wir müssen die Teile von uns finden, die tief liegen und beständig sind, dann werden wir uns über gesellschaftliche Verpflichtungen und Reglementierungen hinwegsetzen können.

«Jeder stirbt allein», pflegte meine Großmutter gern zu sagen. Meine Antwort als Erwachsene lautet: «Ja, aber es gibt allein, und dann gibt es noch völlig allein.» Manche Menschen, wie die alte Frau in unserem Märchen, leben und sterben fern von sich selbst. Wir haben alle schon solche Frauen getroffen. Sie sind verbittert und machen für jeden Schmerz, den sie erfahren, andere verantwortlich. Sie sind taub, weil sie schon so viele Jahre ihre Gefühle abgetrennt haben. Ständig brauchen sie andere, die sie mit Gefühlen erfüllen sollen, weil sie selbst keine derartige innere nährende Quelle mehr besitzen. Es gibt nichts von Substanz in ihnen, womit sie in Verbindung treten könnten, und deshalb können sie mit niemandem auf eine tiefer gehende Weise kommunizieren.

Das ist wahre Einsamkeit. Wenn wir aber mit uns selbst in Verbindung stehen, dann wissen wir auch von der Verbindung zu etwas Tieferem, das darunterliegt. Deshalb hat eine Frau, die mit sich verbunden ist, das Gefühl, ganz und vollkommen zu sein. Sie ist innerhalb des Universums mit sich verbunden und fühlt sich deshalb auch in ihrer Einsamkeit nicht verloren.

In der Nacht, nachdem ich über das «Schneekind» geschrieben hatte, dachte ich noch lange darüber nach, auf welche Weise der Hintergrund des Märchens mein eigenes Leben betreffen könnte. Natürlich wußte ich von verlorenen Teilen in mir, aber ich fragte mich, was die Erzählerin der Geschichte vielleicht noch hatte vermitteln wollen.

Ich wußte, daß sie sagen wollte, daß unsere Gefühle uns Zeichen geben, wenn etwas nicht stimmt, auch wenn wir noch nicht genau wissen, was falsch sein könnte. Das Mädchen im Märchen weint, und wir wissen, daß das ein Zeichen für Krankheit und Verzweiflung ist. Aber wie können wir herausfinden, ob wir auf dem richtigen Weg sind, uns selbst zu finden?

An diesem Punkt muß ich eingeschlafen sein, denn plötzlich war Morgen, und ich erwachte mit dem folgenden Traum in meiner Erinnerung:

Ich fühle mich ziemlich jung, vielleicht zehn oder elf Jahre alt, aber ich habe keine Vorstellung von meinem Aussehen oder meinem Körper. Ich fühle kindliche Neugier und Naivität. Ich bin mit drei Frauen auf irgendeiner großen Messe oder Ausstellung. Es sind dort unendlich viele Ausstellungshallen, und wir wandern durch ein Gebäude und schauen uns die Stände an.

Plötzlich werde ich von den ersten beiden Frauen getrennt. Eine von ihnen war die Person, auf die ich mich am meisten verlassen konnte, obwohl sie nicht meine Mutter zu sein schien. Ich habe Angst und schaue mich um. Die dritte Frau ist in meiner Nähe, und ich erzähle ihr, daß ich mich verlaufen habe.

«Ich fürchte, daß ich sie nicht wiederfinden werde», sage ich. «Sie wird beunruhigt sein und sich fragen, wo ich sein könnte.»

«Wir werden sie finden», antwortet die dritte Frau. Zwar bin ich nicht beruhigt, aber ich gehe doch mit ihr zur Straßenecke, wo wir einen Bus besteigen. Während der Bus um die Ausstellungshallen herumfährt, werde ich immer unruhiger. Keines der Gebäude ist mir bekannt, und ich habe das Gefühl, mich immer weiter von der Frau zu entfernen, die ich finden muß. Plötzlich fährt der Bus um eine Ecke, und ich sehe eine Kirche. Augenblicklich durchströmt mich ein Gefühl der Erleichterung und der Sicherheit.

«Ich weiß, wo wir sind. Halte den Bus an», sage ich.

Die Kirche steht am Eingang der Ausstellung. Ich weiß, daß ich die Frau finden werde, die ich brauche. Obwohl ich nicht wußte, daß dies das Gebäude war, nach dem ich suchte, geschweige denn, es schon einmal gesehen hatte, bin ich doch ganz sicher, daß dies der Ort ist, wo ich hingehöre.

In diesem Traum erlebte ich ein Gefühl der Richtigkeit und Vollkommenheit, das intellektuell oder abstrakt nur sehr schwer zu beschreiben ist, das einem aber sofort zugänglich ist, wenn man es erlebt. Dieses Gefühl wirkt intuitiv und vor allem durch die Seele. Wenn wir dieses Gefühl von innerer Harmonie erleben, dann wissen wir, daß alles richtig ist und wer wir sind, und dann können wir verlorene Teile unseres Selbst wiederfinden. Aber auch intellektuell kann man dieses Gefühl erleben. Dann sagt man vielleicht zu sich: «Natürlich – warum habe ich nicht gleich daran gedacht? Es ist doch so einfach!» Dieses Gefühl kann unser ganzes Dasein ergreifen, und es bedeutet, daß man zu sich selbst zurückfindet.

Das «Schneekind» ist ein Märchen, das uns versichert, daß wir es spüren werden, wenn wir eine Veränderung brauchen, da wir dann einer Verschiebung unserer Energien gewahr werden. Dieses innere Wachstum wird uns zwangsläufig an den Kern des Gegensatzes zwischen Leben und Tod führen.

Das Märchen warnt uns davor, unsere Bedürfnisse impulsiv anstatt vorsichtig handelnd anzugehen. Einfache Lösungen bewirken nichts in unserem Innern. Sie bringen uns keine Ganzheit. Ein impulsives Handeln wird unser Altern oder unseren Tod nicht länger hinausschieben, sondern uns nur sehr einsam machen.

Trotz dieser eindringlichen, dunklen Warnung ist doch das «Schneekind» immer noch ein Märchen voller Charme, das an eine Weihnachtskarte oder an eine schöne russische Lackschachtel erinnert. Nicht alle Märchen sind so erfreulich. «Ich habe ihnen meinen Tod geschickt» ist ein sehr dunkles Märchen, das aber ebenso fesselt.

ICH HABE IHNEN MEINEN TOD GESCHICKT

Es war einmal eine alte Frau, die lebte in einem Dorf ganz im Norden, wo die Erde gefroren ist und die Winter dunkel sind. Diese Frau hatte viele, viele Winter gelebt, und nun war sie so schwach, daß sie sich kaum mehr von ihrer Lagerstatt erheben konnte.

Auf jeden Fall aber war die alte Frau zu schwach, um mit den anderen auf die Jagd zu gehen. So mußte sie darauf vertrauen, daß ihre Nachbarn ihr etwas zu essen geben würden, damit sie nicht verhungerte. Zwar brachten ihr die anderen zunächst etwas, aber schon bald hielten sie ihre Gaben zurück.

«Der Winter kommt», sagten sie, «das Wasser wird bald gefrieren. Die Lachse werden fort sein. Das Karibu wird sich zurückziehen. Die Seehunde werden nicht mehr in unsere Nähe kommen. Die Tundra wird unter einer dicken Schneedecke begraben sein. Noch sind unsere Vorratskammern nicht gefüllt. Verschwendet nicht unser Essen an diese alte Frau, die doch sterben wird.»

Die alte Frau war inzwischen zu einem Skelett abgemagert. Sie begriff, daß ihre Nachbarn ihr kein Essen mehr geben würden, und da tat sie etwas Seltsames. Sie faltete ihren abgemagerten Körper in der Taille und legte ihren Schädel auf ihre Scheide. Dann begann sie mit einer leisen und rhythmischen Stimme ein Zauberlied zu singen. Während sie sang, wuchs der Schädel und wuchs, bis er so groß geworden war, daß er durch sein eigenes Gewicht abbrach.

Als der Schädel vom Körper getrennt war, begann er durch das Dorf zu rollen. Einige Menschen erschraken so sehr, daß sie auf der Stelle tot umfielen. Andere rannten fort, als der Schädel sich näherte. Als er an dem Enkel der alten Frau vorbeirollte, rief dieser: «Großmutter, halt an! Was ist passiert? Warum willst du sie alle zu Tode erschrecken?»

Der Schädel der Großmutter hielt inne. «Ich habe ihnen meinen Tod geschickt, damit sie begreifen, was geschieht, wenn man einem Mitmenschen nichts zu essen gibt.»

Daraufhin sammelte sie alle ihre Knochen zusammen und begrub sich selbst in der Tiefe des Meeres.

Dieses Märchen ist voller hilfreicher Symbole, die wir gebrauchen können, um unsere innere Natur besser zu verstehen. Überdies dient die Geschichte auch dazu, eine Gemeinschaft vor schlechtem Verhalten zu warnen.

Seid vorsichtig, ermahnt die Geschichte diejenigen unter ihren Zuhörern, die immer noch jung und kräftig sind. Behandelt alte Menschen nicht so grausam. Seid nicht egoistisch und selbstsüchtig, sonst könnte euch, so wie den übel gearteten Dorfbewohnern der Geschichte, etwas Schreckliches zustoßen.

Das Märchen zeigt etwas auf, das wir uns lieber nicht eingestehen mögen: In schlechten Zeiten, wenn es nicht für alle genug
zu essen gibt, verhalten sich viele Menschen nicht mehr solidarisch
und wohltätig. Das Märchen zeigt uns auch, daß es eine weitver-
breitete Angst ist, fallengelassen zu werden, wenn man als alter
Mensch in Not gerät. Jeden Tag sehen wir die alten und ausge-
stoßenen Menschen, aber wir entscheiden uns, ihre Last nicht zu
sehen, da auch wir sie vielleicht eines Tages aufgebürdet bekommen. Das Märchen erinnert uns daran, daß in jedem von uns
sowohl diese Angst steckt als auch die nur zu alltägliche Neigung,
auf alte Menschen abweisend zu reagieren.

Was passiert mit den Menschen, die aus unserer Gesellschaft
ausgestoßen werden? Überall gibt es auch alte Frauen, die mit
ihren Plastiktüten auf der Straße leben. Diese Frauen sind von der
Gesellschaft ebenso wie von einzelnen, die sie bis dahin gut kann-
ten, verstoßen worden. Ihnen ist kalt, sie sind krank und hungrig
und oft so schwach, daß sie ihren Einkaufswagen kaum mehr
schieben können.

Und es gibt auch viele alte Frauen, die es warm haben und die
genug zu essen bekommen, aber in Altersheimen zurückgelassen
sind und niemals Besuch von Verwandten oder Freunden bekommen. Auch unter diesen Frauen sind Ausgestoßene, die oft so
schwach sind, daß sie sich kaum mehr von ihrer Lagerstatt erheben
können. Niemand von uns möchte so enden.

Um zu verstehen, inwiefern uns das Märchen «Ich habe ihnen
meinen Tod geschickt» helfen kann, unser Inneres zu verstehen,
müssen wir tiefer in die Geschichte eintauchen. Was bedeutet es,
wenn die Gemeinschaft oder das Kollektiv die Bedürfnisse eines
Menschen negiert? Die Kraft des Lebens – so das Märchen –
entflieht uns.

Jede von uns hat Zugang zu einer großen inneren Welt. Dort
finden wir unseren Instinkt, unsere emotionale Energie und unsere
Intuition. Von diesem Aspekt unseres Selbst getrennt zu werden
heißt, in einer ernsthaften Depression gefangen zu sein.

Diese alte Frau war von allem abgeschnitten und konnte sich
nicht mehr aus eigener Kraft ernähren. Die einzige Energiequelle,
die ihr noch verblieb, war das starke Gefühl, ein Opfer zu sein. «Es
ist die Pflicht der anderen, für mich zu sorgen», glaubte sie. Während sie sich weiter vernachlässigte, wurde sie immer wütender, bis

sie buchstäblich den Kopf verlor. Diese Frau war nicht imstande, anders zu handeln, sich zu einem anderen Gefühl durchzuringen oder mit anderen Teilen ihres Selbst in Verbindung zu treten. Sie war gefangen und wurde immer schwächer.

Auch meine Klientin Elizabeth war in solch eine kleine innere Welt eingesperrt. Fünfundzwanzig Jahre bevor sie mich aufsuchte hatte sie einen recht selbstsüchtigen Mann namens Bill geheiratet. All die Jahre hatte sie Bill verhätschelt, bis sie eines Tages begriff, daß ihr das Leben davonlief und sie viele Bedürfnisse hatte, die nie befriedigt worden waren. Während sie ihre Kinder großzog und ihren Ehemann umsorgte, hatte sie gemerkt, daß sie gut Probleme lösen konnte, daß sie kreativ und lebenspendend war. Sie hatte eine Art Abenteurernatur, und nie fehlte ihr der Mut, sich ins Unbekannte aufzumachen. Obwohl Bill immer wieder die Entscheidung für einen neuen Job traf, war es doch jedesmal Elizabeth gewesen, die ein neues Haus suchte, in neuen Städten Freunde fand und die Umstellung für alle leicht machte.

Aber in der Zeit der Not waren ihr ihre eigenen inneren Kräfte nicht bewußt. Statt dessen war sie in der Vorstellung gefangen, Bill würde sie besitzen. Sie bestand darauf, daß es seine Sache sei, ihre Bedürfnisse zu kennen und zu befriedigen. Ihre reichen inneren Ressourcen, ihre Fähigkeiten als Ernährerin, Problemlöserin, Kreative und Abenteurerin hätten sie nähren können. Dort waren Fürsorge, Liebe, Neugier, Kompetenz, Mut und Tapferkeit – ein Fest der Gefühle. Aber sie gaben ihr keine Nahrung, denn es war ihr unmöglich, über ihre Wut und ihren Wunsch, mit Bill gleichzuziehen, hinwegzusehen.

Maude, auch eine Klientin, war auf andere Weise von ihren inneren Quellen abgeschnitten. Sie war von einem inneren Drachen umklammert, der sie jeden Tag mit Angst erfüllte. Seit ihr Mann gestorben war, lebte sie allein, hatte keine Verwandten und keinen Kontakt zu ihren Freunden von früher.

Als Reaktion auf ihre Angst zog sie ihre Welt fest um sich zusammen. Sie sonderte sich von Menschen ab, die interessant hätten sein können, da sie keine Veranlassung sah, nach ihnen zu suchen. Sie las keine Bücher, die ihr eine Hilfe hätten sein können, denn sie konnte nicht die Energie aufbringen, sie aufzuschlagen. Als ihre Depression immer stärker wurde, klammerte sie sich an einen festen Tagesablauf, der ihr Leben am Arbeitsplatz und Zuhause genaustens regelte. Nur für wirklich wichtige Dinge nahm sie Abweichungen in Kauf: einmal in der Woche einkaufen, sonntags zur Kirche, zweimal im Jahr zum Zahnarzt. Auch als sie schon deutlich den Hunger spürte, der sie umzubringen drohte, hielt sie fest an diesem immer gleichen Tagesablauf.

Wenn Maude auch ein Extrembeispiel ist, kann doch jede von uns auf eine Zeit in ihrem Leben zurückblicken, wo sie sich auf einem ausgefahrenen Gleis befand und immer und immer wieder dieselben Dinge tat, bis sie feststellte, daß sie dabei war, gefühlsmäßig vor Hunger zu sterben. Von den anderen abgetrennt, erfahren wir die Abwesenheit von Gefühlen oder aber die Gegenwart, die überwältigende Gegenwart eines einzigen Gefühls. Viele Menschen sind taub. Andere, wie Elizabeth und die alte Frau im Märchen, sind nur noch zornig. Das Gefühl, das Maude überwältigte, war Angst.

Dennoch hat Maude, wie so viele von uns, viel Energie darauf verwendet, dieses eine Gefühl zu verleugnen. Aber wenn wir unsere Energie damit verschwenden, dann fehlt sie uns später beim vernünftigen Denken. Das ist die Krankheit, die uns schwach auf unserer Lagerstatt liegen läßt. Wir sind geschwächt und schläfrig, wir verhungern. Abgespalten von unseren Gefühlen, finden wir weder Sinn noch Spiritualität.

Im mittleren Alter ist es besonders wichtig, daß man auf seine Gefühle achtet. Selbsteinsicht, Kontemplation, Meditation oder Psychotherapie werden zunehmend wichtiger, wenn wir wieder einmal – das ist ganz natürlich – in Frage stellen, wer wir sind und wer wir waren. Allerdings entspringt dieses Fragen nicht mehr der Unerfahrenheit des jugendlichen Alters. In den mittleren Jahren hat jede von uns schon einen Gutteil des Lebens, das uns gegeben wurde, gelebt, und es ist notwendig, daß wir jetzt die Verbindung zu unserem tiefsten Innern suchen. Gehen wir dieser Aufgabe aus dem Weg, dann geben wir uns der Taubheit anheim, die uns verhungern läßt. Die Verbindung zu unserem tiefsten Innern aber versorgt uns mit lebenswichtigen Gefühlen.

In unserem Märchen vernachlässigt sich die alte Frau so lange, bis sie schließlich in einen Racheakt ausbricht. Wenn ein Mensch von seinen eigenen Gefühlen abgeschnitten war, dann ist das erste Gefühl, was wieder zutage tritt, meist Ärger. War die Trennung absolut und von langer Dauer, wie es bei der alten Frau der Fall war, dann steigert sich der Ärger häufig zur rasenden Wut.

Es ist interessant zu sehen, was die alte Frau als nächstes tut. Sie beugt sich vor, legt ihren Schädel an ihre Scheide und singt ein Zauberlied. Ihr Schädel wird riesig groß, bricht ab und rollt durch das Dorf, wo er die Menschen erschreckt.

Wie soll man dieses erstaunliche Bild, das uns die Märchenerzählerin präsentiert, interpretieren? Zunächst wollen wir uns einigen der Symbole zuwenden. Lange vor der Christianisierung, als das Zentrum der meisten Religionen die Göttin war, wurde der Genitalbereich der Frau als geheiligt angesehen. Es ist die Quelle, aus der Leben entspringt. Hier haben wir also ein klares Bild für das Weibliche. Der Schädel allerdings war immer ein Sinnbild für den Tod. Zudem ist rationales oder intellektuelles Denken – die emotionslose Vernunft – immer mit dem Kopf zusammengebracht worden. Und der Kopf war immer ein Symbol für männliche Energie.

Und was das Zauberlied betrifft, so stand das Singen von Liedern immer mit dem Magischen und dem Heiligen in Zusammenhang. Die Hexe hofft ebenso wie die Nonne, daß ihre Worte und ihre Töne eine andere Dimension erreichen, so daß eine Transformation stattfinden möge.

Die alte Frau wollte etwas Neues und Magisches schaffen, eine Verwandlung. Sie legte ihren Schädel, den Sitz der männlichen Ratio, an die weibliche Quelle des Lebens und begann zu singen. Offensichtlich brauchte sie neue weibliche Aspekte, neu geschaffene oder wiedererstandene Gefühle, in ihrem eigenen Leben. Sie machte jedoch den Fehler, alles durch ihre Wut zu zerstören. Es ist leicht gesagt, aber es ist doch eine einfache Wahrheit, die meine Großmutter auf folgende Art auszudrücken pflegte: «Ich bin so wütend, daß ich nicht mehr klar denken kann.»

Genau das ist der Punkt, an dem sich die alte Frau wiederfand. Sie hätte erst einmal etwas gegen ihre Wut tun müssen, bevor ihre weibliche oder ihre rationale Natur ihr hätte helfen können.

Elizabeth, Maude, die alte Frau in unserem Märchen und unzählige andere Frauen sind, strenggenommen, tot. Wenn sie sehen wollen, wer sie sind, dann müssen sie feststellen, daß ihre Lebensgeister sie verlassen haben. Sie haben nur noch den winzig kleinen Raum, in dem sie eingesperrt sind, zum Leben.

«Halt an», sagt der Enkel in unserem Märchen. «Sieh doch, was geschieht! Mache dir bewußt, was du tust und daß dein Tun eine Bedeutung hat. Höre auf, herumzurennen, herumzurollen. Halt an und besinne dich.»

Der kleine Junge weiß, was zuerst zu tun ist. Die alte Frau, und jede Frau in ihrer Situation, muß sich auf sich selbst besinnen. Sie muß sich auf das erstbeste Gefühl konzentrieren, das ihr bewußt wird, um wieder Zugang zu sich selbst zu bekommen. Die alte Frau muß sich diese Wut, die so groß ist, bewußtmachen. Sie muß sich selbst Fragen stellen.

«Warum bin ich so wütend?» fragt sie sich vielleicht. «Ich greife andere an. Was haben sie getan? Was hat das mit dem zu tun, was in meinem Innern geschieht? Gehe ich genauso mit mir um? Lasse ich zu, daß man so mit mir umgeht? Was will ich vermeiden, indem ich mich so verhalte?» So sollte sie weiterfragen, bis ihr klar wird, daß sie einen gangbaren Weg zu einem neuen Teil ihres Selbst aufgetan hat.

Das Bewußtsein von der eigenen Endlichkeit – und hier begannen wir mit unserer Überlegung, wie man ein erfülltes Alter erlangen könne – bringt intensive Gefühle mit sich. Vielleicht fühlen wir uns leer, so wie die alte Frau im Märchen vom Schneekind. Und es mögen auch Wut oder Angst auftreten oder überwältigende Müdigkeit und Taubheit. Was immer uns bei diesem ersten Blick in die Dunkelheit begleitet, wird als Einladung fungieren, nicht als Abschluß. Die Einladung, sich auf eine Reise zu begeben, in deren Verlauf man jene Aspekte seines Selbst finden und sich bewußtmachen wird, die so lange im Unbewußten lagen.

So kann man auf ganz andere Weise unangenehmen Gefühlen begegnen, als die meisten Leute es tun. Wir begrüßen jede Emotion, die wir erleben, als wichtigen und unverzichtbaren Reiseleiter.

Depression? Wut? Angst?

«Hallo, da du meinem Unterbewußtsein entstammst, kann ich von dir lernen. Ich weiß, du bist nur ein ‹erstes Gefühl›, stehst als Türhüter am Eingang, aber du bist der einzig wahre und mögliche Anfangspunkt. Ich kann dich sehen. Deshalb werde ich dich einfach beobachten, ohne dich zu bewerten, und früher oder später wirst du die Tür öffnen und einen anderen Teil meines Unbewußten heraustreten lassen oder mich hineinlassen.»

Die Märchen, von denen wir gesprochen haben, haben uns die folgenden Dinge über den Sinn des Todes mitgeteilt:

Es ist nicht möglich, dem Tod aus dem Weg zu gehen.

Wenn wir uns nur über unseren Körper identifizieren, dann altern wir im selben Tempo wie der Körper. Wenn wir unseren Geist kennenlernen und uns mit ihm identifizieren, werden wir jung bleiben, denn der Geist ist unsterblich.

Die Entdeckung unseres Geistes ist ein kreativer Prozeß, der sich schrittweise vollzieht.

Es gibt innere Stimmen in uns, Gefühle, Instinkt oder Intuition genannt, die uns leiten werden, wenn wir einmal gelernt haben zuzuhören.

Wir müssen mit dem Gefühl beginnen, das gegenwärtig in uns ist, und uns bewußtmachen, welchen Sinn es hat. So lernen wir, die Aufmerksamkeit für uns selbst zu schärfen.

Das Sinnstiftende in unserem Leben kommt immer von innen. Äußerliche Lösungen werden uns früher oder später nicht mehr befriedigen.

Wenn wir uns mit unserer eigenen Sterblichkeit befassen, dann müssen wir zunächst einmal herausbekommen, wer wir eigentlich sind. Dazu müssen wir das Bild, das wir von uns selbst haben und das wir anderen präsentieren, hinterfragen. Wenn wir unseren Geist finden wollen, müssen wir unseren Körper und unsere Handlungen hinter uns lassen.

Das bedeutet, daß wir uns auch mit den Teilen von uns aussöhnen müssen, die wir vielleicht nicht mögen oder akzeptieren. Aber wir können uns nur dann sicher in unbekanntes Gebiet wagen, wenn wir mit den zurückgewiesenen Teilen unseres Selbst gearbeitet haben.

Wir haben gesehen, wie eine alte Frau sich beeilt, kreativ zu werden, und ein Schneekind erschafft. Sie fühlt ein Bedürfnis, weiß jedoch nicht, woher es rührt. Wir haben eine Frau getroffen, die ihrem Zorn freien Lauf läßt, ohne jedoch selbst zu verstehen, warum sie so zornig ist. Wir haben gesehen, wie die unterdrückten und zurückgewiesenen Teile dieser Frauen an die Oberfläche traten und wie sie dann die Kontrolle über die Frauen erlangten.

«Aber ich bin ja nicht so», sind wir jetzt versucht zu sagen.
«Ich bin nett, wenn ich nicht gerade…»
«Ich bin freundlich, außer wenn ich…»
«Ich bin immer nachdenklich, na ja, fast immer…»
«Und wenn nicht, na, dann waren es die Umstände oder der Fehler eines anderen.»

Wenn wir dieses Spiel weiter treiben, wird deutlich werden, daß wir alle eine unterdrückte Seite in uns haben. Je netter wir sind, desto mehr Unfreundlichkeiten finden sich auf unserer unbekannten Seite. Und je netter wir sind, desto unwahrscheinlicher scheinen die Unfreundlichkeiten unserem Bewußtsein. Und je weniger wir über sie wissen, desto verletzlicher werden wir im Alter sein.

In unserer letzten Geschichte lernen wir eine Frau kennen, die sich erfolgreich mit ihrem Unbewußten auseinandergesetzt hat. Obwohl uns die Geschichte nicht verrät, wie sie das angestellt hat, zeigt sie doch, wie die Frau sich mit dem Tod anfreundet. Sie zeigt auch, daß die weisen alten Frauen noch wußten, daß das Leben derjenigen, die den eigenen Tod annehmen, heiter und erfüllt ist.
Die Geschichte von Philemon und Baucis entstammt der Mythologie der alten Römer.

PHILEMON UND BAUCIS

In einem fernen Land wächst ein wundersamer Baum. Dieser Baum und der Tempel, der bei ihm steht, sind die einzigen Dinge, die es auf einer kleinen Insel gibt. Die Wurzeln des Baumes reichen bis weit in die Erde hinab, sein Stamm ist stark und fest. Auf halber Höhe jedoch spaltet er sich, und auf der einen Seite ist er eine Eiche und auf der anderen Seite ein silberner Lindenbaum.
Früher einmal, in der Zeit, als Jupiter der höchste Gott des Olymp war, waren das Eiland und das Wasser darum herum Teil

eines Dorfes. Eines Abends beschloß Jupiter, das Dorf zu besichtigen, um zu sehen, ob die Menschen, die dort lebten, freundlich und entgegenkommend seien. Er und sein Sohn Merkur verkleideten sich als Bettler und begaben sich in das Dorf, wo sie von Tür zu Tür gingen und um Essen und einen Schlafplatz für die Nacht baten. Aber an jeder Tür wurden sie abgewiesen, bis sie schließlich an dem kleinen Haus von Baucis, einer alten Frau, und ihrem Ehemann Philemon anlangten.

Philemon und Baucis öffneten ihre Türe und ließen die beiden müden Wanderer ein. Sie schürten das Feuer, rückten eine Bank an den Herd, und aus ihrer armselig bestückten Speisekammer nahm Baucis einen Kohlkopf, einen Streifen gesalzenen Fleisches, einige Eier, Oliven, Pflaumen, Endivien, Rettiche und Käse.

Sie brachten Wasser, um den Fremden die Füße zu waschen.

Der Tisch, der nun gedeckt wurde, hatte nur drei Beine, das vierte, vor langer Zeit zerbrochen, wurde von einem alten Tonkrug notdürftig ersetzt. Eine Karaffe mit Wein wurde auf den Tisch gestellt.

Als das Essen zubereitet und aufgetischt, als der Wein in die Gläser gefüllt war, begannen die beiden Bettler zu essen.

Immer wieder wurde ihnen Wein nachgeschenkt, aber soviel auch ausgeschenkt wurde, blieb die Karaffe doch immer voll. Als Philemon und Baucis dies bemerkten, waren sie erstaunt und ängstlich, denn ohne Zweifel befanden sie sich in der Gegenwart von Göttern!

«Entschuldigt bitte», sagten die alte Frau und der alte Mann, «daß wir euch so dürftiges Essen vorgesetzt haben. Aber wir besitzen eine Gans. Wir werden sie jetzt gleich einfangen und für euch zubereiten.»

Und schon eilten sie zur Tür hinaus hinter der Gans her, aber wie schnell die alte Frau und der alte Mann auch liefen, die Gans war doch allemal schneller als sie und schnatterte laut. Schließlich lief die Gans ins Haus zurück und stellte sich an die Seite der Götter. Die alten Leute kamen atemlos dazu.

«Haltet ein», befahl Jupiter. «Ihr wart gut, während eure Nachbarn sich selbstsüchtig und roh verhielten. Sie werden bestraft werden. Kommt mit uns.»

Und die Götter geleiteten die alten Leute auf einen nahegelegenen Hügel. Als sie seinen Gipfel fast erreicht hatten und die Alten kaum mehr weitergehen konnten, blieben sie stehen.

«Schaut euch um», befahlen sie. Philemon und Baucis drehten sich um und sahen, daß das ganze Dorf und ihr Haus im Wasser versunken waren.

Sie begannen aus Trauer um ihre Nachbarn und ihre Habseligkeiten zu weinen. Als sie weinten, erschien vor ihren Augen, in der Mitte der Wasserfläche, eine Insel, und auf dieser Insel stand ein wunderbarer Tempel des Jupiter.

«Was ist euer Begehr?» fragte Jupiter die beiden. «Was wünscht ihr euch am meisten?»

Die alten Leute berieten sich und sprachen dann zu Jupiter: «Wir möchten unsere letzten Jahre als Priester in deinem Tempel verbringen, und wenn die Zeit zum Sterben kommt, dann möchten wir gemeinsam gehen.»

Den beiden wurde ihr Wunsch gewährt. Sie lebten viele Jahre im Tempel des Jupiter, wo sie glücklich und zufrieden den Göttern dienten. Und als die Zeit zum Sterben kam, wurden sie beide gleichzeitig verwandelt: in einen Baum, der zwei und doch einer war. Baucis wurde zur silbernen Linde und Philemon zur Eiche.

Betrachtet man diese Geschichte als ein soziales Märchen, dann entdeckt man die Ähnlichkeit zu den Worten Jesu im Neuen Testament, wo er seine Anhänger dazu auffordert, allen Menschen gegenüber gastfreundlich zu sein. Er sagt: «Denn ich bin hungrig gewesen, und ihr habt mich gespeiset. Ich bin durstig gewesen, und ihr habt mich getränket. Ich bin ein Gast gewesen, und ihr habt mich beherberget. Ich bin nacket gewesen, und ihr habt mich bekleidet. Ich bin krank gewesen, und ihr habt mich besucht. Ich bin gefangen gewesen, und ihr seid zu mir kommen… Wahrlich ich sage euch: Was ihr getan habt einem unter diesen meinen geringsten Brüdern, das habt ihr mir getan.»

Die Forderung, dem Bedürftigen zu helfen, gibt es in jeder

Kultur, deren Märchen und Geschichten ich studiert habe. Tatsächlich geht es hier um mehr als eine gesellschaftliche Regel, es handelt sich um einen religiösen Befehl, der beinhaltet, daß derjenige, der diese Bedingung erfüllt, gerettet sein wird, während derjenige, der sie mißachtet, zwangsläufig bestraft werden wird. Aus der sozialen Perspektive gesehen, ist «Philemon und Baucis» ein Beispiel für moralisches Verhalten einer Gemeinschaft.

Aber wir wissen auch, daß jede Geschichte eine Metapher für die individuelle Psyche eines Menschen ist. Wenn wir alle ihre Protagonisten – Götter wie Menschen – als verschiedene Aspekte eines zentralen Charakters betrachten, dann werden wir erkennen, was diese Geschichte für uns bereithält. So gesehen zeigt sie uns das Bild einer Ganzheit und einer Verbindung sowohl zu einem selbst als auch zu etwas Größerem, das den Tod zu verwandeln vermag.

Erinnern wir uns an unsere Leitlinie, daß jede Person in einem Märchen als Teilaspekt eines Menschen verstanden werden kann, dann erkennen wir, daß die zentrale Figur Baucis/Philemon eine weibliche Seite, nämlich Baucis, und eine männliche Seite, Philemon, in sich trägt. Die Entwicklung einer sicheren Persönlichkeit beruht auf der Akzeptanz und dem gesunden Wachstum sowohl der weiblichen als auch der männlichen Qualitäten in uns.

Zwei Götter statten der Welt einen Besuch ab, und schon werden wir mit einem Paradoxon konfrontiert. Alles in dieser Geschichte muß als Teil der inneren Psyche verstanden werden, aber trotzdem sollen die Menschen sich doch nicht mit Göttern vergleichen. Nun, wenn wir uns selbst über das Menschliche hinaus erheben, dann werden wir unweigerlich zurückgedrängt werden. Es gab früher eine alte Sitte unter Teppichwebern, die zeigt, daß man wußte, wie wichtig es ist, auf der Ebene des Menschlichen zu bleiben. Wenn ein wundervoller Teppich vollendet war, pflegte der Künstler einen Fehler hineinzuarbeiten. «Perfektion», sagte man, «ist den Göttern allein vorbehalten.» Heute deuten wir das so, daß wir unsere Lebensmitte nicht finden werden, wenn wir ständig versuchen, perfekt zu sein.

Jupiter und Merkur verkörpern in dieser Geschichte das, was die Psychologie C. G. Jungs «Archetypen» nennt. Archetypen sind allgemeingültige Ideen und Impulse, die allen Menschen gemeinsam sind. Die Psychologie nach C. G. Jung geht davon aus, daß diese Ideen und Impulse tief im kollektiven Unbewußten verankert sind.

Niemandem werden die Archetypen beigebracht, denn sie sind angeboren. So wie alle Menschen mit zwei Augen und einer Nase geboren werden, trägt auch jeder bestimmte archetypische Konzepte, wie zum Beispiel das der Mutter, in sich. Wir wissen, daß jedes menschliche Gesicht trotz der beiden Augen und der Nase unterschiedlich aussieht, da es dem Einfluß der Gene unterworfen ist. Gleichheit und Unterschiedlichkeit existieren nebeneinander. Mit den Archetypen verhält es sich ebenso, und so sind die Details des Konzepts «Mutter» auch von Mensch zu Mensch anders.

Jupiter und Merkur sind in dieser Geschichte archetypische Bilder für den Gott in uns. Jupiter war in der römischen Mythologie der Herrscher über den Olymp. Seine Kraft geht über die Kontrolle oder das Wünschen unseres persönlichen Ego hinaus, er sieht und versteht alles. Merkur, ebenfalls ein kraftvoller Archetyp, ist ein weiterer Aspekt der absoluten Kraft innerhalb des göttlichen Universums. Er verkörpert die Energie, die uns dazu bringt, unseren Weg zu verlassen, um eine neue Richtung zu finden, und die uns Nacht für Nacht im Traum neues Wissen über unseren Weg zukommen läßt.

In unserem Leben können wir immer wieder die Kraft der Archetypen erfahren. Für Frauen stellt oft die Geburt eines Kindes eine solche Zeit dar. Mir ging es bei jedem meiner Kinder so, daß ich, als ich sie zum ersten Mal im Arm hielt, mich mit allen Frauen, die jemals Kinder geboren hatten, verbunden fühlte. Ich spürte, wie die Energie von Gaia, der Mutter Erde, mich durchströmte.

Hochzeiten gehören zu den Zeiten, in denen sich archetypische Energie zeigen kann. Die Tränen, die einem manchmal in die Augen treten, selbst wenn die Braut nicht eine nahe Verwandte oder Freundin ist, zeugen davon, wie tief uns das Symbol für die archetypische Energie der Verbindung berührt. Die meisten Hochzeiten sind Momente der perfekten Verbindung, ungeachtet dessen, wie sich die Ehe später entwickeln wird.

Der Archetyp von Jupiter und Merkur tritt in «Philemon und Baucis» auf, um die Fähigkeit der Menschen, sich und andere zu nähren, unter verschiedenen Umständen zu prüfen. Zwei heruntergekommene Fremde tauchen spätabends auf und bitten darum, eingelassen und verköstigt zu werden. Das ist ein schwieriges Anliegen, aber die Geschichte will uns sagen, daß auch wir einmal damit konfrontiert werden können. Es klopft an unserer Tür. Vielleicht durchfährt uns das natürliche Bedürfnis, die Tür zu öffnen. Die meisten von uns haben einigermaßen gut gelebt. Wir haben unsere Arbeit getan, vielleicht Kinder großgezogen und waren gute Mitglieder unserer Gesellschaft. Wir haben Freunde und Verwandte, die uns mögen und respektieren. Aber warum klopft es dann an unserer Tür?

In der Therapie sagen viele Frauen zu mir: «Ich möchte mich einfach mal wieder gut fühlen. Ich will nicht in den alten Trott zurück. Das alles liegt jetzt hinter mir.» Das Bekenntnis zum Widerstand ist selbst schon ein aufkeimendes Gefühl. Hier kann man beginnen. «Warum fühle ich so?» fragen wir uns. Vielleicht ist die Zeit ungünstig, das zu erforschen. Vielleicht gibt es wichtigere Dinge zu tun.

Der Widerstand kann auch in eine andere Richtung leiten. Es gibt keine besondere Regel, die eine «richtige Zeit» oder eine «richtige Art» für unser psychologisches Leben vorschreibt. Das Beste, was jede von uns tun kann, ist herauszufinden, welchen Sinn die Gefühle haben, die in uns sind. Der einzig mögliche Wegweiser kommt von innen. Wenn wir wissen wollen, ob wir die Tür öffnen sollen und was es bedeutet, jemanden oder etwas dahinter anzutreffen, dann müssen wir auf unsere Gefühle achten und von ihnen ausgehen. Fühlen Sie es. Schreiben Sie darüber. Sprechen Sie mit Menschen, die Ihnen helfen können. Malen Sie es. Gehen Sie in eine Gruppe.

Andere Frauen sagen in der Therapie: «Ich weiß nicht, woher dieses Gefühl, dieser Ausbruch oder dieses seltsame Verhalten kommt. Es paßt gar nicht zu mir.»

«Bitten Sie es herein», empfiehlt der Erzähler der Geschichte. «Vielleicht fühlen Sie sich furchtbar dabei, weil Sie glauben, dieser Fremde komme aus einem dunklen Land und werde Sie überfallen und in Ketten davonschleppen. Aber wenn Sie Ihre Augen offenhalten und achtgeben und wenn Sie sich dem Gefühl gegenüber freundlich verhalten, dann werden Sie verstehen.»

Natürlich ist es richtig, daß, wenn es an der Tür klopft, immer zusätzliche Arbeit damit verbunden ist. Oft stellen sich die Besuche in Form von Depression, Angst oder einem anderen Gefühl ein, das uns eine zusätzliche Last aufbürdet. Als die Tür einmal geöffnet ist, sieht Philemon/Baucis zwei heruntergekommene, schmutzige, übelriechende Fremde. Jupiter und Merkur haben sich auf diese Weise verkleidet. Vor unseren eigenen Türen des Gefühls stehen die Götter oft hinter häßlichen Gefühlen verborgen, mit denen wir nichts zu tun haben wollen, hinter Erinnerungen, die wir vergessen wollen, und Träumen, die uns in Angst und Schrecken versetzen.

Unser ganzes Leben lang haben wir daran gearbeitet, zu Menschen zu werden, die Respekt verdienen. Und dann steht plötzlich dieses fremde Gefühl vor unserer Tür. Es fällt uns schwer einzusehen, daß diese übelriechenden Fremden unser Leben erhöhen sollen. Wir haben nichts mit ihnen zu tun, und sie passen nicht in das Leben, das wir uns zurechtgelegt haben. Nur allzugern möchten wir sie von unserer Schwelle vertreiben und verstehen die Abneigung, die die Nachbarn von Philemon/Baucis gegen sie hegten.

Aber Philemon/Baucis öffnet dennoch die Tür und lädt die Fremden ein. Sie zeigt Mitgefühl, indem sie ihnen Unterkunft, Essen und Trinken gewährt. Sie nährt dadurch diesen Aspekt ihrer selbst und ihres Lebens. Nur nach und nach merkt sie, daß viel mehr dahintersteckt, als sie ursprünglich annahm. In ihr findet eine Verwandlung statt, aber die Wirklichkeit dieser Veränderung dringt erst allmählich in ihr Bewußtsein. Genau so verhält es sich mit wirklichem Wachstum: Es muß allmählich stattfinden, es kann nicht erzwungen werden. Philemon/Baucis lud die Fremden nicht zu sich ein, weil sie meinte, einen Vorteil davon zu haben, sondern sie handelte aus reinem Mitleid. Daß nun die beiden Gestalten mehr waren als gewöhnliche Bettler, war ihr nicht sogleich klar. Die Götter aber warteten, bis Philemon/Baucis die Wahrheit ahnte, ehe sie sich verwandelten und ihre Göttlichkeit offenbarten.

Die alte Frau in «Ich habe ihnen meinen Tod geschickt» hätte auf dieselbe Weise ihrer Wut die Tür öffnen können. Aber sie tat es nicht. Schließlich sah das, was vor der Tür stand, wie Wut aus, und wer will das schon in seinem Haus haben? Jupiter und Merkur sahen aus wie schmutzige Bettler, und wer will die schon beherbergen?

In meinem eigenen Leben und bei vielen meiner Klientinnen habe ich es erlebt, daß wir das, was vor unserer Tür stand, überhaupt nicht mochten. Als ich sehr jung war, war ich eifrig unterwegs und jagte die Gefühle davon. «Wenn ich genug zu tun habe, wenn ich richtig müde bin, wenn ich genug schaffe, dann werden die Gefühle schon verschwinden», sagte ich zu mir selbst.

Und das taten sie. Aber ich war ausgepumpt und kein bißchen klüger, und unter Umständen kehrten die Gefühle sogar zurück. Mit der Zeit lernte ich, sie hereinzubitten. «Laßt mich euch ansehen», konnte ich jetzt sagen, «ich mache gerade eine schwierige Zeit durch. Nun will ich gut für mich sorgen, während ich hier mit diesen fremden Gefühlen sitze. In Zukunft will ich mich mit wirklichen Nahrungsmitteln nähren statt mit schlechtem Essen. Laßt mich ausruhen, wenn ich müde werde. Ich will mir selbst und meinen Gefühlen gegenüber Mitleid zeigen.»

Manchmal, nicht immer, geleiteten mich die Gefühle an einen neuen Ort. Manchmal entstand aus dem Erlebnis allmählich etwas Magisches und Veränderndes.

Das Magische steht für Baucis. Als die Götter sie fragen, welchen Wunsch sie habe, antwortet sie, daß sie bis ans Ende ihrer Tage dem spirituellen Aspekt des Lebens dienen möchte. Und wenn sie stirbt, dann soll es so geschehen, daß ihr männliches und ihr weibliches Inneres vereint sind. Dadurch teilt uns der Erzähler der Geschichte mit, daß die Vereinigung unserer inneren Gegensätze, die Lösung des Paradoxons, unsere Aufgabe im Alter ist. Baucis wird die Frau, die sich selbst genügt, die keine anderen mehr braucht, um ganz zu sein. Deshalb ist sie imstande, sich anderen um ihrer selbst willen zuzuwenden. Der Weg der Baucis ist deutlich anders als der, den die beiden Frauen in der Geschichte vom Schneekind und in der vom rollenden Schädel wählen.

Philemon/Baucis sieht, anders als ihre Nachbarn, ihren Gefühlen ins Gesicht und durchläuft eine sanfte Verwandlung. Ihren Nachbarn ist das nicht vergönnt. Als die Götter sich offenbaren, ist das Schicksal der Nachbarn besiegelt. Diese Dorfbewohner waren auf extreme Weise in rationalem und praktischem Denken gefangen. Sie waren hart, abweisend und selbstsüchtig geworden anstatt weich und liebevoll. «Verschwindet», sagten sie zu den starken, aber unerfreulichen Gefühlen, die an ihre Tür klopften. Und in der Tat verschwinden diese Gefühle oft wieder, aber sie wandern in unser Unterbewußtsein. Wenn aber starke Gefühle oder zu viele Gefühle unterdrückt werden, dann hat das einen zerstörerischen Effekt. Die Nachbarn in der Geschichte ertrinken.

Auch wir können überwältigt werden und ertrinken, wenn das Unterbewußtsein überfließt, nachdem wir die starken, unerfreulichen Gefühle immer unterdrückt haben.

Die Symbole, mit denen das Schicksal von Philemon/Baucis ausgedrückt wird, beziehen sich auf die Vereinigung zwischen dem Männlichen und dem Weiblichen. Der Lindenbaum ist in Mythen und Märchen immer mit dem Weiblichen verbunden. Den Göttinnen Aphrodite und Frigga war er heilig, und in ihm wohnten die griechischen Baumnymphen. Die Linde ist bekannt für ihren Honig und für die heilende Wirkung ihrer inneren Rinde. Es ist der weibliche Aspekt von Philemon/Baucis, der in einen Lindenbaum verwandelt wird.

Die Eiche hingegen ist immer als männlich angesehen worden. Sie ist ein passendes Symbol für Philemon, den männlichen Aspekt. Eichen gelten als physisch stark, sie haben tiefe Wurzeln, die sie in Stürmen schützen. Die Eiche war der Baum vieler Könige, unter anderem auch der von König Artur.

Indem sie daran arbeitete, den weiblichen und den männlichen Aspekt in sich zu vereinen, leistete Philemon/Baucis viel mehr, als nur mit vereinten Gegensätzen zu sterben. Vielmehr wurde sie in etwas Neues und Ganzes verwandelt. Als Philemon/Baucis stirbt, wird sie zu einem einzigen Baum, der zwei verschiedene Bäume in sich vereint. Dieses Bild macht uns deutlich, wie wichtig es ist, daß wir unser Alter dazu nutzen, die gegensätzlichen Aspekte unserer Persönlichkeit zu vereinen. Die Geschichte von Philemon/Baucis zeigt uns einen Menschen, dem dies gelungen ist.

In den Märchen finden wir viele Ideen, die uns helfen können, die Realität unseres eigenen Todes zu verstehen und zu akzeptieren. Jede dieser Geschichten zeigt uns, daß wir genug Zeit haben, das zu tun, was notwendig ist.

In uns muß etwas wachsen. Eine Frau muß die Fixierung auf ihren Körper aufgeben, eine andere muß eine neue Form der Kreativität entwickeln. Eine dritte muß einen inneren Hunger stillen und die Ursache ihrer Wut entdecken. Baucis mußte das Materielle loslassen, um auf eine spirituelle Ebene zu gelangen.

Wir müssen den Geist unseres Lebens finden, die Essenz dessen, was wir sind. Eine Frau erfährt dies durch ihre Träume, diese unerschöpfliche Quelle des Wissens und der Heilung aus dem Unbewußten. Eine andere Frau empfindet eine Welle der Kreativität, interpretiert diese Empfindung aber falsch und gerät so in ein neurotisches Gefühl. Eine dritte hat nur ihre Wut als Leitfaden, und diese wird sie vielleicht zu ihrem Unbewußten führen. Die Frau der letzten Geschichte entdeckt den Geist ihres Lebens in der Vereinigung der Gegensätzlichkeiten in sich und in der Hingabe an die spirituellen Aspekte ihres Lebens.

Wir müssen die zahlreichen Fragmente und Gegensätze, die wir in uns tragen, miteinander vereinen. Für die Inuit-Frau, die in ihrem Zelt lebt, besteht die Gegensätzlichkeit zwischen Körper und Geist. Bei der russischen Frau ist die Gegensätzlichkeit ein Aspekt ihrer Neurose. Sie ist hin- und hergerissen zwischen ihrem Bedürfnis nach Erfüllung und ihrer Intoleranz gegenüber jeglicher Vieldeutigkeit, weshalb sie nach allem greift, was sofortige Befriedigung verspricht. Die Frau, die ihren Kopf verliert, kämpft mit der Gegensätzlichkeit zwischen dem Rationalen und dem Emotionalen. Für Baucis besteht die Gegensätzlichkeit in den Polen weiblich/männlich und materiell/spirituell.

Jede von uns erhält die Kreativität, die notwendig ist, diese Aufgabe zu erfüllen. Dazu brauchen wir die Geduld, das Wachstum in uns zu beobachten, denn zu Beginn wird man es vielleicht spüren, jedoch nicht sehen können. Wir werden lernen, uns Fehler zu vergeben, vorausgesetzt, daß wir ein Bewußtsein für das entwickeln, was geschieht. Wir müssen anfangen, unsere Gefühle in Besitz zu nehmen und zu ihnen zu stehen.

Diese Aufgaben, die wir aus den unterschiedlichen Märchen herauskristallisiert haben und mit denen wir uns konfrontieren müssen, wenn wir lernen wollen, die Wirklichkeit unseres eigenen Todes zu akzeptieren, sind dieselben Aufgaben, die wir zu bewältigen haben, um ein fruchtbares und kreatives Alter zu durchleben. Die Aufgaben werden sich uns stellen, wenn wir vor dem Tod nicht davonlaufen. Wenn wir mutig auf unseren eigenen Tod zugehen, werden wir feststellen, daß wir uns in der Mitte unseres Lebens befinden. Wir sind wie die Ringelblume, die mitten im Tod die Samen für das neue Leben produziert. Das ist unsere Widersprüchlichkeit.

2

Essig und Bohnen

Die Grenzen des Lebens
akzeptieren

Die alte Frau richtete sich auf und begann sich zu strecken. Schon viel zu lange, fast den ganzen Tag über, hatte sie gesessen, und nun waren ihre Glieder von der mangelnden Bewegung steif geworden. Langsam ging sie auf den Fluß zu, der ein wenig abseits vom Dorf lag. Sie wollte noch nicht zurückkehren. Sie lenkte ihre Schritte in Richtung auf einen der Schuppen, die am Flußufer standen, in einem von ihnen hatte sie die letzten zwei Tage verbracht. Und sie würde noch eine weitere Nacht brauchen, um die Bedeutung dessen, was sie erlebt hatte, zu ergründen.

Während sie lief, summte sie vor sich hin und freute sich an dem Gefühl von Zufriedenheit mit sich selbst, das sie durchströmte. Eine schwere Zeit lag hinter ihr. Vor genau vier Tagen war Cedric gestorben, und tags darauf war er beerdigt worden. Bevor er starb, stand er drei Wochen lang an der Schwelle zum Tod, und in dieser Zeit hatte die alte Frau an seinem Bett gesessen, seinen Körper gekühlt und seine Schmerzen mit ihren Essenzen und Säften gelindert. Sie hielt ihn, als er sich auf die Reise machte, und sie war es, die seinen Körper für das Begräbnis zurechtmachte. Andere hatten die Worte gesprochen, als er in die Erde hinabgelassen wurde, aber sie war die erste gewesen, die etwas von der kühlen Erde auf seinen mittlerweile leeren Körper hinabgeworfen hatte.

Vor vierzig Jahren hatten sie einmal zusammengelebt. Und sie war erstaunt gewesen, als er zum Sterben in das Dorf zurückkehrte. Damals hatte er sie im Zorn verlassen, und sie hatte ihn mit bitteren Gedanken davongehen lassen. Jeder hatte den anderen enttäuscht. Eine lange Zeit hatte sie an nichts anderem gearbeitet als nur daran zu vergessen.

Manchmal war sie dennoch imstande gewesen, den Gedanken an Cedric zuzulassen. Dann wanderte sie so lange in ihren Erinnerungen an die gemeinsame Zeit umher, bis sie das Bild eines jungen Mädchens fand, das in dem jungen Mann einen Gott sah und das dann unermüdlich daran arbeitete, aus einem menschlichen Wesen das zu schaffen, was sie ersehnt hatte. Ihr Scheitern erfüllte sie erst mit Wut und dann mit grenzenloser Leere.

Es hatte sie viel Zeit und Kraft gekostet herauszufinden, was in dieser Leere neu wachsen könnte, aber sie war zufrieden mit dem, was schließlich entstanden war.

Cedric seinerseits hatte sich ihr gegenüber nicht viel anders verhalten – wo sie einen treuen Zeus erwartet hatte, sehnte er sich nach einer Mutter, nach der perfekten Demeter, die ihm als ihrem Kind allzeit ergeben sein würde.

Von dem Tag an, an dem er sie verlassen hatte, bis zu dem Tag, als er zurückkehrte, hatte die alte Frau nichts von ihm gehört. Als er wieder durch das Dorf ging, grau und abgemagert, dem Tode nahe, stockte ihr Herz, und sie fühlte Angst. Diese Angst wich aber schnell ihrem Mitleid und dem Wunsch zu helfen.

Ungefähr eine Stunde bevor er starb, hatte sie an seinem Bett gesessen und ihn angeschaut, während er schlief. Er schlug die Augen auf und sah sie an. In diesem Moment spürte sie eine solche Dichte, daß sie glaubte, sie würden beide zu einer einzigen Quelle der Energie verschmelzen.

Sie schrie, mehr ein Laut als Worte, und der Moment war vorüber. Cedric sank zurück in das Nebelland des Schlafs, und bald verließ er seinen Körper. Sie hielt ihn umfangen und war ihm plötzlich die Mutter, die sie nie zuvor hatte sein können.

Und dann kamen die Vorbereitungen, die viele Arbeit, die bewältigt werden mußte. Sie fühlte nichts in dieser Zeit, außer einer seltsamen Taubheit, bis sie endlich in ihren geliebten Wäldern allein war. Da begriff sie, daß sie trauerte. Nicht um Cedric, denn der Tod war für sie nur ein weiterer Schritt des Menschen auf seiner Reise. Sie trauerte um das, was sie nicht miteinander hatten haben können.

In diesem einen Augenblick vor vier Tagen aber war das Magische und Göttliche geschehen. Es war ein Moment der Vereinigung gewesen, der keine scharfen Klippen zurückließ, die dem Wind der Erinnerung ausgesetzt sein würden. Es war ihr, als ob in diesem Moment alle Arbeit, die sie geleistet hatte, um zu ihrem persönlichen Leben zu finden, zunichte gemacht worden sei. Der alte Schmerz und die alten Verletzungen waren plötzlich wieder da, als wäre sie noch jung.

Als die alte Frau und Cedric in diesem Moment vereint waren, war er ihr wieder wie ein Gott erschienen, und sie weinte noch einmal im Schmerz des jungen Mädchens, das entdecken muß, daß Menschen nicht wie Götter gemacht sind. Sie weinte über die flüchtige Natur der Menschen. Und sie weinte, weil sie in ihrem tiefsten Innern wußte, daß sein Sehnen nach einer Mutter kein anderes Verlangen war als das, was in ihr lebte, und weil sie, wenngleich Menschen, doch beide nur verschiedene Teile des Ganzen waren.

Und als sie weinte, empfand sie mit einemmal den Trost, den man erhält, wenn man die Dinge betrauert, die niemals Wirklichkeit werden konnten. Es war eine Trauer, die bewirkt, daß das Herz wieder Mut faßt, die Wirklichkeit wahrzunehmen.

Die alte Frau wußte, daß es eine Versammlung geben würde, wenn sie ins Dorf zurückkäme. In dieser Nacht würde sie eine Geschichte für sich selbst erzählen, denn sie war diejenige, die Hilfe brauchte. Sie mußte daran erinnert werden, daß man die wirklichen Werte nicht immer dort findet, wo man sie erwartet. Der Same einer Sinnfindung liegt sowohl in dem, was ist, als auch in dem, was nicht sein konnte.

DIE ALTE MUTTER

Es war einmal eine Frau, die sehr alt geworden war, sie verbrachte viel Zeit in Gedanken versunken. Ihre Gedanken kreisten unablässig um ihre Einsamkeit. Vor vielen Jahren schon hatte sie ihren Mann und die beiden kleinen Söhne verloren. Seit dieser schrecklichen Zeit hatte sie nicht mehr aufhören können zu trauern. Sie meinte, es sei ihr im Leben nur Unrecht widerfahren.

In einer dunklen Nacht hing sie wieder einsam ihren Gedanken nach, als sie plötzlich die Kirchenglocken läuten hörte. Sie meinte, eingeschlafen zu sein, und raffte ihren alten Körper auf, wickelte sich in ein Tuch und begab sich den Hügel hinunter zur Kirche, um dort ihr Morgengebet zu verrichten. Als sie dort ankam, leuchtete die Kirche hell in der Nacht, obwohl darin keine einzige Kerze angezündet war. Die alte Frau humpelte zu ihrer gewohnten Kirchenbank, aber in dieser saßen bereits viele Leute. Als sie sich umschaute, bemerkte sie, daß die ganze Kirche voller Menschen war.

Eine Frau sprach sie an: «Sieh mich an, ich bin deine Tante, die vor vielen Jahren starb. Schau dich um!»

Die alte Frau bemerkte, daß nicht die Leute aus dem Dorf in der Kirche waren. Es waren vielmehr alles Verwandte von ihr, die im Laufe der Jahre verstorben waren. Sie schauten zum Altar, und die alte Frau drehte sich um, um zu sehen, was dort geschah.

Sie sah zwei junge Männer, und es waren ihre beiden Söhne, die inzwischen zu Männern herangewachsen waren. Beide wurden für ein unbekanntes Verbrechen gehenkt.

Die alte Frau erstarrte vor Schreck und dachte dann lange nach. Schließlich fiel sie auf ihre Knie nieder und dankte dafür, daß ihren teuren Kindern dieses Schicksal erspart geblieben war.

Im Zentrum dieses Märchens aus der Sammlung der Gebrüder Grimm stehen der Schmerz und die Erfahrung von Verlust, die das Leben einer alten Frau bestimmen. Damit ist die zweite Aufgabe formuliert, der wir uns stellen müssen, wenn wir uns auf das Alter vorbereiten wollen: Wenn wir unsere eigene Sterblichkeit akzeptiert haben, wird jede von uns mit den Enttäuschungen und Verlusten konfrontiert, die wir in unserem Leben erlitten haben. Daher müssen wir unerreichbare Ziele aufgeben.

Diese alte Mutter hat – wie viele von uns – Verluste erlitten. Die Erzählerin des Märchens benutzt den Tod als Metapher für diese Verluste. Diese Metapher hilft uns, den Schmerz und die Unabänderlichkeit eines Verlustes in späteren Jahren zu begreifen.

Wir verlieren viel in diesen Jahren. Unsere Energie nimmt ab, wir können nicht mehr so gut sehen und hören, wir sind unbeweglicher, unsere Gesundheit ist eingeschränkt und so weiter. Vielleicht haben wir weniger Platz, weil wir in eine kleinere Wohnung gezogen sind, sind aber stärker auf diese Wohnung beschränkt. Möglicherweise können wir nicht mehr Auto fahren.

In dem Kinofilm «Miss Daisy und ihr Chauffeur» stellt Jessica Tandy auf brillante Weise eine Frau dar, die sich in das Schicksal fügen muß, daß sie nicht mehr selbst Auto fahren kann. Wie die alte Mutter ist sie in ihrer Trauer aggressiv und wütend, sie verdrängt einiges und beklagt sich, bis ihr Widerstand schließlich bricht. Die alte Mutter wie auch Miss Daisy weisen den Verlust als ungerecht, als irgendeinen schrecklichen Fehler zurück.

Ein Verlust muß betrauert werden. Wer dies nicht tut, dessen Trauer wird sich auf andere Weise Bahn brechen, durch Streß, Wut, Depression oder Aggression. Andere, die keine angemessene Trauerarbeit leisten, werden den Schmerz nach innen leiten und dann feststellen, daß er ihren Körper in Form von Kopfschmerzen oder Rückenschmerzen, Krankheiten oder Bluthochdruck heimsucht.

Ich erinnere mich daran, wie ich zum ersten Mal begriff, daß ein Verlust aufgrund meines Alters nicht rückgängig zu machen sei. Das war an einem Abend, als ich mich auf den Unterricht vorbereitete. Mitten in der Arbeit merkte ich, daß ich wütend war, und ertappte mich dabei, wie ich dachte: «Das ist unfair. In meinem Alter sollte ich eigentlich einen Haufen Enkelkinder um mich herumspringen haben und gerade dabei sein, ein großes Abendessen zu kochen. Ein Kuchen sollte zum Abkühlen auf dem Fensterbrett stehen, die Regale sollten sich von Gläsern selbstgemachter Marmelade biegen, und dem Ofen sollte leckerer Bratenduft entströmen. Statt dessen hocke ich hier an meinem Schreibtisch, esse Magerjoghurt und bin drauf und dran, an einem dunklen, regnerischen Abend rauszugehen, um einen Kurs zu leiten.» Ich suchte lange nach jemandem, den ich dafür verantwortlich machen könnte, aber es fiel mir niemand ein.

«Woher kommt dieses Gefühl?» fragte ich mich. Ich mochte Joghurt gern, sah meine Enkelkinder oft genug und liebte meinen Beruf. Aber irgendwo tief in mir lebte die Vision von mir als einer Farmersfrau aus dem Mittleren Westen, die von acht Kindern und unzähligen Enkeln umgeben ist. Ich hatte immer geglaubt, daß ich einmal Zeit für diese Vision einer warmherzigen Mutter Erde mit prasselnden Kaminfeuern und lachenden Kindern haben würde. Doch die Zeit war abgelaufen. Obwohl ich die Richtung meines Lebens sogar gegen Widerstände bewußt gewählt hatte, verspürte ich Wut und Ärger darüber in mir, daß es mir nicht vergönnt sein würde, auch noch das Familienleben der Waltons zu leben.

Mit der alten Mutter hatte ich hier folgendes gemeinsam: Wir waren beide durch ein starkes Gefühl zum Bewußtsein gekommen. In meinem Fall war das Gefühl Ärger, während die alte Mutter von Traurigkeit heimgesucht wurde. Ein starkes Gefühl, das plötzlich aus dem Unterbewußtsein auftaucht, ist immer ein Signal.

Die alte Mutter stand auf und ging zur Kirche, einem Ort, an dem man mit etwas Höherem als dem menschlichen Ego oder dem bewußten Geist kommuniziert. Ich legte meine Aufzeichnungen weg und begab mich mittels der Meditation in das Unbewußte, einen Ort, an dem ebenfalls etwas lebt, was größer ist als das menschliche Ego. Das Unterbewußtsein ist imstande, Einsicht und Verständnis zu vermitteln. Aber das sind nur die Endpunkte des Prozesses, zunächst müssen wir uns auf das konzentrieren, was nötig ist, um das Ziel zu erreichen.

Während ich meine Phantasie über mich als Farmersfrau erforschte, durchströmte mich Wärme, Nahrung und ein Überfluß an Liebe. Nun trug ich beide Gefühle in mir: die Wärme der Vision und die Wut darüber, daß sie nicht wirklich werden konnte. Ich empfand Trauer über diesen Verlust, und diese differierte natürlich stark von der rationalen Einsicht, daß mein Lebensweg einfach in eine andere Richtung führte. Beide Empfindungen rieben sich aneinander, denn darüber zu weinen, daß ich einen anderen Lebensplan – den ich ja liebte – verfolgt hatte, das hieße doch, sich wie ein ungezogenes Kind zu benehmen.

Und dennoch hatte ich es hier mit einem konkreten Gefühl zu tun, und das mußte ich ohne Urteil akzeptieren. Auch die Tatsache, daß es mir unmöglich war, ein anderes Leben zu leben, mußte betrauert werden, und ich war in die übliche Falle gelaufen, daß ich meinte, es sei nicht erlaubt, um etwas zu trauern, das unerreichbar war. Ich dachte ungefähr so: «Das Leben einer Farmersfrau ist von harter Arbeit geprägt. Das hast du in deiner Phantasie natürlich vergessen. Wenn du nun trauerst, dann heulst du über eine dumme Illusion.»

Und ...

«Du hast dich für dein Leben entschieden, nicht für das Leben auf dem Lande. Man kann nun einmal nicht gleichzeitig in zwei verschiedene Richtungen gehen. Es ist völliger Blödsinn, darüber traurig zu sein, daß man nicht an zwei Orten zur selben Zeit sein kann.»

Und dann wieder ...

«Überhaupt hast du niemals einen Farmer kennengelernt! Wie solltest du dann eine Farmersfrau sein?»

Die Verluste oder Einschränkungen, die wir erleben, haben nichts Rationales oder Logisches an sich. Wir müssen den Verlust dennoch betrauern, ganz gleich wie unsinnig oder unlogisch uns das vorkommen mag. Ich hatte diesen Verlust noch nicht betrauert. Aber es geht nicht nur darum. Die nächste Frage, der ich mich widmen mußte, war, warum das Gefühl ausgerechnet an diesem regnerischen Abend auftauchte. Ich mußte dranbleiben, um zu sehen, was als nächstes zutage treten würde.

Es kam ein weiteres Gefühl in mir hoch: Ich empfand Erschöpfung. Ich war versucht zu sagen: «Ja, ich bin müde. Ist das alles?» Müdigkeit schien so prosaisch.

Trotzdem hielt ich das Gefühl der Erschöpfung aus und stellte fest, daß ich umsorgt werden wollte. Ich wollte auf einer großen Terrasse sitzen, Birnen schälen und Apfelblüten riechen. Ich wollte mich in ein dickes Federbett unter gemütlichen handgearbeiteten Quilts einsinken lassen.

Als ich darüber nachdachte, was dies alles bedeuten könnte,

wurde mir klar, wie hart ich gearbeitet hatte und wie wenig Zeit ich in den vergangenen zwei Wochen mit meiner Familie oder meinen Freunden verbracht hatte. Für einen Menschen, der anderen Frauen rät, auf sich selbst zu achten, hatte ich mich ziemlich dumm verhalten.

Plötzlich erinnerte ich mich an andere Gelegenheiten, bei denen ich mich nach dem Farmleben gesehnt hatte. Auch das waren Zeiten gewesen, in denen ich müde, gestreßt oder überfordert gewesen war – und also Hilfe brauchte. Lief mein Leben glatt, hatte ich nie das Bedürfnis nach einem anderen Lebensstil. Heute weiß ich, daß, wann immer diese Phantasie auftaucht, ich zu wenig für die Mutter-Erde-Atmosphäre um mich herum tue. Diese Phantasie ist für mich ein Signal, eine Art Kurzschrift. Und obwohl ich niemals werde zurückgehen können, um dieses andere Leben zu leben, gibt es doch Wege, meinen inneren Bedürfnissen mehr Geltung zu verschaffen, wenn sie auftauchen.

Es ist ein heikler Moment, wenn man vom Äußeren zu einem Verständnis innerer Vorgänge fortschreiten muß. Es ist uns leider beigebracht worden, für viele Dinge, die in unserem Leben geschehen, andere verantwortlich zu machen. «Ich habe mir immer Kinder gewünscht, aber ich hatte nie welche», erzählt mir eine Frau. Als ich nachfrage, bekomme ich zu hören, daß «er» keine wollte, daß man sich keine Kinder leisten konnte, daß es aus beruflichen Gründen nicht ging, oder irgendeine der zahlreichen Antworten, die alle genau auf die externe Wirklichkeit zutreffen können.

Aber die Frage nach dem Inneren ist immer noch unbeantwortet. Warum haben Sie sich gerade diesen «Er» ausgesucht, warum schien das Geld so wichtig, warum wollten Sie ausgerechnet an diesem Job festhalten? Wie haben Sie unbewußt diesen Weg für sich selbst vorgezeichnet, und was bedeutet es, wenn Sie nun versuchen, den Sinn Ihres Lebens zu ergründen? Vielleicht wird die Frau feststellen, daß erst einmal ihr Bedürfnis, umsorgt zu sein, zufriedengestellt werden mußte, und daß sie, wenn sie ein Kind gehabt hätte, vielleicht eine unzureichende Mutter gewesen wäre. Vielleicht wird sie auch entdecken, daß das Forschungsprojekt, das sie betreute, oder das Gemälde, das sie schuf, oder die alten Menschen, für die sie sorgte, ihre Kinder waren.

Viele Menschen, in deren Familie es Krankheit gibt, werden zu großen Heilern. Andere, die als Kinder Armut erlebten, entwickelten sich zu engagierten Sozialarbeitern. Ausgesetzte Kinder wurden zu liebevollen Erwachsenen, die sich um die Kinder anderer kümmerten. Manchmal trägt das, was eine große Verletzung zu sein scheint, ein Feuer in sich, das etwas wunderbares Neues formt.

Ich kannte eine Frau, Grace, die über ein Jahr lang an einer solchen in der Vergangenheit erlittenen Verletzung arbeitete. Während die alte Mutter des Märchens in ihrem Gefühl gefangen war, zeitlebens Opfer gewesen zu sein, war Grace dazu verdammt weiterzugehen. Ihre Kindheit war geprägt von einer Mutter, die sie vernachlässigt und gekränkt hatte. Als ihre Kinder geboren wurden, gelobte sie, ihnen nie etwas zuleide zu tun. Sie würde ihren Kindern geben, was sie selbst niemals hatte: eine liebevolle Mutter.

In der Zeit, in der die Kinder klein waren, heiratete Grace mehrmals und durchlebte mehrere Scheidungen. Im dadurch entstehenden Durcheinander war sie oft gezwungen, mehrere Jobs anzunehmen, die ihr die Zeit nahmen, sich ihren Kindern zu widmen. Trotzdem sorgte sie für sie und bestärkte ihre Kinder in allem, ohne sie dabei zu erniedrigen, wie ihre Mutter das mit ihr getan hatte.

Es stimmt, daß sie im Alltag niemals viel Zeit hatte, und sie erwartete von ihren Kindern, daß sie sehr selbständig waren, aber sie liebte und unterstützte sie nach Kräften. Die Kinder wußten immer, daß Grace alles stehen- und liegenlassen würde, wenn es einem von ihnen schlecht ginge, und mehr als einmal verließ sie ihre Arbeit, weil ein Kind krank oder verletzt war.

Grace kämpfte mit zwei verschiedenen Einschränkungen. Da war zunächst einmal der Verlust einer glücklichen Kindheit. Zum anderen litt sie darunter, daß es ihr – wenn auch nicht selbst verschuldet und aus ökonomischen Gründen – nicht möglich war, eine so aufmerksame und sorgende Mutter zu sein, wie sie es sich für ihre Kinder gewünscht hatte. Obwohl sie beide Verluste betrauert hatte, blieb doch ein Gefühl der Traurigkeit zurück. Dies schien eine Wunde zu sein, die nicht heilen wollte, und deshalb versuchte Grace – anders als die alte Mutter, die ständig an ihre toten Kinder dachte –, nicht an den Verlust zu denken.

Das Leben ging weiter, und die Kinder von Grace bekamen selbst Kinder. Wenn Grace sie besuchte, merkte sie, daß sie schnell gelangweilt und ungeduldig wurde, obwohl die Enkel nicht ungezogen waren. Diese Gefühle traten sehr stark hervor. Sie war nicht einfach nur müde oder abgespannt. Nach einem kurzen Zusammensein wollte sie einfach wieder allein gelassen werden. Sie wollte mit Erwachsenen reden. Sie wollte ihre Ruhe. Es erschreckte sie furchtbar, daß sie so etwas gegenüber den geliebten Enkelkindern fühlte, und es schockierte sie noch mehr festzustellen, daß dieses Gefühl nicht etwa nur eine vorübergehende Laune oder eine ungute Phase war – es war ein Teil ihrer selbst.

Diese Erfahrung verunsicherte sie. Sie hatte immer geglaubt, daß es in den Jahren, als ihre Kinder aufwuchsen, der Streß gewesen sei, der schuld daran war, daß sie ihre Kinder nicht in der ersehnten Weise bemuttern konnte. Sie hatte geglaubt, daß ihr Verlust äußerliche Ursachen habe, und nun deuteten ihre Erlebnisse als Großmutter auf etwas ganz anderes hin. Ihr Verlust war immer noch Wirklichkeit, aber er hatte innere Ursachen. Sie war nicht etwa von äußeren Kräften an der Entfaltung ihrer Mütterlichkeit gehindert worden, sondern sie hatte alles gegeben, was sie konnte. Aber in ihrem Inneren waren einfach Grenzen. Jetzt wurde ihr klar, daß sie eine tiefgreifende Fähigkeit nicht besaß, weil sie selbst nicht ausreichend umsorgt gewesen war.

Ihre Trauer über diese Einsicht war unendlich. Es war ihr immer ein Lebensziel gewesen, eine bessere Mutter zu sein als ihre eigene, und sie hatte immer hart über andere Frauen geurteilt, die schlechte Mütter waren. Nun galt dieses Urteil auch für sie. Dieses Mal hielt sie den Schmerz aus, ohne ihn zu verdrängen, wie sie es früher versucht hatte. Das war ein heikler Moment, auf den auch in dem Märchen von der alten Mutter hingewiesen wird.

Uns wird erzählt, daß die alte Mutter in Gedanken verloren dasaß. Diese äußerlich statische Haltung gibt einer inneren Bewegung Raum. Wenn wir in Gedanken verloren dasitzen, dann erhoffen wir uns Einblick in unsere innere Welt. Diese Suche beginnt für die alte Mutter wie für uns in Einsamkeit.

Allein zu sein heißt, sich auf die Einschränkung zu konzentrieren. Wir hören auf, all die tausend Dinge zu verrichten, die unseren Geist von den Einschränkungen ablenken, die es in unserem Leben gibt. Wir müssen die Gewohnheit überwinden, uns mit Plänen für dies und das, Erinnerungen an gute Zeiten oder Nachdenken über andere in Bewegung zu halten.

Als Grace ihren Schmerz betrachtete, wurde ihr klar, daß ihre eingeschränkte Fähigkeit, andere zu bemuttern, auch sie selbst betraf. Tatsächlich war sie selbst wohl am meisten vernachlässigt worden. So begann sie einen inneren Prozeß, sich selbst kennenzulernen, so wie eine Mutter ihr Neugeborenes kennenlernt. Sie mußte den Sinn der inneren Schreie und Seufzer wahrnehmen, die sie all die Jahre überhört hatte, und begriff dabei, daß viele der Schreie nach Nahrung ihrem Körper in Form von Schmerzen und Verspannungen mitgeteilt worden waren.

Grace konzentrierte sich lange Zeit auf diese innere Arbeit. Dabei beschäftigte sie sich vor allem mit sich selbst und ihrem Bedürfnis, bemuttert zu werden. An diesem Punkt tauchten die Gefühle in ihr auf. Da war noch mehr Trauer, obwohl sie geglaubt hatte, ihre Trauerarbeit schon abgeschlossen zu haben. Da waren Wut und Traurigkeit, das Gefühl, ausgesetzt zu sein, und das Gefühl der Hilflosigkeit.

Als die Gefühle erschienen, entdeckte sie, daß diese oft Gegenstücke in ihrem Körper hatten. Da war eine Verspannung in ihren Muskeln, weil sie die Tränen so lange zurückgehalten hatte, und andere Schmerzen und Krankheiten. Sie achtete darauf, was geschah, und lernte zu antworten. Sie wußte, wann sie Trost brauchte und wann sie sich einen ordentlichen Ruck geben mußte, um hinauszugehen.

Gleichzeitig las sie viele Bücher, die sich mit dem beschäftigten, was sie durchlebte, und begann Tagebuch zu führen. Viele Menschen begeben sich an diesem Punkt ihres Lebens in therapeutische Behandlung; Grace tat das nicht. Sie belegte einige Kurse, die ihr zu helfen schienen, und nahm an einem Workshop über Selbstbewußtsein teil. Am wichtigsten war vielleicht, daß Grace – wann immer sie mit einer neuen Situation konfrontiert wurde – sich fragte: «Will ich das wirklich tun? Muß ich das tun? Wie hilft mir das weiter?»

Um auf unsere inneren Wahrheiten zu stoßen, müssen wir uns mit unseren Verlusterfahrungen in die Einsamkeit zurückziehen, nachdenken und den Gefühlen erlauben aufzutauchen. Auch wir werden Zeiten erleben, in denen wir wie Grace die gesammelten Einsichten in Handlungen umsetzen müssen. Wenn uns unser Denken und Fühlen zu einer Wahrheit geleitet hat, dann werden die Handlungen die richtigen für uns sein. Sind wir aber an einem falschen Ort gelandet, oder haben wir nur einen winzig kleinen Schritt vorwärts unternommen, dann werden wir auch das wissen. Unser Denken und Fühlen macht es uns möglich zu wissen, was für uns wahr ist.

Diese Kombination von Denken und Fühlen ist lebenswichtig. Es geschieht in unserer Kultur viel zu häufig, daß wir handeln, ohne zu denken, oder daß wir beim intellektuellen Verstehen haltmachen, ohne den Gefühlen Raum zu geben. Das Denken entspringt dem rationalen Teil unseres Selbst, es basiert auf persönlicher und vermittelter Lebenserfahrung. Wir bedenken also auch das, was wir von anderen gelernt haben. Es kommt aus unserem Bewußtsein, das Ego genannt wird. Gefühle hingegen sind irrational, aber für den Prozeß der Selbstfindung ebensowichtig.

Was Grace in diesem Prozeß entdeckte, war von großer Bedeutung für ihre Heilung. Sie lernte, daß sie, auch wenn sie keine allgegenwärtige Mutter war, ihre Kinder doch mit aller ihr zur Verfügung stehenden Liebe umsorgt hatte. Sie wußte von ihrer eigenen Kindheit, wie verletzend und kränkend Worte sein konnten, und sie hatte dieses Verhalten nicht an ihre eigenen Kinder weitergegeben. Sie hatte hart daran gearbeitet herauszufinden, was Kinder brauchen, und sie hatte ihren Kindern viel davon gegeben. Ihre wirklich wahre Liebe hatte sie in einer Weise gezeigt, die ihre Kinder verstanden.

Wie sehr sie sich auch wünschen mochte, daß sie mehr geleistet hätte – dieser Wunsch überstieg ihre Möglichkeiten, und das mußte sie nun einfach akzeptieren und sich selbst vergeben. Die Arbeit, die hier noch zu leisten war, mußte von den erwachsenen Kindern aufgegriffen werden.

Grace erfuhr bei der Erforschung ihrer inneren Wahrheit, was wir alle erleben, wenn wir uns mit unseren Verlusterfahrungen beschäftigen. Wir sind in unserem Leben mit Grenzen konfrontiert. Manche sind natürlich: Menschen können nicht fliegen; wir können nicht das Leben eines anderen leben. Andere entspringen unseren frühen Erfahrungen in der Familie und in der Gesellschaft. Grace zeigte das, als sie teilweise die Verhaltensmuster übernahm, die sie als Kind erfahren hatte. Andere Beschränkungen legen wir uns selbst auf: Wenn Sie glauben, den Führerschein nicht machen zu können, dann wird es Ihnen auch nicht gelingen. Grenzen sind immer mit irgendeinem Verlust verbunden.

Wie die meisten Menschen leugnete Grace zunächst einmal die Existenz ihrer Grenzen. In den Jahren mit den Kindern sah sie sich selbst als liebende und sorgende Mutter. Für alles, was dieses Bild trüben konnte, machte sie die Umstände – wie zum Beispiel ihren harten Arbeitsalltag – verantwortlich.

Als sie dann plötzlich mehr Zeit hatte, um sich um ihre Enkelkinder zu kümmern, wurde ihr bewußt, daß diese Einschränkung in Wirklichkeit etwas war, das zu ihr selbst gehörte. Denn plötzlich nahm sie ihre Gefühle wahr, auch wenn diese in ihrem Verhalten nicht erkennbar waren. Das war ein böses Erwachen. Kurze Zeit später besuchte Grace wieder einmal ihre Enkelkinder. Während sie so stark mit sich selbst beschäftigt war, hatte sie nicht darüber nachgedacht, wie sie sich ihnen gegenüber nun wohl verhalten würde. Zu ihrer Überraschung stellte sie jetzt fest, daß ihre Geduld viel größer geworden war und daß auch ihre Freude an den Enkeln gewachsen war. Die Arbeit an ihrem Inneren hatte auch die Art verändert, wie sie der äußeren Welt begegnete.

Überdies begann sie nun auch, ihre eigene Mutter in einem anderen Licht zu sehen. Ihre Wut und Bitterkeit wichen der Erkenntnis, daß auch ihre Mutter eine Frau war, die Verletzungen hatte erleiden müssen – vielleicht wiederum durch ihre Mutter, die früh gestorben war.

Im Märchen setzt die Erkenntnis der alten Mutter mit dem Läuten der Kirchenglocken ein und findet in einer Kirche statt, wo sie von ihren verstorbenen Verwandten aufgesucht wird. Das Märchen sagt uns, daß die alte Mutter in eine andere Dimension eintritt, in die geheimnisvolle oder spirituelle Welt des Unbewußten, in der wir die Aspekte des Sinns und der Wahrheit unseres Lebens zu sehen und zu fühlen imstande sind. Die Tür zu dieser Welt ist das Gefühl, unsere Emotion. Sinn und Erkenntnis werden uns zuteil, wenn wir unsere Gefühle mit unserem Intellekt verbinden.

Dieses tiefe Verstehen rührt von einer Kraft her, die viel weiser ist als irgend etwas, was in unserem Bewußtsein existiert. Für die alte Mutter stellt sich dieses Wissen als eine verstorbene Tante dar. Da geschieht es – und das passiert der alten Mutter ebenso, wie es jedem von uns passieren kann –, daß die Ereignisse in einen größeren Kontext gestellt werden. Und dann kommt der Schmerz, um den heilenden Sinn aufzunehmen.

Es gibt viele psychologische Theorien, die versuchen, diesen Prozeß zu erklären. Und doch wird keine von ihnen dem Erlebnis gerecht. Einige meiner Klientinnen haben das Gefühl so beschrieben: «Wieder atmen können», «Zum ersten Mal klar sehen können» oder «Eine Last ist mir von der Seele genommen.»

Akzeptieren wir die Idee, daß wir in unserem Unbewußten Sinn oder Wahrheit finden können, dann kehren wir unsere Art zu denken um. Den meisten von uns hat man ja beigebracht, rational zu denken und nur anzuerkennen, was man anfassen und erforschen kann. Es erscheint uns deshalb ein wenig befremdlich, ins Unbewußte einzutauchen, nach einem Gefühl zu suchen und auf etwas zu warten, das wir nicht sehen können. Tatsächlich scheint dies eine äußerst kuriose Methode zu sein, und wären da nicht die Leute, die sie schon erprobt haben, dann hätte diese Idee wohl keine Zukunft.

Folgen wir unseren Gefühlen in die Welt des Unbewußten, dann begegnen wir einem Archetyp C. G. Jungs, dem Selbst. Das Selbst ist das Zentrum des Unbewußten, so wie das Ego der Mittelpunkt des Bewußten ist. Dieser Archetyp des Selbst ist der allwissende Teil unserer selbst, das, was Jung das Subjekt unserer Totalität nennt. Dies ist der Ort, an dem die Informationen über Sinn und Wahrheit gespeichert sind. Vielleicht denken wir immer noch, daß der bewußte Teil unserer selbst, das Ego, jede gewünschte Antwort bereithält, aber das stimmt nicht.

Die alte Mutter des Märchens war viele Jahre lang in ihrem Gefühl der Trauer gefangen. Schließlich begibt sie sich an einen anderen Ort, einen Ort tief in ihrem Innern, wo sie auf eine Wahrheit trifft. Erst wenn wir diesen tiefen ehrlichen Sinn empfinden, können wir einen Verlust oder die eigene Beschränkung annehmen, denn von da an wird alles sinnvoll erscheinen. Wenn das Selbst die Wahrheit ans Licht bringt, dann ist der Kontakt mit dieser Wahrheit etwas so Reines und Ehrfurchtgebietendes, daß man auf die Knie fallen möchte. «Auf die Knie fallen» bedeutet, daß man mit Ehrfurcht oder Respekt vor der Reinheit der Wahrheit erfüllt ist. Die alte Mutter fällt auf die Knie, weil die Intensität dieses Erlebnisses sie überwältigt. Das Ego wird bescheiden gegenüber der Weisheit des Unbewußten.

Eine meiner Klientinnen, Joan, suchte mich auf, weil ihr Ehemann sie nach zehn Jahren Ehe verlassen hatte. Sie beklagte den

Verlust und machte ihn zu dem Verbrecher, der ihre Ehe getötet habe.

Während der ersten Sitzungen befand sie sich in der Phase des Verneinens und behauptete: «Wir hatten eine gute Ehe. Ich weiß nicht, wie er so etwas tun konnte. Wir waren sehr glücklich.»

Als sie mit ihrem Verlust dasaß und sich selbst Gelegenheit gab, nachzudenken und den Schmerz zu fühlen, wurden ihr viele Dinge klar, denen sie nur wenig Beachtung geschenkt hatte, als sie sich ereigneten. Sie fand sogar einige Gebiete, in denen ihre Ehe völlig oberflächlich gewesen war. Sie sah auch ein, daß die Oberflächlichkeit von ihnen beiden gepflegt worden war, um Streit und Ärger zu vermeiden. Und sie entdeckte Teile in sich selbst, denen sie nicht erlaubt hatte zu wachsen, weil sie innerhalb ihrer Ehe Mißstimmungen hätten verursachen können.

Sie fühlte diesen Dingen nach, und als sie das tat, begriff sie auch, wie sie sich selbst auf subtile Art zurückgezogen und abgewendet hatte und wie sie dadurch auch ihren Teil zu den Einschränkungen ihrer Ehe beigetragen hatte. Sie war zwar körperlich in ihrer Ehe verblieben, ihr Geist war aber schon gegangen. In kleinen Teilen und Stücken ihrer selbst hatte sie sich zurückgezogen, bis nur noch die oberflächliche Joan übrigblieb.

Diese Entdeckung war sehr schmerzhaft. Die Beziehung war tot, und zwar schon seit einer ganzen Weile. Es schmerzte sie zu sehen, daß sie sogar bemüht gewesen war, die sich entwickelnde Krankheit der Beziehung geheimzuhalten. Sie mußte sich selbst eingestehen, daß sie letzten Endes zu der Trennung beigetragen hatte. Nachdem sie diese Wirklichkeit erkannt hatte, konnte sie sich nicht länger als Opfer sehen. Joan entdeckte, daß ihre Gefühle zu der Ehe auf einer inneren Ebene miteinander verbunden waren. Sie hatte nicht nur ihrem Ehemann Teile ihres Selbst verborgen, sondern auch sich selbst. Nun wollte sie erforschen, was sie dazu gebracht hatte, sich selbst und ihn zu meiden.

Was sie entdeckte, war ebenso unangenehm wie befreiend. Die Einsicht befreite sie von den Lügen und erweiterte ihren Handlungsspielraum. Sie erlebte die Erscheinung eines inneren Gottes der Erleuchtung, der ihr Blitze der Einsicht brachte. Sowohl ihre Ehe wie auch die Scheidung begannen einen Sinn innerhalb ihres Lebensganzen einzunehmen. Zwar empfand sie immer noch Schmerz und Trauer, aber dieses Gefühl war nun von anderer Natur.

Wenn wir uns mit unserem Inneren verbinden und unseren eigenen Sinn entdecken, können wir unseren Schmerz als einen Teil des Lebens annehmen. Wir empfinden eine Stärke, die aus dem Wissen entspringt, daß wir mit dem Leben selbst verbunden sind. Wir stehen mitten im Leben und werden nicht wie Opfer behandelt. Das macht uns stark. In diesem Erleben beginnt für uns der Heilungsprozeß.

Haben wir uns aber davon überzeugt, daß wir bereits alles wissen, was man über diese Situation wissen kann, dann werden wir die Erleuchtung nicht erreichen. Menschen, die wir nun mal sind, neigen dazu, vorschnell zu behaupten, daß sie genau wissen, «was Sache ist». Wir verweisen auf unsere Erfahrung und benehmen uns wie ein Kind, das behauptet, die Keksdose nicht angerührt zu haben, obwohl doch sein Pullover voller Kekskrümel ist.

Zwar fällt es schwer, einfach nur dazusitzen, sich den Gedanken und Gefühlen anheimzugeben, aber es hilft, wenn man akzeptiert, daß es zu jeder Situation möglicherweise mehr Wahrheiten gibt, als wir zu wissen glauben. Ein altes Märchen aus dem Osten zeigt dies. Ich mag diese Geschichte, weil sie – wie so viele alte Märchen – auch heute noch so anrührend und eindrucksvoll ist, wie sie es vor Hunderten von Jahren war, als Könige und Zaren in die Dörfer einfielen, um Soldaten auszuheben.

Wir werden sehen

Es war einmal ein Bauer, der besaß einen wunderbaren Hengst, und die Leute im Dorf sagten zu ihm: «Du bist glücklich.»

Doch der Bauer antwortete nur: «Wir werden sehen.»

Eines Tages brach der Hengst aus, und die Leute im Dorf sagten: «Welch ein Unglück.»

«Wir werden sehen», antwortete der Bauer.

Der Hengst kehrte mit einem Dutzend wilder Pferde zurück, und die Leute im Dorf riefen aus: «Oh, wie glücklich du bist!»

«Wir werden sehen», war alles, was der Bauer dazu sagte.

Als der Sohn des Bauern versuchte, eines der Pferde zu zähmen, wurde er abgeworfen und brach sich ein Bein. «Oh, nun wird er dir nicht bei der Arbeit helfen können. Welch ein Unglück.»

«Wir werden sehen», antwortete der Bauer ruhig.

Da kamen die Leute des Zaren durch das Dorf und nahmen alle gesunden jungen Männer mit, um in einem fernen Krieg zu kämpfen. Der Sohn des Bauern wurde zurückgelassen, da sein Bein gebrochen war. «Oh, welch ein Glück!» riefen die Leute aus dem Dorf.

Aber der Bauer sagte nur: «Wir werden sehen.»

Dieser Bauer hatte lange genug gelebt, um zu wissen, daß der Sinn einer Sache nicht unmittelbar ersichtlich ist. Man muß sehr vorsichtig sein, wenn man keine übereilten Schlußfolgerungen ziehen will. Wir alle haben schon einmal den Fehler begangen, ein vorschnelles Urteil zu fällen, nur um dann festzustellen, daß wir völlig falsch lagen. «Die Erde ist eine Scheibe» – diese Aussage schien früher einmal Sinn zu machen. Dann kam jemand daher und sagte: «Nein, die Erde ist rund.» Viele waren überzeugt von dem, was sie immer geglaubt hatten, und weigerten sich, ihren Glauben zu ändern.

«Unsere Ehe ist gescheitert, weil mein Mann mich betrogen hat», sagte Joan, und sie glaubte es wirklich. Alles, was sie sah und hörte, alles, was sie bewußt erlebte, ließ sie glauben, daß dies die Wahrheit sei. Aber durch die Arbeit in ihrem Innern war es ihr möglich, ihre Sicherheit kurz außer Kraft zu setzen, so daß eine innere Stimme zu ihr sprechen konnte: «Schau noch einmal genau hin, Joan, bedenke, was passiert ist. Bedenke, welche Gefühle du ignoriert hast.»

Es gibt viele verschiedene Wege, um die Einschränkungen, die wir in unserem Leben erfahren, zu verstehen und zu akzeptieren. Ein Märchen aus England, «Die alte Frau, die in einer Essigflasche lebte», handelt von den verschiedenen Aspekten des eingeschränkten Lebens.

DIE ALTE FRAU, DIE IN EINER ESSIGFLASCHE LEBTE

Es war einmal vor langer, langer Zeit eine alte Frau, die lebte in einer Essigflasche. Die alte Frau war unglücklich über diesen Zustand und beklagte sich deshalb. Eines Tages, als sie wieder einmal laut klagte, flog eine Fee vorbei. Sie hielt an und hörte zu.

«Es ist eine Schande. Es ist eine Schande. Ich sollte nicht so leben müssen.»

«Was wünschst du dir denn?» fragte die Fee.

«Ein kleines Haus», antwortete die alte Frau rasch, «ein Haus mit reetgedecktem Dach und einem lieblichen Garten.»

«Gut», antwortete die Fee, «drehe dich heute abend, bevor du ins Bett gehst, dreimal herum. Lege dich dann schlafen, und am Morgen wirst du sehen, was du sehen wirst.»

Die alte Frau tat, wie ihr geheißen war. Und als sie am Morgen erwachte, befand sie sich in einem reetgedeckten Haus mit einem Garten davor. Die Frau hatte nicht einmal daran gedacht, der Fee zu danken.

Die Fee flog davon, nach Norden, Süden, Osten und Westen, beschloß jedoch bald, zurückzukommen, um zu sehen, wie die Dinge standen. Als sie vorüberflog, hörte sie keineswegs eine glückliche Frau, sondern eine, die sich wieder beklagte.

«Ich sollte nicht so leben müssen», jammerte die alte Frau.

«Also, was wünschst du dir denn?» fragte die Fee.

«Ich möchte in einem größeren Haus leben, in einem im Dorf, und Nachbarn haben», antwortete die alte Frau.

«Drehe dich», sagte die Fee, «heute nacht, bevor du ins Bett gehst, dreimal herum. Lege dich dann schlafen, und wenn du am Morgen erwachst, wirst du sehen, was du sehen wirst.»

Die alte Frau tat, wie ihr geheißen war, ohne sich zu bedanken. Die Fee flog davon, und als die alte Frau am nächsten Morgen erwachte, befand sie sich in einem wunderschönen kleinen Haus in der Stadt, mit Nachbarn um sich herum. Aber sie beklagte sich immer noch.

Als die Fee wieder zurückkehrte, wünschte sich die alte Frau ein Gut auf dem Lande. Das nächste Mal wollte sie Fürstin sein, und dann Königin in einem Palast mit einem Land, das sie regierte.

Jedesmal gab ihr die Fee dieselben Anweisungen: «Drehe dich dreimal herum, bevor du zu Bett gehst. Dann lege dich schlafen, und wenn du am Morgen erwachst, wirst du sehen, was du sehen wirst.»

Jedesmal tat die alte Frau, wie ihr geheißen war, dachte jedoch niemals daran, sich bei der Fee zu bedanken, bevor diese davonflog.

Als die alte Frau nun Königin war, meinte die Fee aber, sie werde nun wohl endlich aufhören zu klagen. Sie kehrte noch einmal zurück, um zu sehen, ob die Frau sich bei ihr bedanken würde. Als sie vorbeiflog, hörte sie wieder die vertrauten Klagen.

«Was ist denn jetzt noch?» fragte die Fee.

«Papst», antwortete die alte Frau, «ich will Papst sein und die ganze Welt regieren.»

Mit einem Seufzer wiederholte die Fee ihre Anweisungen: «Drehe dich dreimal herum, bevor du zu Bett gehst. Dann lege dich schlafen, und wenn du am Morgen erwachst, wirst du sehen, was du sehen wirst.»

Die alte Frau tat wieder, wie ihr geheißen war, und wieder vergaß sie die Dankesworte. Aber als sie dieses Mal erwachte, fand sie sich in ihrer alten Essigflasche wieder.

Die alte Frau in diesem Märchen ist offensichtlich unglücklich über ihre enge und ungewöhnliche Wohnung. Wir können verstehen, daß sie über die Einschränkung ihres Lebensraumes unglücklich ist. Dies ist eine der Realitäten des Alters: Manche Frauen müssen das angestammte Haus der Familie verkaufen und ihren Lebensraum verkleinern. Andere wieder haben das Gefühl, daß die Welt immer enger wird, weil sie nicht mehr so gut sehen oder hören können.

Somit können die Einschränkungen in diesem Märchen durchaus Synonyme für äußerliche Einschränkungen sein, doch wir müssen auch die besonderen Bilder der Geschichte ansehen, um zu verstehen, was mit diesen Einschränkungen gemeint ist.

Die Essigflasche birgt einige ungewöhnliche Eigenschaften, die symbolhaft sind. Zunächst einmal ist das Zuhause der Frau eine Glasflasche, was uns an die Redewendung erinnert: «Wer im Glashaus sitzt, sollte nicht mit Steinen werfen.» Glas macht es für andere möglich hineinzusehen, es macht uns transparent. Außerdem isoliert es – es hält die Wärme innen und schließt Kälte und Wind aus. Die alte Frau, die in dieser Glasflasche lebt, ist also auf gewisse Weise geschützt.

Hitze wie Kälte sind Symbole für Gefühle, und zwar so gebräuchlich, daß sie immer wieder in unserer Alltagssprache auftauchen. Sätze wie «In der Hitze des Gefechts», «Sie hat mich kalt abblitzen lassen», «Mir trat kalter Schweiß auf die Stirn» und «Auf kleiner Flamme kochen» zeigen sämtlich, wie unmittelbar Hitze und Kälte als Symbole mit unseren Gefühlen verbunden sind.

Hier haben wir also eine alte Frau, die in einer Welt lebt, in der sie sehen und gesehen werden kann, in der sie aber vor Gefühlen geschützt ist. Sie ist mit anderen Worten außerstande, Vorgänge anders als nur intellektuell zu verstehen und aufzunehmen. Sie erkennt, daß die Welt, in der sie lebt, zu klein ist, aber da sie durch das Glas geschützt ist, kann sie keine Verbindung fühlen, und daher fehlt es ihr an wirklicher Erkenntnis.

Ich selbst neige in meinem Leben dazu, auf Problemen herumzukauen. «Dies ist also das Problem», sage ich mir, «ich kann dies oder das tun. Was soll ich machen?» Und obwohl es Myriaden von Lösungen gibt, scheint mir doch keine richtig zu sein. Dann gerate ich plötzlich an einen Punkt, an dem ein intensives Gefühl auftaucht. «Oh, darum geht es also!» höre ich mich sagen.

«Ja», sagt meine Freundin dann zu mir, «das hast du ja die ganze Zeit schon gesagt.»

Mir sind die Dinge jedoch erst klar, wenn ich sie mit einem starken Gefühl verbinden kann. Es war die emotionale Verbindung, die mir zum Verständnis des Offensichtlichen verholfen hat. Ich konnte buchstäblich nicht verstehen, ehe ich an den Punkt kam, wo die Emotionen des Problems verborgen waren. Bis dahin hatte ich hinter Glas gesessen, das Problem zwar gesehen, aber es nicht wirklich empfunden.

Die Isolation von Gefühlen wirkt sich in Beziehungen besonders schwerwiegend aus. Ich habe viele Paare kennengelernt, die Schwierigkeiten hatten, weil ein Partner zwar intellektuell erfassen konnte, was der andere sagte, es aber emotional nicht begriff.

«Du verletzt meine Gefühle», sagt sie.

«Sag mir, was ich getan habe. Ich wollte es nicht, und ich werde es nicht wieder tun», antwortet er, und dann wird er versuchen, das kränkende Verhalten zu vermeiden, ohne jedoch den springenden Punkt zu erfassen.

Eine Frau sagt: «Ich habe das Gefühl, nicht wichtig zu sein.»

«Natürlich bist du wichtig. Gib mir ein Beispiel», antwortet ihr Ehemann.

«Du hast meinen Geburtstag vergessen.»

Also werden ihr Mann und seine Sekretärin dieses Datum in den Kalender im Büro eintragen und im nächsten Jahr rechtzeitig an ein Geschenk und einen Gruß für seine Frau denken. Die Frau weiß, daß nicht er sich das Datum gemerkt hat, und wird wieder ärgerlich reagieren, und ihr Mann wird wieder nichts begreifen.

Er hat die kleinen Dinge verstanden, aber den wichtigen Punkt nicht erfaßt. Er lebt in einer Glasflasche.

Wenn wir, wie dieser Ehemann, Situationen nur rational begegnen, aber von den Gefühlen, die dahinterstehen, isoliert bleiben, drehen wir uns im Kreis. Es wird sich nichts verändern, ehe wir nicht zu den Gefühlen vordringen, die zu einem bestimmten Gefühl gehören. Für die Einschränkungen des Alters bedeutet dies, daß wir intellektuell vielleicht begriffen haben, daß sich etwas verändern muß, und daß wir vielleicht sogar wütend darüber sind, daß alles falsch läuft, daß wir aber in einer Tretmühle gefangen sind, bis wir zu unseren Gefühlen vordringen können.

Und oft genug wollen wir es überhaupt nicht! Wir begeben uns in den Teufelskreis der – unüberwindbaren! – Hindernisse, anstatt die Hintergründe des Problems zu erforschen. «Ich bin erschöpft», sagt eine Klientin zu mir, «ich brauche eine Woche für mich allein.» Aber wenn ich ihr zustimme, werde ich augenblicklich mit einer ungeheuren Anzahl von Gründen konfrontiert, warum es völlig unmöglich ist, eine Weile frei zu nehmen. Da ist dieser Termin und jene Arbeit. Da sind die Bedürfnisse dieser Person und die Probleme jenes Verwandten. Es ist sogar unmöglich, ein Wochenende wegzufahren.

«Wie ist es mit einem Abend?» frage ich.

«Ja, vielleicht nächste Woche.» Aber dann gibt es da diese Liste von Dingen, die erst erledigt werden müssen. Das ist wie die Sache mit der Glasflasche: Der Mensch fühlt sich gefangen, nimmt dieses Gefühl aber nicht ernst.

Wenn man Gefühle ernst nimmt, wird man feststellen, daß die Lösungen von Problemen plötzlich magischerweise auf der Hand liegen. Schauen Sie sich die Frau in der Essigflasche an. Sie lebt nicht umsonst in einer Flasche, die ein alltägliches Hausmittel beinhalten sollte, das seit Urzeiten das Leben von Frauen begleitet. Essig war die Medizin gegen Erkältung, bei Verbrennungen und Gedächtnisschwund, er sollte ein langes Leben bringen und wurde überdies als Putzmittel benutzt. Frauen wissen seit Jahrhunderten, daß Essig desinfiziert, Schmerz lindert und den pH-Wert der Haut ausgleicht. Die alte Frau war also scheinbar von etwas umgeben, das ihr Problem lösen würde. Das Heilmittel war ihr buchstäblich zur Hand. Aber weil sie von ihren Gefühlen abgeschnitten war, konnte sie nicht sehen, was es war und daß es da war.

Was ist der Essig in unserem Leben? Essig ist offensichtlich die Lösung, die unser Gleichgewicht wiederherstellt, aber wir sind nicht imstande, das zu erkennen. Essig steht für das Richtige, das wir tun müssen, das wir aber nicht verstehen können, weil es für uns nicht sichtbar ist. Andere sehen es vielleicht, wir jedoch nicht.

In einer Therapiesitzung höre ich zum Beispiel einer Frau zu, die sehr detailliert ihre Gefühle über eine bestimmte Sache in ihrer Beziehung zu ihrem Mann beschreibt. Sie drückt sich sehr klar aus, und was sie sagt, klingt vernünftig. Ich sage zu ihr: «Das klingt sehr nachvollziehbar. Haben Sie das schon Ihrem Ehemann gesagt?» Dieser Gedanke ist ihr nie gekommen, obwohl das die Lösung wäre, die einen offenen Dialog und somit einen Heilungsprozeß herbeiführen könnte.

Für die Frau im Märchen ist das Problem der eingeschränkte Lebensraum. Sie meinte, daß sie schon glücklich werden würde, wenn sie nur besseren und größeren Raum für sich hätte. Die Heilung kann ihrer Meinung nach nur von außen kommen. Mehr Platz ist gleichbedeutend mit Glück.

Ich kannte eine Frau, die der in der Geschichte so ähnlich war, daß sie als Vorbild für die Märchenfigur hätte fungieren können. Sie lebte ursprünglich in Florida, beklagte sich aber bitter bei ihrem Sohn, der in Kalifornien lebte, daß sie so einsam sei, daß das Klima zu heiß und ihre Wohnung nicht gut sei. Als ihr Sohn sich bereit erklärt hatte, ihr beim Umzug nach Kalifornien zu helfen, stürzte sie und brach sich die Hüfte. Nach Operation und Nachbehandlung wurde sie in ein Altersheim in Kalifornien, ganz in der Nähe des Wohnortes ihres Sohnes, gebracht. Dort wurde sie depressiv, sie haßte das Altersheim. Der Sohn fand ein Wohnzentrum für Senioren für sie, in das sie einzog, sowie sie wieder gehen konnte. Dort ging es ihr zunächst besser.

Aber nach ein paar Monaten in dem neuen Zuhause begann sie wieder zu klagen. Ihr Sohn schaute sich gemeinsam mit ihr nach einer anderen Wohnmöglichkeit um. Sie suchte sich eine aus und zog um. Wieder war sie zunächst voller Enthusiasmus, aber nach ein paar Monaten in dem neuen Haus klagte sie erneut. Diesmal organisierte der Sohn keinen neuen Umzug, denn ihm war klar geworden, daß das Problem nicht in ihrer Umgebung lag.

Sowohl für die Frau in der Essigflasche wie auch für die umherziehende Frau aus Florida hatte das Problem seinen Ursprung nicht in äußeren Bedingungen, sondern in inneren Zuständen. Die beiden wußten lediglich, daß sie unglücklich waren und daß sie auf engem Raum lebten. Folglich mußte der Fehler dort liegen. Dieser Schluß erinnert mich an eine vier Jahre alte Freundin von mir, die eine Tüte Eis aß und dann krank wurde. Wie sich herausstellte, hatte sie Masern, sie selbst bestand jedoch darauf, daß es das Eis gewesen sei, das sie krank gemacht hatte, und es dauerte Monate, bis sie wieder ein Eis anrühren mochte.

Gehen wir von der Eiscreme zurück zum Essig und betrachten näher, wofür Essig hier ein Symbol ist. Wie wir bereits gesehen haben, war für die alte Frau das Putzmittel direkt zur Hand, wenn sie nur eine Verbindung zwischen ihren Gefühlen und ihrer Unzufriedenheit hätte herstellen können.

Aber der Essig symbolisiert noch eine andere psychologische Wahrheit. Er zeigt, daß man, wenn man sich mit seinen Gefühlen auseinandersetzen und wirklich herausfinden will, was einen quält, damit rechnen muß, auf etwas Saures, Bitteres oder Ätzendes zu stoßen. Wer aber diese Bitterkeit durchlebt, der wird auch erleben, wie der Schmerz nachläßt. Man sieht wieder klar, ein Teufelskreis ist durchbrochen, man findet sein Gleichgewicht wieder.

Die Veränderung wird zunächst als Unzufriedenheit, Krankheit oder Überlastung empfunden, aber aus einer bewußten Unzufriedenheit kann Energie erwachsen. In der Geschichte von der Frau in der Essigflasche taucht diese Energie auf magische Weise auf. Die Fee, diese kreative innere Ideenquelle, die magische Bereitwilligkeit, ein Problem zu lösen, erscheint plötzlich aus dem Nichts.

Aber die Sache läuft nicht gut für die alte Frau, wenngleich sie die Anweisungen genau befolgt hat. Sie drehte sich dreimal herum und tat, wie ihr geheißen war, und doch...

Es gibt zwei Arten, sich im Kreis zu drehen. Die unproduktive Art ist die des Hamsters, der in seinem Rad läuft. Er bewegt sich und kommt doch nirgendwohin. Die produktive Variante ist das Sichherumwerfen und Umschauen, bis man eine neue Einsicht gewinnt. Die alte Frau aber grübelte nicht so lange über ihr Problem, daß sie eine neue Idee hätte finden können. Sie fühlte ihre Unzufriedenheit, nahm aber sogleich an, daß die Ursache dafür in Äußerlichkeiten zu finden sei. Sie versuchte ihre inneren Bedürfnisse zu befriedigen, indem sie ihre äußeren Bedingungen veränderte.

Die meisten von uns beginnen mit der Lösung ihrer Probleme auf dieser konkreten Ebene. Das ist auch nicht weiter schlimm, nur funktioniert es nicht auf Dauer. Wenn wir uns noch immer in dem ursprünglichen Problem gefangen sehen, auch nachdem wir unsere konkrete Lösung in die Tat umgesetzt haben, wie dies der alten Frau geschah, dann wissen wir, daß wir uns auf eine tiefere Ebene begeben müssen.

Das können wir tun, indem wir über die Bedeutung der konkreten Ebene nachdenken. Die alte Frau in der Geschichte wünscht sich ein größeres Haus. Häuser sind ein Zuhause, Orte, die unsere Besitztümer, unsere Familie und uns selbst warm, sicher und trockenhalten. Wenn wir in einem emotionalen oder psychologischen Zusammenhang darüber nachdenken, was warm, sicher und trocken bedeutet, steht dahinter der Wunsch, umsorgt oder genährt zu sein. Jede von uns hat schon einmal das ursprüngliche Zuhause des Uterus erfahren, und deshalb verbinden wir mit der allumfassenden Pflege das Bild der Mutter. Auch für diejenigen unter uns, die mit einer schlechten Mutter aufwuchsen, ist das Zuhause dennoch ein Symbol für die Sicherheit und Geborgenheit, die die «gute» Mutter bietet. Hier sagt uns die Erzählerin des

Märchens, daß die alte Frau sich ein besseres Zuhause wünscht, weil sie umsorgt und gepflegt sein will.

Die alte Frau verändert ihren Wohnort, anstatt darüber nachzudenken, wie sie ihr Bedürfnis nach Versorgung befriedigen könnte. Sie redet sich ein, daß eine von außen kommende Idee sie heilen werde, obwohl der Schmerz in ihrem Innern tobt. Dieselbe dynamische Energie weisen Abhängige auf, seien sie nun alkoholabhängig, kaufsüchtig oder fernsehbesessen. Der Süchtige benutzt etwas Äußerliches, um einen Schmerz zu stillen. Aber der Schmerz kehrt immer wieder, wenn der Kick vorbei ist, und verlangt immer mehr von der Droge. Wenn ein Schmerz seelische Ursachen hat, dann wird ihn kein äußerliches Mittel heilen.

Jede von uns hat in ihrem Leben Verluste und Beschränkungen erfahren, die sie nicht akzeptieren, betrauern oder als sinnvoll ansehen konnte. Wenn wir uns auf das Altern vorbereiten wollen, dann müssen wir uns mit diesen Erfahrungen identifizieren und mit ihnen arbeiten.

«Die Frau in der Essigflasche» sagt uns, daß wir wie die Frau in dem Märchen möglicherweise von unseren Gefühlen über diese Verluste abgetrennt sind. Wir erkennen das Problem nur auf einer konkreten Ebene, anstatt es als inneres oder psychologisches anzusehen. Machen wir diesen Fehler, dann werden wir zwangsläufig außerhalb unserer selbst nach einer Lösung suchen. Es ist also richtig, daß ein größeres Haus, ein Drink, ein Becher Eiscreme oder eine Tablette den Schmerz nicht lange stillen und daß wir – wie die Frau im Märchen – uns immer weiter in die Sache hineinsteigern werden, bis wir endlich zu uns selbst zurückkehren werden.

Das Märchen vermittelt uns noch eine weitere wichtige Wahrheit. Der notwendige Essig, die notwendige Energie, sauberzumachen, auszugleichen, zu polieren und zu glänzen, ist da. Wir besitzen diese inneren Ressourcen. Vielleicht sind sie wie der Bodensatz des Essigs nicht offensichtlich, aber sie sind da.

Die Frau aus Florida, die so oft umzog, war als Waise aufgewachsen. Sie verbrachte ihre Kindheit in zahlreichen Heimen, in denen sie sich nie zu Hause fühlte. Als Kind weinte sie nie, denn all ihre Energie war darauf ausgerichtet, Schwierigkeiten von sich fernzuhalten. Als Erwachsene spürte sie, daß diese Zeiten nun hinter ihr lagen, und wann immer sich Erinnerungen oder Gefühle in ihr Bewußtsein schlichen, drängte sie diese zurück. Das war doch schließlich, so sagte sie sich, alles schon Jahre her. Aber ihr Gefühl, am falschen Ort zu sein, eine Fremde zu sein, und der Schmerz, der damit einherging, kamen immer wieder hoch. Kein Haus war ihr ein Zuhause, denn sie lebte hinter dieser Glaswand, die sie von ihren Gefühlen isolierte.

Die Fee läßt uns arbeiten: Dreimal herumdrehen, bevor man sich schlafen legt. In dieser Sache war die Fee sehr deutlich, und erst nachdem diese Arbeit getan ist, wird das Unbewußte uns mit Bildern und Einsichten bereichern. Um das Problem mit unseren Gefühlen zu erkennen, um es durch diese lösen zu können, müssen wir uns die Zeit nehmen nachzugrübeln. Wir müssen den Prozeß in Gang setzen, und es ist immer ein Prozeß, den Blick nach innen zu richten und eine psychologische Arbeit zu beginnen.

Dies zu verstehen mag unseren Großmüttern und Urgroßmüttern leichter gefallen sein, denn so vieles in ihrem alltäglichen Leben war in einen Prozeß eingebunden. Das Essen, das sie aßen, mußte von eigener Hand gepflanzt, versorgt, geerntet, gelagert und gekocht werden. Während wir im Supermarkt einen Laib Brot kaufen, war ihre Verbindung zu diesem Lebensmittel viel enger. Nachdem sie das Korn gepflanzt und geerntet hatten, ging es ans Rühren, Kneten und Backen. Um etwas wirklich zu kennen, müssen wir in eine Beziehung zu ihm treten, und dies ist ein Prozeß, der Zeit braucht.

Wenngleich die meisten von uns ihre Nahrung nicht mehr selbst anpflanzen und lagern, verstehen wir als Frauen doch viel von Prozessen. Neun Monate sind notwendig, um ein neues Leben zu schaffen, und viele Jahre, um ein Kind großzuziehen. Wir haben in unserem Leben viel Zeit damit verbracht, den Prozeß des Wachsens zu beobachten und an ihm teilzunehmen. Jetzt ist es an der Zeit, diesen Prozeß auf unser eigenes Leben zu beziehen.

«Drehe dich dreimal herum», befiehlt die Fee. «Gehe weiter und weiter im Kreis, bis du dich den Gefühlen genähert hast, die dich zu der Quelle der Unzufriedenheit in deinem Leben führen!»

Märchen enthalten niemals zufällige Symbole. Warum also dreimal? In der Welt der Märchen bedeutet die Zahl Drei «so lange wie nötig». In früheren Zeiten, im Tarot, ist die Zahl Drei die Versinnbildlichung einer neuen Schöpfung, die der Vereinigung der eins und eins entspringt. Es ist das Bild des Paares mit Kind, einer

Vereinigung der Gegensätze, die neun Monate braucht, um gegenständlich zu werden. Das dritte, eben das Kind, ist keine Kopie des Vaters oder der Mutter, sondern eine neue Schöpfung.

«Drehe dich dreimal herum», befiehlt die Fee der alten Frau. «Drehe dich so lange herum, bis etwas Neues entstanden ist.»

Unglücklicherweise dreht sich die alte Frau in der Essigflasche zwar herum, aber nicht lange genug. Sie läuft ins Leere, wie der Hamster in seinem Rad. Tatsächlich verlangt die Fee eine schwierige Arbeit, denn wenn die innere Energie nicht befreit wird, wird man nur äußerliche Lösungen erkennen.

Wir hören, daß die alte Frau jedesmal vergißt, der Fee zu danken, nachdem diese ihre Wünsche erfüllt hat. Da der Erzähler dies immer wiederholt, muß sich damit eine tiefere Absicht verbinden als nur die Erinnerung daran, wie wichtig gutes Benehmen ist.

Die Fee steht für die innere Energie, die uns auf magische Weise zugänglich gemacht werden kann, da sie nicht unserer bewußten Kontrolle unterliegt. Diese das Leben verändernde Energie ist archetypisch, sie entstammt einem Strom tief in uns, der uns alle verbindet. Um die Symbole, die wir hier sehen, zu verstehen, spielt es keine Rolle, ob wir diese Energie spirituell, archetypisch oder göttlich nennen, denn diese Energie ist viel größer als alles, was ein einzelnes Ego je schaffen kann. Es ist die Energie, vor der man erschauern oder auf die Knie fallen muß. Danke zu sagen heißt, sich auf symbolische Weise bewußt zu werden, daß diese Energie ein Geschenk ist, das von weit jenseits unserer selbst kommt und das nicht länger für uns dasein wird, wenn wir es nicht annehmen.

Stellen Sie sich einen Menschen vor, der eine große musikalische Begabung hat. Dieses Talent ist ein Geschenk, das ihm von irgendwoher gegeben ist. Wenn dieses Talent unterstützt, begrüßt und wertgeschätzt wird, dann wird es von dem betreffenden Menschen gepflegt werden und wachsen. Wenn aber die Person das Talent nicht wertschätzt oder pflegt, sondern ihre Zeit und Energie auf Dinge verwendet, die mit Musik nichts zu tun haben, dann wird das Talent verkümmern. Man muß für jedes Geschenk danken, sonst wird es verschwinden.

Aus psychologischer Sicht bedeutet ein Dankeschön, daß man auf einer bewußten Ebene die notwendige Disziplin entwickelt, um diese Energie entgegenzunehmen. Die Disziplin entstammt unserer Vernunft, es ist die Selbstverantwortlichkeit, die uns dazu anhält, Grenzen zu setzen, Anteil zu nehmen, aufmerksam zu sein und uns auf das zu konzentrieren, was wichtig ist.

Aus psychologischer Sicht bedeutet das Dankeschön also, das Geschenk der Energie wohlwollend anzunehmen. Dieses Geschenk muß so zärtlich und liebevoll behandelt werden wie ein Neugeborenes oder wie der beste Freund, der von weither gekommen ist.

Die Rückkehr der alten Frau in die Essigflasche macht uns deutlich, daß sich nichts verändert hat. Wenn sie die Weisheit des Alters erlangen will, dann muß sie sich der Bitterkeit der Essigflasche aussetzen, dann muß sie die scharfe Trennung zwischen Ego und Selbst vornehmen, was wir nicht können, wenn wir jünger sind, was wir aber tun müssen, wenn wir ein befriedigendes Alter erleben wollen. Dem Problem ins Auge zu sehen, das Bittere zu schmecken, was immer es auch sein mag, ist der einzige Weg zu einer positiven Lösung. Wir müssen die Isolation der Glasflasche aufgeben und uns selbst erlauben, das zu fühlen, was wir fühlen müssen. Erst dann werden wir wissen, was noch zu tun ist.

Eine Klientin von mir in mittlerem Alter kämpfte lange Zeit mit ihrer Bitterkeit über die Beziehung, die sie zu ihrer Mutter hatte. Die Mutter war kalt und abweisend gewesen und hatte den Bruder meiner Klientin bevorzugt. Die Frau erinnerte sich, in ihrer Kindheit von ihrer Mutter ausschließlich mit Kritik bedacht worden zu sein. Als Erwachsene hatte sie sich bemüht, ihre Mutter so selten wie möglich zu treffen. Sie schrieb niemals, rief nur selten an und besuchte sie kaum.

Während der ein Jahr währenden Therapie sah meine Klientin ständig alle möglichen Schwierigkeiten voraus, und tatsächlich geschah immer irgend etwas, was ihre Gefühle der Verletztheit und des Zurückgewiesenwerdens verstärkte. Sie meinte, die Tatsache akzeptiert zu haben, daß ihre Mutter nicht imstande war, die warmherzige und fröhliche Mutter zu sein, nach der sie sich sehnte. Aber sie konzentrierte ihre Hoffnung in eine andere Richtung.

Meine Klientin hatte ein Kind, eine Tochter, die inzwischen erwachsen war. Sie hatte sich dem Kind völlig hingegeben, aus Angst, das verletzende Verhalten zu wiederholen, das sie von ihrer Mutter erfahren hatte. Dennoch lebte diese Tochter nun weit entfernt, schrieb niemals, rief nie an und kam nur selten zu Besuch. Wenn sie sich trafen, dann kam es fast zwangsläufig zu einem Streit, woraufhin meine Klientin verletzt war und sich zurückgewiesen fühlte.

«Es ist ein Alptraum», sagte sie einmal. «Sie ist gemeiner zu mir, als ich jemals im Traum zu meiner Mutter war, und ich bin doch die gute Mutter!»

Meine Klientin begann dann eine Reihe von Fluchtversuchen. Zunächst renovierte sie das ganze Haus, dann wurde sie ehrenamtliche Mitarbeiterin in acht verschiedenen Organisationen. Daraufhin unternahm sie zahlreiche Reisen, so daß immer nur wenig Zeit für ein Treffen war. Als keine dieser Unternehmungen sie in irgendeiner Weise erleichterte, kehrte sie geschlagen in die Therapie zurück.

Sie befand sich wieder in der Essigflasche und hatte nun die Chance, eine Beziehung zu dem Schmerz aufzubauen und ihn zu verstehen. Diese Arbeit nahm viele Monate in Anspruch, aber sie war imstande zu tun, was getan werden mußte.

Als sie fertig war, erkannte sie das Gefühl, das hinter ihrer Wut und ihrer Bitterkeit versteckt gewesen war. Sie sah den Essig ihrer eigenen Bedürftigkeit. Sie erkannte, daß sie, da sie keine Beziehung zu ihrer eigenen Mutter gehabt hatte, alle ihre Wünsche auf die Beziehung zu der Tochter projiziert hatte. Diese Last war zu groß für die Tochter, die ja eine eigene Persönlichkeit entwickeln mußte, und deshalb stieß sie die Mutter zurück.

Keine von beiden wollte das. Als die Mutter erst einmal fähig war, zu sehen und zu fühlen, was sie getan hatte, konnte sie sich verändern. Als ich die beiden das letzte Mal traf, waren sie dabei, Wege der Trennung und der Verbindung zu finden. Die Frau, die zu dem bitteren Essig in ihrem Leben zurückgekehrt war, war imstande, die Bitterkeit in etwas Heilendes zu verwandeln.

Wenn wir uns auf unser Alter vorbereiten, müssen wir den Einschränkungen, Fehlern und den Momenten des Scheiterns, die unser Leben enthält, ins Auge sehen. Wenn wir ihnen entgegentreten, anstatt vor ihnen davonzulaufen, dann müssen wir Verbindungen schaffen, sie an uns ziehen und uns selbst erlauben, jeden Schmerz und jede Bitterkeit zu fühlen, die sich einstellt. Nur wenn wir uns für den Essig öffnen und ihn schmecken, werden wir akzeptieren können, was geschehen ist, und den Schmerz in etwas verwandeln, das unserem Leben Sinn gibt. Indem wir das tun, öffnen wir uns der Energie, die aus einer anderen Quelle als der unseres bewußten Daseins entspringt. Manche nennen sie das Unterbewußtsein, andere das Göttliche.

Diese Arbeit ist insofern ein innerlicher Prozeß, als sie unsere Psyche, unsere Gefühle und unser spirituelles Leben betrifft. Es gibt ein russisches Märchen, das uns die Art dieser inneren Aufgabe auf eine andere Weise verdeutlicht.

DIE BOHNE, DIE DURCH DAS DACH DER WELT WUCHS

Es war einmal eine alte Frau, die hieß Eugenia, und sie lebte mit ihrem Mann Onuphre in einer kleinen Hütte in Rußland. Die beiden besaßen nicht viel mehr als ein Bett, einen Tisch, einen Hahn und eine Henne, die mit ihnen in der Hütte lebten.

Eines Tages machten der Hahn und die Henne Lärm, denn etwas Ungewöhnliches war geschehen. Beide hatten ein Korn gefunden. Der Hahn brachte sein Korn zu Onuphre, der, als er sah, daß es der Samen einer Gartenbohne war – und also nicht für ein Abendessen reichte –, die Bohne unter den Tisch warf. Die Henne brachte ihr Korn zu Eugenia, die darin eine Limabohne erkannte. Sie warf die Limabohne unter denselben Tisch.

Die beiden vergaßen die Samen, aber als sie am nächsten Morgen erwachten, hatten die Samen in dem harten Lehmboden Wurzeln geschlagen und waren zu einer verschlungenen Ranke gewachsen, die bereits an die Unterseite des Tisches stieß. Als sie das sahen, nahm Onuphre seine Säge und sägte den Tisch in zwei Stücke, damit die Pflanzen Raum zum Wachsen hätten. Und sie wuchsen. Nach nur einer Stunde hatten sie das Dach erreicht. Wieder griff Onuphre zu seiner Säge und schnitt ein Loch in das Dach. Eugenia und Onuphre standen da und schauten zu, wie die Bohnen wuchsen, und dann beschlossen sie, ihnen zum Himmel zu folgen. Sie begannen zu klettern.

Sie kletterten den ganzen langen Tag, und Eugenia mußte mehrmals innehalten, um Atem zu schöpfen, denn es war ein anstrengendes Unternehmen für jemanden, der so alt war wie sie. Aber schließlich, als die Nacht hereinbrach, hatten sie die Spitze der Bohnenpflanze erreicht, ließen sie los und setzten ihre Füße in den Himmel. Vor ihnen, vor einem kleinen Haus, stand niemand anders als Gott selbst.

«Guten Tag. Ich bin die alte Eugenia, und dies ist mein alter Mann Onuphre. Wir sind zu Besuch gekommen und sind sehr müde vom Aufstieg. Könnten wir in deinem Haus ein wenig ausruhen?»

«Ja», antwortete Gott, «aber es gibt eine Regel. Ich bewahre in diesem Haus Kuchen auf, und ihr müßt versprechen, sie nicht anzurühren.»

«Wir versprechen es», sagten die beiden und gingen hinein, um sich schlafen zu legen. Aber kaum waren sie eingetreten und hatten sich hingelegt, da sagte Eugenia: «Diese Kuchen riechen so gut, ich möchte wohl probieren, wie sie schmecken.»

«Leg dich schlafen», sagte Onuphre und drehte sich auf die andere Seite und begann zu schnarchen. Eugenia aber stand auf und ging zu den Kuchen hinüber. Sie nahm sich einen sehr kleinen und verschob die anderen auf der Kuchenplatte so, daß niemand es bemerken würde.

Gerade als sie in den Kuchen beißen wollte, gab es eine große Erschütterung. Alle Kuchen fielen auseinander und wurden wieder zu Mehl, Eiern, Zucker und Vanille. Die Platte, auf der sie gelegen hatten, brach in hundert Stücke.

Der Lärm weckte den alten Mann, und die beiden verbrachten den Rest der Nacht damit zu versuchen, die Kuchen wiederherzustellen und die Platte zu kitten, aber was immer sie auch versuchten, es ging nicht, und am Morgen waren Mehl, Eier und zerbrochene Stücke der Platte über den ganzen Raum verstreut. Als die Morgensonne in das Haus vordrang, betrat Gott den Raum.

«Habt ihr meine Kuchen angerührt?» fragte er.

«Aber nein», logen die zwei, und schon sausten sie an den Bohnenranken hinab.

Am nächsten Morgen beschlossen Eugenia und Onuphre, den Himmel noch einmal zu besuchen. Sie brachten den ganzen

Tag damit zu hinaufzuklettern, und als sie oben ankamen, wartete Gott schon auf sie.

«Guten Tag, erinnerst du dich an uns? Ich bin die Eugenia, und dies ist Onuphre. Wir sind noch einmal zu Besuch gekommen und würden gern die Nacht hier verbringen, denn wir sind erschöpft vom Aufstieg. Dürfen wir vor dem Haus schlafen?»

«Ja», antwortete Gott, «ihr dürft in meinem Weinberg schlafen, aber rührt heute nacht keine einzige Traube an.»

«Oh, das werden wir ganz sicher nicht tun», sagten die beiden und legten sich bei den kühlen, wohlduftenden Trauben nieder. Der Geruch der Trauben war sehr stark, und es dauerte nicht lange, da hatte sich Eugenia wieder aufgesetzt.

«Rühre keine der Trauben an», warnte Onuphre sie und schlief ein. Aber Eugenia dachte bei sich: «Ich werde nur eine kleine Traube versuchen. Das wird niemand merken.»

Als sie die Trauben berührte, fielen sie alle von den Weinstöcken ab. Der ganze Weinberg war mit Trauben übersät. Onuphre erwachte, und die beiden alten Leute brachten die ganze Nacht damit zu, die Trauben wieder an die Weinstöcke zu bringen, aber als der Morgen anbrach, waren, so weit das Auge reichte, Berge von Trauben auf der Erde. In diesem Augenblick erschien Gott.

«Ihr habt doch wohl nicht meine Trauben angerührt?» fragte er.

«Aber nein, aber nein», logen die beiden wieder, und wieder sausten sie sogleich an der Bohnenranke hinunter.

Diesmal ruhten sie sich sieben Tage lang aus, aber sie konnten ihre Besuche im Himmel nicht vergessen. Nur allzugern wollten sie dorthin zuruckkehren, und so begannen sie an einem frühen Morgen erneut, an der Bohnenranke hinaufzuklettern. Als sie am Abend im Himmel ankamen, wartete Gott schon auf sie.

«Hier sind wir wieder, die alte Eugenia und Onuphre, die dich besuchen wollen, um die Nacht hier zu verbringen.»

«Ihr dürft heute nacht in meinem Schuppen schlafen, aber versprecht mir, daß ihr keinen der Wagen dort anrühren werdet», befahl Gott.

«Oh, wir versprechen es», sagten sie und gingen hinein, um

sich schlafen zu legen. Onuphre sank sogleich in tiefen Schlaf, aber Eugenia lag da und bestaunte all die wunderbaren Wagen und Kutschen im Schuppen. «In einer von diesen zu sitzen wäre einfach herrlich», sagte sie zu sich selbst. «Ich werde sie ja nirgendwohin fahren, und es wird nichts schaden, wenn ich einfach mal darin sitze. Schließlich sind wir einen langen Weg gekommen, und ich bin eine sehr alte Frau.»

Mit diesen Worten stand sie auf und ging zu einer Kutsche hinüber. Sie setzte ihren Fuß auf das Trittbrett, um hineinzusteigen, aber als sie das tat, zerfielen die Kutsche und zugleich alle anderen Wagen im Schuppen in hundert Teile. Der Lärm weckte Onuphre.

Obwohl die beiden die ganze Nacht lang arbeiteten, waren die Wagen immer noch in Stücken, als Gott am Morgen erschien. Gott war sehr traurig und sehr wütend.

«Habt ihr einen Wagen berührt?» fragte er.

«Aber nein!» logen die beiden wieder. Und dann liefen sie so schnell sie konnten zu der Bohnenranke und rutschten an ihr hinunter, aber bevor sie unten ankamen, ließ Gott die Ranke brechen. Die beiden fielen hinab und rollten vor die Tür ihrer Hütte.

Es sind seither viele Jahre vergangen, und die beiden alten Leute leben immer noch in ihrer Hütte, denn Gott möchte sie nicht wieder bei sich sehen, ehe sie nicht das eine oder andere dazugelernt haben.

Eugenias Aufgabe, und das ist auch die unsrige, ist es, sich Ganzheit zu erarbeiten. In der vorhergehenden Geschichte war die Ganzheit durch die vier Himmelsrichtungen, in die die Fee flog, dargestellt. Hier nun gilt es, die gegensätzlichen Paare von männlichen und weiblichen Aspekten zusammenzubringen. Henne, Lima-Bohne und Eugenia gehören mit dem Hahn, der Kletterbohne und Onuphre zusammen. Aber Eugenia erkennt keines der Signale, die ihr sagen, welche Arbeit sie leisten muß. Welche Verluste, welche Einschränkungen wird sie annehmen müssen? Was muß Eugenia auf irgendeine Weise in einen Sinn für ihr Leben umwandeln? Was sagt uns dieses Märchen über den Umwandlungsprozeß?

Eugenia lebt unter armseligen Umständen. Ihr ist ein Geschenk gegeben worden, das sie nicht wertschätzt: das Geschenk der beiden Bohnen. Bohnensamen sind nahrhaft, das soll uns daran erinnern, daß es auch für Eugenia Nahrung gibt. Viele Menschen essen in ihrer Diät Bohnen, sie enthalten viele gesunde Aminosäuren und sind eine Energiequelle.

Aber Energie allein ist nicht genug, das wird uns klar, wenn wir die weitere Entwicklung des Märchens beobachten. Es fehlt an Nachdenklichkeit in der Geschichte, sie enthält etwas Impulsives, das schon früh darin zutage tritt und letztendlich Schwierigkeiten verursacht.

Es ist traurig zu hören, daß Eugenia die Bohnensamen nachlässig auf den Boden wirft. Jede von uns, die einmal einen Garten bewirtschaftet hat, weiß, daß Pflanzen, um wachsen zu können, gut eingepflanzt werden müssen. Samen werden nur dann genährt, wenn man sie tief in die Erde legt, doch dann werden sie starke Wurzeln entwickeln. Was aber nachlässig gepflanzt wird, geht ein oder wird davongeweht. Psychologisch gesehen, wurde der Teil in Eugenia, der wachsen sollte, nachlässig behandelt.

Die Bohnen sind das kreative Potential, das oft auf unerwartete Weise zu uns kommt, das aber dennoch bemerkt und richtig behandelt werden will. Viele Frauen erhalten im Älterwerden ein solches Potential, und wenn es in den Garten der Psyche sorgfältig eingepflanzt wird, dann wird es neue Richtungen, neue Beziehungen und neues Schaffen entwickeln. Es gehört zu den magischen Bohnen, daß man nicht vorhersagen kann, was aus ihnen wird. Aber man kann davon ausgehen, daß das Selbst für jede von uns etwas Sinnspendendes bereithält – wenn wir unsere Arbeit tun.

Eugenia hingegen tut ihre Arbeit nicht. Die Samen landen unter dem Tisch. Tische und Tischplatten begegnen uns in vielen Zusammenhängen als Symbol: das letzte Abendmahl Jesu mit seinen Jüngern, der runde Tisch von König Artur und seinen Rittern, der Erntedanktisch und der Eßtisch, um den sich die Familie versammelt. Jeder von ihnen ist ein Ort sowohl körperlicher als auch mentaler Nahrung.

«Unter dem Tisch» bedeutet jedoch meist Falschheit und Betrug. Wenn etwas «unter den Tisch gekehrt» wird, dann wird es vertuscht und verdrängt. Unter dem Tisch ist es dunkel und schattig. Eugenia sucht unbewußt nach Vollkommenheit.

«So würde ich mich nie verhalten», rede ich mir selbst ein und vergesse dabei, wie lange ich die Samen zu diesem Buch unter den Tisch geworfen habe. «Auf jeden Fall werde ich niemanden betrügen», denke ich weiter und verdränge damit jede Erinnerung an die vielen Male, wo ich mich in etwas hineinstürzte, was ich für einen großen Schatz hielt, nur um dann herauszufinden, daß ich mich wieder einmal selbst betrogen hatte. Sogar meine Reaktion auf Eugenias Verhalten, von dem ich mich distanziere, ist ein Selbstbetrug, denn schließlich sind auch einer jeden von uns bestimmte Aspekte ihres Lebens unbewußt.

Aber die Bohnenpflanze wächst trotzdem. Dieser kreative Prozeß, die Bohnenranke, hat etwas mit Vergebung und Geduld zu tun. Die Bohnenranke vergibt ihrer Besitzerin, daß sie so nachlässig gepflanzt wurde, ohne Licht oder Wasser. Sie wächst dennoch weiter. Später in der Geschichte bleibt die Bohnenranke stehen, obwohl Eugenia immer wieder versucht, Gott zu bestehlen. Es ist doch ein schöner Gedanke, daß all unsere Fehler, unsere Nachlässigkeit und unsere Unbewußtheit die kreative Energie in uns nicht vertreiben können.

Eugenia/Onuphre verhält sich nach der Devise «Augen zu und durch». Sie scheint einfach immer das zu tun, was ihr als erstes durch den Kopf schießt: den Tisch durchsägen, ein Loch in das Dach hauen, an der Bohnenranke hinaufklettern, Dinge probieren und berühren. Es scheint ihr unmöglich, so lange an sich zu halten, bis sie etwas durchdacht hat. In dieser Hinsicht erinnert sie mich sehr an meine vierzehn Monate alte Enkelin. Wenn etwas schön ist und ihre Aufmerksamkeit erregt, dann muß sie es anfassen und probieren. In ihrem Alter kann sie nicht zwischen ihrem Eigentum und dem anderer unterscheiden, sie weiß nicht, was gefährlich ist und was nicht, was sich gut und was schlecht anfühlen wird. Glas, Eis, fremde Hunde, Feuer, Elektrokabel – all das wirkt genauso attraktiv wie ihre Bauklötze und ihr Teddybär. Wenn sie etwas erreichen kann, dann greift sie danach. Eugenia verhält sich in derselben unschuldigen, unbewußten Impulsivität. Sie ist eher unreif als bösartig, sie kann sich einfach nicht beherrschen.

«Warum sind Sie mit ihm ausgegangen?» fragte ich einmal eine meiner Klientinnen. «Er ist nicht nur zwanzig Jahre jünger als Sie,

Sie finden ihn auch noch langweilig. Warum um Himmels willen haben Sie seine Einladung angenommen?»

Sie schaute mich mit großen Augen an. Offensichtlich hatte sie keine Ahnung, warum sie ja gesagt hatte. Wahrscheinlich war das so eine Sache, die auf den ersten Blick gut zu sein schien, aber einfach nicht durchdacht war.

Meine Klientin und Eugenia waren beide bedürftig. Das Problem ist jedoch, daß keine von beiden wußte, was sie brauchte. Eugenia wird nicht herausfinden, was sie braucht, wenn sie sich nicht zügelt und erkennt, welcher Verlust oder welche Einschränkung der Ursprung all dieser Energie ist.

Ich habe eine Freundin, die so mit ihrem Körper verbunden ist, daß sie immer genau weiß, welche Nahrung ihr Körper gerade braucht. Wenn wir anderen Hunger spüren, dann hat sie das Gefühl, Pottasche zu brauchen, und nimmt sich eine Banane. Sie sagt mir immer, daß jeder Mensch lernen kann, so viel über seinen Körper zu wissen. Das Geheimnis sei, sich zu zügeln, langsamer zu werden und sich auf den Körper zu konzentrieren, denn er sagt uns immer genau, was er braucht, wenn wir nur lernen, auf ihn zu hören.

Eugenia muß sich zügeln und lernen, auf ihre Seele zu hören. Sie hungert nach etwas, das erkennen wir daran, daß sie nach allem greift, was ihr vorgesetzt wird. Es wird ihr überhaupt nicht bewußt, wie unpassend ihr Verhalten ist.

Eugenia verhält sich unbewußt, und sie fühlt sich außerdem im Recht. Arroganz und Selbstherrlichkeit bestimmen ihr Tun. «Unterlasse das», sagt Gott. «Ich kann es tun, wenn ich will», ist die Antwort, die Eugenia durch ihr Verhalten gibt. Sie sagt es natürlich nicht, aber sie tut doch einfach, was sie will. «Wenn ich nur ganz wenig nehme», so glaubt sie, «wird Gott schon nichts merken.» Für sie spielt es keine Rolle, welches die Gesetze Gottes sind, Eugenia bestimmt die Regeln für sich selbst.

Auch andere vor ihr haben schon die Gesetze gebrochen. Zum Beispiel Eva, die im Garten Eden vom Baum der Erkenntnis aß. In der Geschichte von Psyche und Eros mißachtet das wunderschöne Mädchen Psyche die Befehle ihres Gottes und Ehemannes Eros. Eros hatte ihr untersagt, ihn anzuschauen, aber während er schläft, zündet Psyche die Lampe an, um ihn anzuschauen.

Sowohl Eva als auch Psyche waren ungehorsam, aber dadurch

haben sie beide sich auf den Weg zu größerer Bewußtheit und Achtsamkeit gemacht. Denn wenn man nur das tut, was einem gesagt wird, bedeutet das, daß man in einem kindlichen Abhängigkeitszustand verharrt. Dann ist man unbewußt, sieht nichts und hat kein Wissen.

Es gibt jedoch einen wichtigen Unterschied zwischen Eva und Psyche auf der einen und Eugenia auf der anderen Seite.

Die Konsequenz von Evas Ungehorsam war, daß sie in Zukunft mit Schmerzen Kinder gebären mußte. Das kreative Schaffen, also das Hervorbringen von etwas Neuem, ob das nun ein Kind oder ein Teil des eigenen Bewußtseins ist, ist wie die Geburt ein langer und manchmal schmerzhafter Prozeß.

Auch Psyche muß einen Preis dafür zahlen, daß sie aus ihrer kindlichen Abhängigkeit ausbricht. Sie verliert die Beziehung zu ihrem geliebten Ehemann und muß nun, um ihn zurückzugewinnen, eine Reihe von schwierigen Aufgaben erfüllen.

Eugenia verhält sich wie die anderen ungehorsam, aber sie zahlt nicht. Sie verändert sich nie durch die Erfahrungen, die sie macht, und sie wächst nicht an ihnen. Daran, daß Eugenia ihr Verhalten immer wiederholt, ohne ihr Bewußtsein erweitert zu haben, erkennen wir, wie groß ihre Naivität ist. Sie spricht Gott direkt an, scheint also zu wissen, wo sie sich befindet, ist aber dennoch nicht imstande, die Grenzen zu akzeptieren oder aus ihrem ersten oder zweiten Fehler zu lernen.

Eugenia verhält sich wie meine Klientin, die mit einem Mann ausging, der zwanzig Jahre jünger war als sie, oder wie andere Klientinnen, die bereits gemerkt haben, daß das, was sie zu tun im Begriff sind, ein Fehler ist, die es aber dennoch nicht lassen können. Das sind die Leute, die immer so aussehen, als wüßten sie, was sie tun, die aber in Wirklichkeit keine Ahnung haben. Sie sind in einer Weise kindisch, wie ein Kind, das zwar sagen kann, daß das Feuer heiß ist, aber dennoch gleichzeitig nicht versteht, was es bedeutet, die Flamme zu berühren.

Dasselbe findet in uns statt, wenn wir eine Kreditkarte benutzen, um etwas zu bezahlen, was wir uns wirklich nicht leisten können, wenn wir entgegen besserem Wissen etwas Bestimmtes essen oder wenn wir die Grenzen unserer Kraft bei der Arbeit im Büro oder zu Hause absichtlich ignorieren. Die Versuchung ist groß, so zu tun, als müßten wir für die Konsequenzen unseres

Handelns nicht geradestehen. Dieses Verhalten wird von Kauf-
leuten, Verkäufern und Werbeleuten unterstützt und spricht das
unreife Kind in uns an.

Das Märchen erinnert uns an übermäßiges Essen, Alkoholismus
und überhöhte Geschwindigkeit, indem es von Kuchen, Trauben
und Kutschen spricht. Eugenia strebt auf die schnelle Art nach
Selbstbefriedigung. Aber es gibt keine schnelle Belohnung. Wenn
Sie danach suchen, dann wird alles in Ihren Händen zerbrechen.
Wenn Sie vergessen, daß die Wahrheitsfindung über Sie und Ihr
Leben ein Prozeß ist, dann werden Sie nichts erreichen.

Wenn wir uns mit den Verlusterfahrungen in unserem Leben
auseinandersetzen, erkennen wir auch unsere Grenzen und Möglichkeiten. Sind wir, wie Eugenia, zu weit gegangen, dann müssen
wir versuchen zu verstehen, warum wir diese Grenzen überschrit-
ten haben. Ist uns ein Verlust oder eine Beschränkung von außen
auferlegt worden? War es im nachhinein gesehen gut, daß wir den
Verlust erlitten haben, oder ist unsere Grenzbefestigung nicht
stark genug, so daß wir Dinge einlassen, die nicht hineinsollten?
Welchen Sinn hat das alles? Was müssen wir noch einmal überdenken? Was müssen wir anders betrachten?

Die Wahrheit und der Sinn von Eugenias Leben waren am Boden. Ihr Leben hatte Grenzen. Ihr wurde ein sehr kleines, aber
kraftvolles Geschenk gegeben: zwei Bohnen, die ein großes Potential enthielten. Sie zeigten ihr einen Teil ihrer selbst, der sehr bedürftig war. Dann war es an ihr zu handeln.

Die Botschaft dieser Geschichte ist einfach: Bleibe in deinem
Leben mit beiden Beinen fest auf dem Boden. Sieh dir an, was es da
gibt, und richte dich damit ein. So wie die Frau in die Essigflasche
und Eugenia in ihre Hütte zurückmußte, müssen wir zu dem
zurückkehren, was unser Leben war. Wir werden keinen Sinn
finden, wenn wir uns nur an die guten Dinge erinnern oder ausschließlich über die Zukunft phantasieren.

Wenn wir die Verluste erkennen, die wir erlitten haben – in
diesen Märchen durch Essigflasche, auseinandergefallene Kuchen,
heruntergefallene Trauben und zerbrochene Kutschen symbolisiert –, dann wird uns klarwerden, daß eine schnelle oder von
außen kommende Lösung uns keine Heilung bringen oder das
Problem beseitigen wird. Wir müssen innehalten und uns darauf
konzentrieren, in allem, was geschieht, einen Sinn zu finden.

Und dann ist da noch die Botschaft, daß wir uns dort wiederfinden werden, wo wir hingehören. Die Frau in der Essigflasche
bekam eine Zeitlang eine Atempause, aber am Ende mußte sie in
die Essigflasche zurückkehren. Eugenia erhielt mehrfach Zutritt
zum Himmel, aber sie wurde auf die Erde zurückgeworfen, um
mit ihrer Arbeit fortzufahren.

Die Märchen, die wir bisher gehört haben, haben uns erzählt,
daß es notwendig ist, unsere Verluste und Beschränkungen genau
zu betrachten, und sie haben uns gelehrt, auf was wir bei diesem
Prozeß achten müssen. Unsere letzte Geschichte stammt aus England und erzählt von einer Frau, die diese Entwicklung bereits
durchlaufen hat. Sie weiß genau, wer sie ist und welche Dinge in
ihrem Leben von Wert sind.

▼

DER HEDLEY KOW

Es war einmal eine Frau, die lebte in einem
Dorf bei ihren Nachbarn. Obgleich sie arm war, war ihr Leben
doch gut, und sie war glücklich. Sie erledigte Besorgungen für
ihre Nachbarn und half aus, wo immer ihre Hilfe gebraucht
wurde. Die anderen wiederum teilten ihr Essen mit der Frau, so
daß diese niemals Hunger leiden mußte.

Eines Abends, als sie nach Hause kam, entdeckte sie mitten
auf der Straße einen großen schwarzen Topf. Sie schaute sich
um, um zu sehen, wer den Topf dort hingestellt haben könnte.
Als sie niemanden sah, trat sie etwas näher an den Topf heran.
«Vielleicht», so dachte sie, «hat er ein Loch, so daß man ihn
nicht länger benutzen kann. Aber ich könnte ihn als Blumentopf
verwenden, und deshalb werde ich ihn wohl mit nach Hause
nehmen.»

Als sie sich hinunterbeugte, um den Topf aufzunehmen, wollte sie doch hineinschauen, ob sie vielleicht das Loch sehen könnte. Aber als sie den Deckel abhob, war der ganze Topf mit Gold
gefüllt.

«Meine Güte», rief die alte Frau aus, die der Anblick von so viel Gold geradezu erschreckte, «dies würde mich bis ans Ende meiner Tage versorgen!» Und da der Topf mit all dem Gold zu schwer war, als daß sie ihn hätte tragen können, wickelte sie ihren Schal durch den Griff und zog ihn hinter sich her. Nach kurzer Zeit war sie außer Atem, und sie hielt an, um kurz auszuruhen. Da hob sie noch einmal den Deckel an, um nach dem Gold zu schauen. Was sie aber sah, war lediglich ein großer Klumpen Silber.

Die alte Frau zwinkerte und rieb sich die Augen, um sicher zu sein, daß sie auch wirklich sah, was sie sah. Als sie sicher war, daß es sich wirklich um Silber handelte, seufzte sie noch einmal. «Um ehrlich zu sein», sagte sie laut zu sich, «bin ich recht froh, daß es ein großer Klumpen Silber ist. Ich hatte schon angefangen, mir Sorgen zu machen, wo ich all das Gold aufbewahren sollte, damit es mir nicht gestohlen würde. Es wird leichter sein, auf diesen Klumpen aufzupassen.» Und so zog sie den Topf weiter.

Nach einer kleinen Weile wurde sie wieder müde und hielt an. Sie hob den Deckel an, um noch einmal nach dem Silber zu schauen, denn sie hatte begonnen, sich Sorgen zu machen, wie sie es aufbewahren sollte. Aber das Silber war nicht mehr da, an seiner Stelle lag dort ein Klumpen Eisen. «Meine Güte», rief die alte Frau, «welch ein Glück ich habe, denn ehrlich gesagt hatte ich mir wegen des Silbers auch schon Sorgen gemacht. Eisen kann ich leicht im Dorf verkaufen, und es wird mir genug für diesen Winter einbringen!» Und sie setzte ihren Weg fort, indem sie den Topf hinter sich herzog.

Nun war sie bis an das Tor vor ihrer Hütte gekommen und drehte sich noch einmal um, um nach dem Topf zu schauen. Aber hinter ihr, an den Schal gebunden, war ein großer Stein, wo vorher der Topf gewesen war. «Meine Güte», sagte sie, «was für ein wunderbarer Stein, und genau die richtige Größe, denn ehrlich gesagt habe ich seit langem nach eben so einem Stein gesucht, der mir an diesen schönen, milden Tagen meine Eingangstüre offenhalten soll.»

Die alte Frau drehte sich um, um den Stein aufzuheben. Als sie das tat, verwandelte sich der Stein in ein Wesen, so groß wie ein Pferd, mit zwei langen Ohren, einem Schwanz und vier schlaksigen Beinen. Es gab einen Schrei von sich, und dann rannte es davon, indem es seine Beine hoch in die Luft warf und lachte.

Die alte Frau schaute ihm nach, bis es nicht mehr zu sehen war. Dann ging sie in ihre Hütte, um über ihr Glück nachzudenken. «Den Hedley Kow gesehen zu haben», sagte sie wieder und wieder zu sich selbst, «es ist ein großes Glück, den Hedley Kow gesehen zu haben. Man muß sich das vorstellen. Ich habe den Hedley Kow gesehen, und zwar ganz aus der Nähe. Wirklich, ich bin wohl die glücklichste alte Frau der Welt.»

Die alte Frau in «Der Hedley Kow» führt ein bescheidenes Leben, aber wir lernen sie kennen als eine Frau, die mit den Beschränkungen ihrer Lebensumstände Frieden geschlossen zu haben scheint.

Tatsächlich werden die Lebensbedingungen alter Frauen in Märchen und Sagen häufig als spartanisch, wenn nicht sogar armselig, beschrieben – ganz anders als die der jungen Frauen wie Dornröschen, Aschenputtel oder andere, die am Ende immer ein Schloß bekommen. Die ärmliche Umgebung der alten Frauen ist ein Hinweis darauf, daß man im Alter den Sinn des Lebens nicht mehr in Äußerlichkeiten findet.

Jede Frau in den Geschichten, die ich in diesem Kapitel vorgestellt habe, hat etwas geschenkt bekommen. Die alte Mutter hat durch ihre Vision das Geschenk der Einsicht und der Wachheit für den Sinn des Lebens erhalten. Die Frau in der Essigflasche und Eugenia durchleben jede auf ihre Weise unzureichende Lösungen für falsch verstandene Probleme. Sie bekommen Erfahrungen geschenkt, aus denen sie vielleicht lernen können, und das Geschenk einer zweiten Chance.

In «Der Hedley Kow» begegnen wir nun einer Frau, die bereits ein gewisses Niveau an Selbstverständnis und Sicherheit erlangt hat: Sie hat ihr Leben als das akzeptiert, was es ist.

Tatsächlich macht sich die Frau in «Der Hedley Kow» keine Sorgen wegen ihrer Armut. Sie meistert ihre Situation mit praktischem Geschick und einer guten Portion Realismus – zwei Eigenschaften, die auch ein Geschenk des Alters sind. «Dieser Topf wäre genau richtig für mich», sagt sie, «wenn ich etwas hätte, das ich hineintun könnte.» Und sie schaut sich um, ob der Topf einen Besitzer hat – sie hat lange genug gelebt, um nicht einfach etwas zu nehmen, das ihr nicht zusteht. Wer diese Vorstellung auf eine innere Bühne verlegen kann, der hat einen wichtigen Schritt in Richtung auf ein gesundes Altern unternommen.

Die Geschichte sagt uns, daß manche Dinge woanders hingehören und manche zu uns. Die Entscheidung zu treffen, was zu welcher Kategorie gehört, ist ein Prozeß, der mit der Einsicht in die eigenen Beschränkungen einhergeht. Für meine Freundin Grace, die solche Schwierigkeiten damit hatte, ihre wahren Gefühle gegenüber Kindern zu akzeptieren, hätte es bedeutet, etwas zu nehmen, was ihr nicht zustand, wenn sie weiterhin das Selbstbild einer großartigen Mutter aufrechterhalten hätte. Aber auch wenn sie bei dem Gefühl, schlechter als ihre eigene Mutter zu sein – was sich einstellte, als sie sich die Probleme mit ihren Enkeln eingestand –, geblieben wäre, hätte sie sich des «Diebstahls» schuldig gemacht. Wir haben eine bestimmte Menge von Gefühlen oder Vorstellungen, wir müssen nur herausbekommen, welche uns zustehen und welche nicht.

Wenn uns das gelingt, dann wissen wir auch, wo unsere Grenzen liegen. In Märchen steht das Sortieren für die Fähigkeit, ein Gefühl, eine Eigenschaft oder eine Wahrheit von der anderen zu unterscheiden. Ohne diese Fähigkeit sind wir verletzlich, denn wir werden nicht genau wissen, wer wir sind. Die meisten von uns haben schon einmal Menschen getroffen, die sich einmal so und einmal so verhielten. Sie sind wie Chamäleons, die immer die Farbe mit ihrer Umgebung wechseln. Möglicherweise verfügen sie nicht über die Fähigkeit, eine Auswahl zu treffen.

Die Aufgabe des Sortierens kehrt in vielen Mythen und Märchen immer wieder. Eine der Aufgaben, die Psyche erfüllen mußte, um ihren Ehemann Eros zurückzubekommen, war das Sortieren. Aschenputtel mußte zweimal auf Geheiß ihrer Stiefmutter aus der Asche die schlechten von den guten Linsen trennen. Vasalia – einem russischen Aschenputtel – wurde von der Hexe Baba Yaga befohlen, gute und schlechte Körner voneinander zu trennen.

Wer sortieren und differenzieren kann, der erkennt also den Unterschied zwischen gut und böse. Aschenputtel mußte die guten Körner sammeln. Die alte Frau in «Der Hedley Kow» erkennt, daß das Gold ihre finanziellen Schwierigkeiten zwar beseitigen wird, daß es ihr aber ein anderes Problem, nämlich das der Sicherheit, einbringen wird.

Wenn wir sortieren, werden unsere Reaktionen weniger oberflächlich. Die alltägliche Antwort «gut» auf die Frage, wie es einem geht, ist eine unsortierte Replik. Während manche Dinge es einfach nicht wert sind, daß man Energie darauf verwendet, sie zu sortieren, ist doch vieles in unserem inneren Leben sehr wichtig. Wir alle müssen, wenn wir älter werden, unsere Erlebnisse wie hohe Haufen von Wäsche sortieren!

«Auf diesen Haufen kommt meine Laune. Da gehören auch all die Tage hin, an denen ich ausgenutzt wurde oder jemanden verletzt habe, zusammen mit der ganzen Trauer, die ich immer noch empfinde, wenn ich daran denke. Auf denselben Haufen kommen die Tage, wo meine Laune mir die Energie und die Kraft gab, für jemanden oder etwas aufzustehen, das wichtig war. Ein anderer Haufen ist für die Tage, wo ich so tat, als hätte ich keine schlechte Laune, und jemand anderen für meine Laune verantwortlich machte, und für die Tage, wo ich mich selbst und andere angelogen habe, indem ich sagte, ich wäre überhaupt nicht wütend. Und auf einen dritten Haufen tue ich all die Versuche, die ich im Laufe der Zeit unternommen habe, meine Launen zu verstehen und in den Griff zu bekommen. Vielleicht werde ich diesen Haufen noch in erfolgreiche und gescheiterte Versuche unterteilen.»

Wir machen immer weiter, wir arbeiten daran, eine Verbindung zu unserem Selbst zu bekommen, damit wir aus dem, was geschehen ist, einen Sinn ableiten können, und während wir das tun, betrachten wir uns selbst mit unseren persönlichen Beschränkungen und Verlusten.

Meine Freundin Mary ist eine Mutter, die gelernt hat, die Körner des Lebens zu sortieren. Wenn sie ihren kleinen Kindern Grenzen setzen muß, dann tut es sie mit sanfter Leichtigkeit. Sie sagt zu ihrem Vierjährigen: «Nein, wir essen bald, da gibt es jetzt kein Eis.» Wenn der Kleine daraufhin einen Wutanfall bekommt, was manchmal geschieht, bleibt Mary standfest, zeigt aber zugleich Verständnis für seine Enttäuschung. Diese wunderbare und erstaunliche Kombination versteht sie auch bei den älteren Kindern anzuwenden. Sie hat vier fröhliche, wohlerzogene und wilde Kinder. Mary ist imstande, den Willen des Kindes von seinen Bedürfnissen zu trennen. Sie kann auch ihr eigenes Bedürfnis nach

Harmonie oder nach Liebe von ihrer Verantwortung als Mutter trennen, die das tut, was für das Kind das richtige ist. Und sie hat den festen Glauben, daß diese Beziehungen tragend sein werden.

Wir Frauen haben Tausende von Gefühlen, Gedanken und Realitäten, die sortiert werden müssen. Eine Frau, die das kann, hat Geduld entwickelt. Sie ist sicher und hat Selbstvertrauen. Wie die alte Frau weiß sie, wo in ihrem Leben sie Werte finden wird. Die alte Frau auf der Straße sagt uns: «Sortiert, so daß ihr euer Verständnis dafür, was euch gehört und was nicht, besser ausbildet. Sortiert, denn dann werdet ihr auch euer Verständnis dafür, was in eurem Leben Wert hat, wecken. Wenn ihr das tut, werdet auch ihr etwas erleben, das über die materielle Welt hinausgeht.»

Moses sah Gott in dem brennenden Dornbusch. Die alte Mutter hatte eine Vision. Diese alte Frau sah den Hedley Kow. Das, was auf jede von uns wartet, wird nur zutage treten, wenn wir gelernt haben, wie man sortiert und wie man die wahren Werte, die unser Leben birgt, entdecken kann.

3

Schlangen, Würmer und Reiskuchen

Ein innerer Schatten

Die alte Frau war beunruhigt. Die abendliche Luft war stickig und zäh. Den ganzen Tag lang war es bedeckt gewesen, und jetzt konnte sie in der Ferne ein Donnern hören. Jemand hatte eine Lampe angezündet – der Mond würde in dieser Nacht nicht zu sehen sein –, und leichter Schimmer glitt über die Gesichter der Menschen, die erwartungsvoll vor ihr saßen. Sie wußte, daß ihre Unruhe von etwas anderem herrührte als von dem drohenden Unwetter. Sie schaute sich unter den Versammelten um.

Ihr suchender Blick ging von einem Menschen zum anderen, ohne daß sie irgendeinen Schmerz oder eine Verzweiflung wahrnehmen konnte, bis sie schließlich eine gerade aufgerichtete Person, die am Ende der Menge saß, erblickte.

Das war Elizabeth, eine der älteren Frauen, die immer «Mutter» genannt wurde.

Die alte Frau setzte ihre Beobachtung der Menge fort, ihr Blick kehrte dann wieder zu Elizabeth zurück. Es war der Schmerz von Elizabeth, der ihre Unruhe verursachte.

Elizabeth war allein in der Gruppe. Kein Kind war gekommen, um sich bei ihr anzulehnen oder sich auf ihren Schoß zu setzen. Die Kleinen, die Wärme und Geborgenheit suchten, empfanden die knochige Figur von Mutter Elizabeth nicht einladend.

Später, wenn sie älter sein würden, wenn sie Hilfe und Anweisung brauchen würden, um im Dorfleben bestehen zu können, dann würden sie zu ihr kommen. Elizabeth war eine exzellente Lehrerin, hier lag ihre Stärke. Darum hatte man ihr den respektvollen Titel «Mutter» verliehen. Aber heute war sie weit von der Gruppe entfernt, sie war sehr allein.

Die alte Frau sah die Dunkelheit um Elizabeth, noch dunkler als der Himmel an diesem bedeckten Abend. Ihr Gesicht war angespannt und ihr Körper zusammengezogen, noch mehr als sonst, als wollte sie ihre Grenze verteidigen.

Die alte Frau schloß einen Moment lang ihre Augen und gewährte ihrem Geist Zutritt zu Elizabeths Sphäre. Sie mußte erst diesen Menschen wahrnehmen und fühlen, dann würde sie die Geschichte für den Abend auswählen können. Es würde eine Geschichte für Elizabeth sein, denn es war offenkundig, daß sie heute abend Hilfe brauchte. Die alte Frau dachte an eine Geschichte, die sie vor vielen Jahren von einem Wanderer gehört hatte. Vielleicht lag hier die Heilung verborgen, die Elizabeth brauchte. Die alte Frau segnete sich selbst und begann.

Was die Schlange vorhatte

Es war einmal vor langer Zeit in Japan eine alte Frau, die beschloß, von ihrem Dorf zum nächsten zu gehen, um dort einen Tempel aufzusuchen.

Als sie dahinwanderte, bemerkte sie vor sich eine junge Frau.

Obwohl sie in dieselbe Richtung zu gehen schienen, folgte die alte Frau still und beschloß, die jüngere nicht anzusprechen. Bald gelangten sie an einen Fluß. Zunächst fragte sich die alte Frau, wie sie das Wasser überqueren sollten, ohne naß zu werden. Aber die junge Frau trat sogleich auf einen kleinen Stein, der mit vielen in einer Reihe lag, so daß sie einen Übergang bildeten. Bevor die alte Frau noch folgen konnte, sah sie, daß der erste Stein umgekippt war und daß eine kleine gefleckte Schlange unter ihm hervorgekrochen war. Die jüngere Frau bemerkte die Schlange, die ihr nun folgte, nicht.

Die alte Frau ging weiter hinter der jüngeren her und beobachtete sie. Es schien, als habe die Schlange nichts Böses im Sinn, sie folgte den ganzen Weg bis zum Tempel. Während der Zeremonie lag sie still und folgte dann der jungen Frau erneut, als diese den Tempel verließ.

Die junge Frau und die Schlange kehrten zur Nacht in einem Gästehaus in der Stadt ein. Die alte Frau konnte sich von dem, was sie da sah, nicht abwenden und wollte sehen, wie es wohl ausgehen mochte. Sie suchte sich deshalb im selben Haus eine Schlafstätte. Bis spät in die Nacht beobachtete sie und bat sogar die Wirtin, eine sehr alte Frau, um ein Licht, angeblich um spinnen zu können. Die Schlange verhielt sich immer noch friedlich, und auch die alte Wirtin schien nichts Ungewöhnliches zu bemerken. Als die Frau am nächsten Morgen erwachte, war die Schlange verschwunden, und die junge Frau erzählte folgenden Traum:

«Es kam eine Frau zu mir», begann sie, «die zunächst zur Hälfte eine Schlange war, aber während sie sprach, nahm sie mehr und mehr menschliche Gestalt an. Sie erzählte mir, daß sie einmal eine Frau gewesen sei, daß aber ihr Haß sie in eine Schlange verwandelt habe. Viele Jahre lang hatte sie unter einem der Steine im Fluß leben müssen, aber gestern habe ich sie befreit, indem ich auf den Stein trat und ihn umwendete. Als sie mit ihrer Erzählung fertig war, hatte sie sich gänzlich in eine Frau verwandelt. Sie lächelte mir zu und sagte, ich würde ein gutes Leben haben. Mit diesen Worten entschwand sie.»

Die ältere Frau schaute sich um, es war keine Schlange weit und breit zu sehen. Die junge Frau und sie wurden in den folgenden Jahren Freundinnen, und es schien, als würde die Vorhersage der Schlange eintreffen, denn die junge Frau hatte ein gutes Leben.

Im Prozeß des Wachsens und Reifens lernen wir, viele der undisziplinierten Impulse, die in jedem Menschen, männlich oder weiblich, von Geburt an sind, zu bändigen: Wir schreien nicht mehr, wenn wir hungrig sind, wir lernen, nicht mehr nach allem zu greifen, das wir haben wollen, wir wissen, daß wir nicht jeden einfach beißen dürfen, der uns in die Quere kommt. Indem wir lernen, unsere Impulse im Zaum zu halten und Probleme mit Vernunft und Diplomatie zu lösen, werden wir sozialisiert, damit wir in das Gewebe von Familie und Gesellschaft passen.

Im Verlauf dieses Anpassungsprozesses werden vor allem Frauen angehalten, nährend, friedvoll, sensibel und nachdenklich zu sein, während ihnen Wut und Aggression nicht zugestanden werden. Uns ist beigebracht worden, widersprüchliche und aggressive Charakterzüge in «Friede, Freude, Eierkuchen» zu verwandeln. Als Kind wurde mir, wann immer ich das Haus verließ, eingeschärft: «Sei brav. Benimm dich anständig. Mache uns keine Schande.»

Aber was geschieht mit all den anderen Gefühlen, Tendenzen, Anteilen und Aspekten einer Persönlichkeit unter einem solchen Regime? Wir würden zwar gern glauben, daß sie einfach verschwinden, aber sie tun es nicht. Die menschliche Psyche funktioniert nicht so, und in Wirklichkeit bleiben diese anderen Gefühle, Tendenzen und Aspekte erhalten, sie werden nur unterdrückt. Und dann werden sie uns auf peinliche Weise in Form eines Lapsus, einer schneidenden Bemerkung oder eines unerwarteten Gefühls wiederbegegnen.

Es ist deshalb eine Hauptaufgabe für uns, wenn wir uns auf das Alter vorbereiten, diese unterdrückten Teile in uns zu verstehen und eine vertrauliche Beziehung zu ihnen aufzubauen. Auf diese Weise können wir uns mit einigen zuvor unbekannten Aspekten unserer Persönlichkeit ins Einvernehmen setzen, die jetzt an die Oberfläche drängen.

Jeder Mensch hat etwas unterdrückt, das ist ein natürlicher Vorgang des Reifens. Wir unterdrücken einige Teile unserer Persönlichkeit, um solche Aspekte zu eliminieren, die uns unerfreulich erscheinen oder die in Konflikt mit dem Bild stehen, das wir von uns haben.

Stellen Sie sich eine Frau vor, die ihre Denkfähigkeit zum äußersten ausgebildet hat. Da sie nicht alles gleichzeitig sein kann, hat sie diejenigen Funktionen, die dem Denken entgegengesetzt sind, nicht entwickelt. Die moderne Athena, diese griechische Göttin, die sich vernünftig, anspruchsvoll, logisch verhält, die gelernt hat, Entscheidungen zu treffen, zu organisieren und Dinge zu durchdenken, entscheidet mit ihrem Kopf, nicht mit ihrem Herzen. Ihr Gefühl, das ihrem Denken entgegengesetzt ist, verbleibt im Unbewußten, auf einer weniger entwickelten Ebene.

Heutzutage gibt es viele Frauen wie Athena. Wir nennen sie erfolgreich oder vielbeschäftigt, kalt oder berechnend. Sie bestimmen und managen, weil ihre Fähigkeit zu denken sehr stark ist. Diesen Frauen fällt es schwer, die Entscheidungen ihres Herzens zu erkennen oder zu würdigen.

Diese unentwickelten Aspekte fordern, wie die Schlange, daß man sich mit ihnen auseinandersetzt, wenn sie auftauchen. Es ist besser, zu diesen Aspekten unseres Selbst eine bewußte Beziehung aufzubauen, bevor sie sich in übergroßer, schockierender, peinlicher oder sogar zerstörerischer Form zeigen. Ist aber eine Beziehung geknüpft, dann ist auch die Möglichkeit zu einem neuen, passenden Verhalten da. Ignorieren wir jedoch die Schlange, dann hat sie die Chance, böse zu werden.

Diese Entwicklung einer bewußten Beziehung zu unseren unterdrückten Aspekten kann nun ein positives oder ein schwieriges Erlebnis sein. Aber auch ein schwieriges Erlebnis wird positiv sein, wenn es einmal in unser Bewußtsein aufgenommen ist.

Betty hatte ein vergleichsweise positives Erlebnis. In ihrer Familie war es einfach nicht damenhaft, mit Maschinen zu arbeiten oder auch nur zu verstehen, wie Maschinen funktionieren. Deshalb sah sie sich von Kind auf als technisch unbegabt an. Ihre Kinder aber wuchsen in einer anderen Generation auf, und ihre Tochter, die in Alaska lebt, wurde eine gute Pilotin und eine geschickte Mechanikerin, die auch einen Maschinenschaden in der Wildnis beheben kann.

Als Betty und ihr Ehemann sich in Alaska zur Ruhe setzten, begann sie, mit ihrer Tochter zu fliegen. Es dauerte nicht lang, da half Betty schon beim Warten der Maschinen aus. Kurz darauf überredete die Tochter sie, ihren Flugschein zu machen. «Das ist wichtig», sagte die Tochter, «wenn wir uns in der Familie regelmäßig besuchen wollen.» Zu ihrer eigenen Überraschung entdeckte die technisch angeblich unbegabte Betty, daß sie tatsächlich ein gutes mechanisches Geschick besaß. Sie arbeitete daran, es zu vertiefen, und heute ist sie eine Pilotin, die ihr Flugzeug selbständig warten kann. Die technische Seite in Bettys Persönlichkeit ist nicht mehr unterentwickelt.

Leider ist es nicht immer erfreulich, Teile des Unbewußten zu entdecken. Vielleicht stoßen wir auf schmerzvolle, traumatische Begebenheiten oder auf einen infantilen, impulsiven, selbstsüchtigen Teil unserer selbst, von dem wir glaubten, es gäbe ihn nicht mehr. Warum zurückschauen? Diese Frage stellen sich viele Frauen.

Hier ist ein Gespräch, das ich oft in meiner Praxis mit einer Klientin führe:

«Ich bin ein netter Mensch.»

«Das finde ich auch.»

«Ich bin freundlich und rücksichtsvoll, fröhlich und vergnügt.»

«Das habe ich auch an Ihnen festgestellt.»

«Aber warum muß ich dann nach irgendeinem Zeug graben, das mir weh tut und das mich unfreundlich und zickig macht?»

«Vielleicht müssen Sie das nicht, ehe Sie selbst nicht das Gefühl haben, es tun zu müssen.»

«Warum sollte ich das tun müssen?»

«Ich weiß es nicht. Diese Frage muß jede für sich selbst beantworten. Bei jeder sind die Antworten, sind die Gründe andere. Ich kann diese Frage nicht für Sie beantworten. Aber ich kann Ihnen erzählen, welche Erfahrungen ich selbst und andere Frauen gemacht haben, als sie älter wurden.»

«Und welche sind das?»

«Es kommt der Tag, da wird einem klar, daß man nicht ganz sein eigenes Leben lebt. Da ist plötzlich ein Moment des Erstaunens, ‹Warum tue ich das?› Mit dieser Erkenntnis kommt eine große Abscheu, Wut oder Trauer. Wenn ich diese Erkenntnis mit meinen

Gefühlen zusammenbringe, entsteht daraus eine große Motivation.»

Wir alle haben viel unterdrückt, und es ist in Ordnung, wenn manches davon unterdrückt bleibt. Aber den Dingen, die uns anrufen, müssen wir unsere Aufmerksamkeit schenken. Wir werden nicht nur durch unsere Fehler und unsere Gefühlsausbrüche darauf aufmerksam, sondern auch durch das, was wir auf andere Menschen projizieren. Wenn wir besonders stark auf Verhaltensweisen reagieren, die so typisch für die anderen zu sein scheinen und so untypisch für uns, dann projizieren wir vielleicht etwas. Dies ist ein deutlicher Hinweis darauf, daß etwas in uns unterdrückt wurde. Wir werden angerufen, wenn wir nicht imstande sind, uns von A nach B zu begeben – «Ich schaffe es nicht..., obwohl ich es will oder meine, ich sollte es tun.» Und wir werden angerufen, wenn uns klar wird, daß wir nicht wahrhaftig waren.

Gert erlebte dieses Gefühl, nicht wahrhaftig gewesen zu sein. Sie befand sich in einer sehr zerstörerischen Beziehung, und als wir darüber sprachen, sagte sie: «Ich habe einfach gedacht, es sei besser, es gemeinsam schlecht zu haben, als auszuprobieren, wie es mir allein gehen würde. Jetzt weiß ich, daß ich so nicht weiterleben kann, und ich muß die Kraft finden, mein Leben wieder zurückzuerobern. Es bleiben mir nicht mehr viele Jahre, und ich möchte nicht, daß der Rest meines Lebens so verläuft.»

Der Eindruck, nicht wahrhaftig zu sein, ist sehr wichtig und bedeutet, daß wir uns erst einmal klarmachen müssen, was denn wahrhaftig ist. Obwohl dies ein harter und manchmal schmerzhafter Prozeß der Selbstfindung ist, ist es doch ermutigend zu wissen, daß der Schmerz, der entsteht, wenn etwas frei wird, was lange unterdrückt war, nur vorübergehend ist, während die Unzufriedenheit darüber, wenn man es weiterhin unterdrückt, lebenslang ist. Jenseits des Schmerzes wartet ein wunderbares Gefühl der Erleichterung und der Freiheit.

Es gibt noch weitere gute Gründe, sich der Aufgabe zu widmen, Unterdrücktes ans Tageslicht zu holen. Wir können dadurch den Gefühlsausbrüchen und den depressiven Stimmungen, die uns scheinbar aus dem Nichts heraus überfallen, und dem Ärgernis, daß andere Menschen bestimmte Knöpfe bei uns drücken können, ein Ende machen.

Das «Drücken von Knöpfen» scheint etwas zu sein, was Familienmitglieder besonders gut beherrschen. Haben Sie sich schon einmal dabei ertappt, daß Sie sagten: «Warum tust du das, wenn du doch weißt, daß es mich aufregt?» oder: «Ich habe dir das schon hundertmal gesagt…»?

Wenn ja, dann wissen Sie, wie es sich anfühlt, wenn jemand einen Knopf bei Ihnen drückt. Das ist immer ein mächtiges und sehr schlechtes Gefühl. Sie werden sich in wütender, trauriger oder selbstgerechter Stimmung wiederfinden, Sie werden sich als Opfer fühlen. Und Sie werden viel Energie darauf verwenden müssen, zu reagieren oder zu versuchen, nicht zu reagieren.

Die Antwort Ihres Gefühls ist intensiver und stärker, als es die Situation erfordert. Bei mir war der Knopf Wimmern. Wimmernde Kinder, wimmernde Erwachsene, ganz gleich wer – sie alle machten mich wütend. Schon beim ersten Laut verwandelte ich mich von einer verständnisvollen, liebevollen und fürsorglichen Person in jemanden, der auf der Stelle jeden strangulieren wollte, der wimmerte.

Ich war bereit, mit Kanonen auf Spatzen zu schießen. Im Laufe der Jahre wurde es unmöglich, sich der Einsicht zu verschließen, daß das einzig Konstante in diesen Situationen meine Reaktion war. Ich begann zu begreifen, daß das Problem nicht bei demjenigen lag, der da wimmerte. Ich mußte in diesen Situationen die Verantwortung übernehmen, und um das zu tun, mußte ich mehr über meine Persönlichkeit lernen. Meine Heilung mußte von innen kommen.

Ich entdeckte, daß das Wimmern in mir furchtbare Gefühle der Unzulänglichkeit hervorrief. Aber es war ein schwieriger Weg von der Wut auf wimmernde Menschen zu meinen Gefühlen der Inkompetenz. Wir kennen alle das unangenehme oder unerwünschte Gefühl, das mit manchen Begebenheiten einhergeht. In meinem Fall war das alte Gefühl der Unzulänglichkeit eine Antwort auf die Tage in der Schule, als ich auf der Schulbühne stotterte, beim Tanzen stolperte oder es nicht hinbekam, meinen Eltern Schulfreunde vorzustellen.

Derart unschöne Gefühle werden zum Schutz verdrängt. Sie werden unterdrückt und ins Unbewußte verwiesen, und wenn sie wieder auftauchen, dann verkleiden sie sich als ein anderes Gefühl. Wie die Schlange sind diese Gefühle verborgen, aber doch immer noch aktiv. Irgendwann wird etwas geschehen, was den Stein bewegt oder die Verteidigungslinie ins Wanken bringt. Ich glaubte, daß Menschen, die wimmerten, sich unzulänglich vorkamen. Eigentlich war aber ich diejenige, die sich unzulänglich fühlte und eigentlich wimmern wollte. Aus den verschiedensten Gründen hatte ich diese Gefühle unterdrückt, aber nun rüttelte das Wimmern der anderen an meinem Stein. Ich lief Gefahr, mich mit ihrer Unzulänglichkeit identifizieren zu müssen und meine alten Gefühle wieder auf den Plan zu rufen. Um das zu verhindern, verwandelte ich das Gefühl sofort in Wut, und der Stein ruhte wieder fest in seinem Flußbett.

All das tat ich natürlich unbewußt, denn wir sind alle nette Leute, die niemals bewußt ein Gefühl in ein anderes verwandeln würden. Ein solches Vorgehen widerspräche unserem Bedürfnis, ein positives Bild von uns zu erhalten.

Das Unbewußte aber hat andere Bedürfnisse, und es schert sich wenig um den Wunsch des Ego, «gut dazustehen». Das Unbewußte akzeptiert das ursprüngliche Gefühl. Wenn etwas an dem Stein rüttelt, dann meint das Unbewußte, etwas zu verlieren, und schickt Wut. Diese Wut dient einerseits dazu, das Gefühl im Unbewußten zu halten, andererseits hält es jeden auf Abstand, der zu nahe kommen will. Und noch etwas wird mit diesem Gefühl passieren. Das Unbewußte möchte es gern anwenden, und deshalb wird es uns immer wieder damit konfrontieren. Das sind dann die Fehler, von denen ich oben bereits sprach, die Versprecher, die Ausbrüche, die unangemessenen Reaktionen.

Obwohl das Unbewußte imstande ist, einen derart kreativen Plan zu entwickeln und durchzuführen, handelt es sich dabei um einen ermüdenden Vorgang, der auch nur eine zeitweilige Lösung bringt. Das Problem wird so lange weiterbestehen, bis es gelöst ist, und eine Lösung ist nur möglich, wenn wir uns klarmachen, was diese Knöpfe funktionsfähig erhält.

Wenn heute Leute in meiner Gegenwart wimmern, dann bemerke ich es oft gar nicht oder ich sehe sie als Menschen, die verletzt sind. Ich verschwende keine Energie mehr darauf, sie zu verurteilen. Bin ich einmal irritiert über ihr Verhalten, dann weiß ich, daß ich mich auf mein Inneres konzentrieren muß, um herauszufinden, was ich für mich selbst tun muß.

Wir haben im Alter die Chance, diese Teile in uns selbst aufzusuchen. Die Möglichkeit bietet sich uns meist völlig überraschend – so überraschend, wie die Schlange im Märchen auftritt. Vielleicht bemerken wir es zunächst nicht, aber das macht nichts! Die Schlange wird uns folgen. Vielleicht merken wir immer noch nichts. Die Schlange kommt näher. Am Ende, wenn wir weiterhin unaufmerksam sind, ergreift die Schlange die Initiative und erscheint uns im Traum, um uns eine sehr wichtige Geschichte aus unserem eigenen Leben zu erzählen. Diese Aufgabe ist uns von unserem Unbewußten aufgetragen worden. «Es ist an der Zeit, daß du auf diesen Teil deiner selbst aufmerksam wirst», wird uns gesagt. «Lege es nicht wieder unter einen Stein, denn es ist wichtig, daß du jetzt diese Aufgabe angehst. Es ist ein Teil deiner Vorbereitung auf das Alter.»

Wenn wir das mittlere Alter erreichen, haben wir viele der Dinge des äußeren Lebens durchlebt und viele Ziele der ersten Lebenshälfte erreicht. Wir haben Beziehungen aufgebaut, eine Familie gegründet und eine Karriere begonnen. Jetzt ist es an der Zeit, daß wir uns auf die Aufgaben der zweiten Lebenshälfte konzentrieren, auf die Integration und die innere Ganzheit. Die alten Märchen rankten sich um die Lebensumstände, mit denen die Menschen konfrontiert waren. Wenn sie ihre eigenen «Probleme» in der Erzählung wiederfanden, dann wußten sie, daß sie nicht allein waren. Es ist ein furchtbares Gefühl, mit einem Problem allein zu sein, niemand möchte derart isoliert sein. In unserer zerrissenen und schnellebigen heutigen Welt müssen wir uns mehr denn je bewußtmachen, daß wir ein Teil des Lebensflusses sind. Diese Geschichten machen es uns möglich, die Verbindung zu spüren.

Märchen sprechen direkt sowohl zu unserem Unbewußten als auch zu unserem bewußten Geist. Wie ein Gedicht, ein Sonnenuntergang oder ein Schneesturm kommuniziert das Märchen auf einer tiefliegenden Ebene und spendet Sinn. Es erschüttert, stört, beruhigt oder bestärkt uns. Wenn eine Geschichte für uns ist und zu uns gesprochen hat, dann werden wir uns an sie erinnern. Sie hat etwas in uns in Bewegung gebracht.

Die alten Märchenerzählerinnen, die diese Geschichten gestalteten, taten dies nach ihrem Wissen über Menschen und Natur. Die Geschichten komprimierten ihre Welt, und sie verstanden sowohl die menschliche Natur als auch den Charakter der natürlichen Welt. Wir haben lange Reisen von unserem ursprünglichen Zuhause weg unternommen und haben auf dem Weg viel gelernt. Die alten Märchen eröffnen uns die Möglichkeit, ein paar der wichtigen Wahrheiten kennenzulernen, die wir vergessen haben. Wir haben das erdgebundene Wissen zu weit hinter uns gelassen.

Denken wir an Elizabeth zurück, die alte Frau, die gerade aufgerichtet am Rand der Gruppe saß. Sie hatte gelernt, was gesellschaftlich akzeptabel war, aber in ihr war einiges unterdrückt, das sie menschlicher und weicher machen würde. Als die alte Frau ihre heilende Geschichte erzählte, war Elizabeth von Depressionen geplagt. Die große Dunkelheit um sie herum, ihre Stimmung, die aufkam und sie ergriff, zeigte, daß etwas nicht stimmte.

In Elizabeth sehen wir eine Frau, die diejenigen Teile ihrer Persönlichkeit aufsuchen muß, die sie unterdrückt hat. Sie war von Stimmungen heimgesucht, hatte sich von den Menschen isoliert und empfand ihr Leben als grau und eintönig. So profitierte sie von dem Märchen von der Schlange, einer Geschichte über den Schatten.

Der Schatten ist derjenige Teil des Unbewußten, in dem wir unterdrückte Ideen, Gefühle und Impulse verwahren. «Schatten» ist ein Begriff, den Psychologen entworfen haben und der schöne Bilder birgt. Stellen Sie sich vor, Sie sind draußen, die Sonne scheint auf Ihr Gesicht. Ihr Schatten ist bei Ihnen, aber Sie müssen sich umwenden, um ihn sehen zu können. Und obwohl er dieselben Umrisse hat wie Sie, ist er doch ganz anders.

Sie verkürzen oder verlängern Ihren Schatten, je nachdem, wie Sie sich ins Licht bewegen, und Licht ist ein sehr hilfreiches Bild für unsere eigene persönliche Einsicht. Je nachdem, wie Sie sich in Verbindung mit Ihrer eigenen Einsicht, Ihrem eigenen Licht, bewegen, verändert sich Ihr Schatten.

Schatten machen ihren eigenen Einfluß geltend. Anders als eine Reflexion, die ein klares Bild wirft, unterscheidet sich der Schatten von dem, was er vertritt, denn er schafft eine Dunkelheit, in der die Dinge zwar nicht zu verfehlen, aber doch deutlich schwerer auszumachen sind. Eine «schemenhafte Figur» nennen wir jemanden, der sich nicht klar verhält.

Was ist im psychologischen Schatten enthalten? Der Schatten umfaßt diejenigen Aspekte unserer Persönlichkeit, die wir leugnen, ablehnen oder loswerden möchten. Aber diese Aspekte tauchen nicht auf, sondern scheinen nur manchmal da zu sein. Es ist vielmehr so, daß sie um so tiefer im Schattenreich versinken und um so mehr Schwierigkeiten verursachen, je mehr wir diese Eigenschaften ablehnen. C. G. Jung sagte, daß jeder Mensch einen Schatten besitzt, und je weniger er im bewußten Leben des Betreffenden verankert sei, desto schwärzer und dichter sei er. Auf jeden Fall würde der Schatten eine unbewußte Mauer schaffen, die unsere besten Vorsätze ins Wanken brächte.

Ihr Schatten ist also auch ohne Zutun des Bewußtseins aktiv. Wie bereits beschrieben, wird er eines Tages in Form eines kleinen Fehlers oder eines großen Ausbruches zutage treten. Er ist eine dynamische Quelle der Energie und sollte nicht mit einer verstaubten Dachkammer verwechselt werden, die nur selten geöffnet wird.

Die junge Frau in unserer Geschichte war überrascht worden. In ihrem Leben war etwas geschehen, das eine extreme Wut in ihr erzeugt hatte, und diese Wut stellte die Erzählerin der Geschichte als Schlange dar. Warum ausgerechnet als Schlange? Wie hilft uns diese Geschichte dabei, den Vorgang im Schatten zu verstehen?

Zunächst einmal ist die Schlange ein Kaltblüter, und der Haß, den sie symbolisiert, kann nur kalt sein, ganz anders etwa als ein glühender, leidenschaftlicher Haß. Der Haß, für den die Schlange steht, ist von Emotion und Gefühl abgetrennt und nur schwer zu erfassen.

Die kriechende Schlange ist eine niedere Tierart, nicht sehr weit entwickelt und ohne größeres Bewußtsein. Auf diese Weise repräsentiert sie Aspekte des Lebens, die ebenfalls dadurch, daß sie unterdrückt wurden, nicht ins Bewußtsein vordringen. Da alles Unterdrückte vom bewußten Leben isoliert ist, muß es unterentwickelt bleiben.

Aber wenn die Schlange auch ein Symbol für Unreife und kaltherzige Gefühle ist, so lernen wir doch aus der Geschichte, daß sie auch positive Eigenschaften hat: Schlangen streifen ihre Haut ganz und gar ab. Wenn man durch den Wald wandert, kann man manchmal auf einem Stein eine ganze Schlangenhaut finden, nur die Schlange fehlt, denn die hat ihren Weg fortgesetzt. Früher glaubten die Menschen, Schlangen seien unsterblich, denn durch das Abstreifen der Haut würden sie immer wieder neue Jugend gewinnen. Somit ist die Schlange auch ein Symbol für Erneuerung und Wiedergeburt.

Auch Menschen streifen ihre Haut ab, jedoch nicht auf physische Weise, indem sie eine jugendliche Erscheinung wiedergewinnen, sondern auf psychische und psychologische Weise. Wenn wir das Gewicht unseres Schattenreiches abwerfen, werden wir verwandelt und sind nicht länger von der Last des Unterdrückten gebeugt. Unser Körper altert vielleicht, aber unsere Seele, unsere Psyche wird aktiv und voller Energie sein. Jedesmal, wenn wir eine Haut abstreifen, die dazu da war, Teile unseres Selbst zu unterdrücken, erleben wir eine Verwandlung. Genau das drückte meine Großmutter aus, wenn sie sagte: «Mein Herz ist schwer», oder: «Heute fühle ich mich erleichtert.»

Die Schlange ist von alters her ein vorrangiges Symbol. Die Ouroboros, die Schlange, die sich in den Schwanz beißt, zum Beispiel, symbolisiert den ungebrochenen Kreis. Die Ouroboros sieht man auch als halb dunkle, halb helle Gestalt, und so erinnert sie an das chinesische Symbol Yin und Yang. Hier zeigt uns die Schlange, daß es in der Natur des Lebens liegt, zwischen hell und dunkel ausgleichen zu müssen. Und noch wichtiger ist, daß sie uns zeigt, daß das Dunkle natürlich ist. Wenn wir uns erlauben, das zu sein, was wir sind, also sowohl dunkel als auch hell, dann haben wir die Möglichkeit, die Energie, die in uns wohnt, zu befreien. Nur dann können wir die Energie freisetzen und zu unserer Heilung benutzen, die wir bisher genutzt haben, um die Schattenwelt aus unserem Bewußtsein fernzuhalten. Die Schlange, die in ihren Schwanz beißt, ist das Symbol für die Ausgeglichenheit und den Zyklus des Lebens.

Stellen Sie sich vor, was passiert, wenn wir nicht mit unserem Schatten klarkommen oder nicht herausgefunden haben, wie wir unsere Haut abstreifen können. Stellen Sie sich vor, was für ein Leben es wäre, wenn wir das nicht könnten.

«Dieses Kind hat schreckliche Launen», pflegte Tante Essie, die Freundin meiner Großmutter, über mich zu sagen.

«Sie arbeitet daran», antwortete meine Großmutter dann in aller Ruhe.

Meine Launen machten Tante Essie wirklich wütend, aber anstatt zu sagen, daß sie wütend war, schaute sie böse, stöhnte oder verzog ihre Lippen zu einem dünnen Strich. Ihre Antwort auf Großmutters Versicherung, daß ich dabei war zu lernen, wie ich meine Launen im Zaum halten konnte, war dann etwas wie: «Ich hoffe. Man kommt nicht weiter im Leben, wenn man so wütend ist.»

Später fragte ich dann: «Warum ist Tante Essie immer so wütend auf mich?», denn mir als Kind war klar, daß Tante Essie nichts anderes war als wütend. Und Großmutter lächelte dann und sagte: «Das ist, weil sie denkt, sie sei nicht wütend. Wut gehört zu den Dingen, die sie nicht leiden kann.»

Diese Konversation machte damals keinen Sinn für mich, aber sie begleitete mich, und mit der Zeit begann ich sie zu verstehen. Sicherlich wußte Großmutter nichts von den Jungschen Begriffen wie «Schatten» und «Unterdrückung», aber sie verstand den Vorgang. Weil Tante Essie ihre eigene Wut so sehr verabscheute, mußte sie sie unterdrücken. Sie konnte und wollte Wut nicht als einen Teil ihrer selbst sehen. Weil das aber ein Aspekt dessen war, was sie war, konnte es nicht abgelegt werden. Ihre Wut war jedem offensichtlich, die einzige, die Tante Essie nicht als leicht verärgert und wütend ansah, war Tante Essie selbst.

Wenn sie meine Wut mitbekam, schlüpfte ihre eigene Wut unter dem Stein hervor, aber da sie ihrer eigenen Laune nicht ins Gesicht sehen wollte, verurteilte sie meine in einem Anfall von Ärger, der ihr sehr unangenehm gewesen sein muß, den sie aber für den berechtigten Ärger über den Fehler eines anderen Menschen hielt.

In Therapiesitzungen frage ich meine Klientin oft: «Warum glauben Sie, daß Sie das wütend machte?» Gewöhnlich schaut mich die Klientin an, als hätte ich ihr nicht zugehört, und erzählt dann die Geschichte noch einmal, wie die andere Person sich verhalten hat, oft mit weiteren Beispielen der Dreistigkeit des anderen geschmückt.

Ich höre zu und wiederhole dann oft meine Frage: «Ja, ich verstehe das alles. Die Person war sehr gemein. Aber ich frage mich, warum sie Ihnen nicht leid tut, wenn sie doch so beschränkt ist. Warum langweilt es Sie nicht, wo Sie dieses Verhalten doch nun schon so oft erlebt haben? Warum waren Sie nicht erschrocken? Und warum haben Sie so wütend reagiert?»

«So etwas macht mich immer wütend», antwortet die Klientin dann oft.

Dann sage ich: «Ja, das sehe ich, ich denke, es wäre dennoch hilfreich zu wissen, warum. Man kann auf unterschiedliche Weise reagieren, aber das hier berührt Sie auf ungewöhnliche Weise.»

Die Absolutheit von «immer wütend» weist darauf hin, daß die Wut ein Stein ist, der ein unterdrücktes Gefühl oder eine Begebenheit bedeckt. Intensive Gefühle und verabsolutierendes Verhalten sind Hinweise darauf, daß Gefühle aus dem Schatten dabei sind, zutage zu treten, und nun fest verschlossen gehalten werden müssen.

Es ist wichtig, daß wir nicht den Eindruck haben, Wut sei falsch. Die Wut ist ein Geschenk, denn sie zeigt uns, daß es da etwas zu ergründen gibt. Zwar mögen wir das Gefühl vielleicht nicht, aber es doch wichtig, es als Hilfe anzusehen, ebenso wie wir wissen, daß ein Fieber, wenngleich unangenehm, unsere Aufmerksamkeit auf etwas in unserem Körper lenkt.

Ich hatte eine 55jährige Klientin, die von ihrem Mann verlassen worden war. Als sie zu mir kam und davon sprach, daß sie ängstlich und verwirrt sei, spürte ich viel Wut bei ihr. Im Laufe der Zeit begannen wir herauszufinden, warum sie mit Wut reagierte, und zwar mit einer so tiefen Wut, daß sie unter den Schichten von Angst, Verwirrung und Erschöpfung kaum auszumachen war.

Schon bald erkannte sie die Wut. Zunächst war es ein diffuses, unreifes Gefühl, so wie das eines kleinen Kindes, das mit seiner ganzen Person wütend wird. Die Wut war so primitiv wie die Schlange, wand sich nach hierhin und dorthin und schoß bissig auf alles zu, was sich näherte. Sie war nicht nur auf ihren Ehemann wütend, sondern auch auf den Wäschetrockner, der zu langsam war, die Fahrer auf der Autobahn, die zu schnell fuhren, und die Menschen, die vor ihr im Theater saßen und zu groß waren. Sie war auf beinahe alles wütend, was ihr begegnete.

Natürlich genügte es nicht festzustellen, daß sie wütend war. Wir mußten daran arbeiten, daß sie dieses Gefühl, das oft so stark war, daß sie es kaum ertragen konnte, in Erleichterung umwandeln konnte. Nach und nach gelang es uns, Grenzen zu setzen und ihr zu helfen, sich auf das zu konzentrieren, worauf ihre Wut in Wirklichkeit gerichtet war. Sie lernte, daß es nicht hilfreich oder sinnvoll war, auf alles wütend zu sein, nur weil alles sie schmerzte.

Als sie jedoch Wege fand, ihre Reaktion zu zähmen und aus dem unerträglichen Gefühl Erleichterung zu gewinnen, stellte sie etwas fest, was die meisten Menschen in ihrer Situation überrascht. Es handelt sich dabei um eine Möglichkeit, die ihnen vorher nicht in den Sinn kam, die aber die Chance einer wirklichen Erleichterung und Beherrschung birgt. Sie lernte, daß sie eine Beziehung zu ihrer eigenen unterdrückten Wut aufbauen konnte.

Wir können mit unterdrückten Gefühlen genauso in eine Beziehung treten, wie wir es bei den Gefühlen des Verlustes gelernt haben. Wir müssen uns auf das Gefühl konzentrieren, denn es zu ignorieren wäre, als würden wir einen Menschen ignorieren, dem wir gegenüberstehen. Ist das Gefühl, auf das wir uns konzentrieren müssen, Wut, dann werden wir merken, ob die Wut kaltblütig ist und wie die Schlange schnell hervorschießen will oder ob sie glühend ist und wie ein Vulkan lavaspeiend explodieren will. Wogegen richtet sich diese Wut? Wie lange ist sie schon da? Was will diese Wut?

Wir müssen nicht nur unsere unterdrückten Gefühle kennenlernen, sondern auch lernen zu akzeptieren, daß Emotionen – auch solche, die wir nicht mögen – wertvoll sind. Wir gehören genauso ins Dunkel wie ins Licht, und die Welt braucht den Löwen ebenso wie das Lamm. Außerdem sollten wir alle Emotionen mit Mitgefühl betrachten. Eine andere Klientin sagt oft: «Also, so etwas sollte mich eigentlich nicht wütend machen.» Ich höre auch oft: «Meine Eltern haben nur das Beste gewollt», was heißen soll, daß es unschön ist, wenn ein Erwachsener gegenüber seinen Eltern Wut oder Kränkung empfindet. Oder: «Das ist schon Jahre her. Was immer ich damals empfand, es ist jetzt vorbei, und wenn nicht, dann sollte es jedenfalls so sein.»

Dies sind nur einige wenige Beispiele dafür, wie wir gelernt haben, kein Mitgefühl zu zeigen. «Ja», antworte ich vielleicht, «Ihre Eltern wollten nur das Beste. Und das kleine Kind war gekränkt. Beides ist richtig. Sie müssen deshalb nicht Ihre Eltern anrufen und sie anschreien. Aber Sie müssen die Gefühle beruhigen, die noch in Ihnen sind.»

Einen Löwen mögen wir zwar nicht streicheln, aber wir müssen dennoch akzeptieren, daß der Löwe von Natur aus wie ein Löwe ist. Das erlaubt es uns, abseits von unseren Städten einen Raum für den Löwen zu reservieren, in dem er so sein kann, wie er sein will. Zwar wollen wir eine Wut nicht schüren, aber wir müssen dennoch akzeptieren, daß die Wut aus irgendeinem Grunde da ist, und müssen lernen, wieviel Raum diese Wut benötigen könnte.

Meine Klientin durchlebte sowohl ihre Wut als auch die anderen Gefühle, die zutage traten. Als sie Beziehungen zu diesen Gefühlen aufbaute, gewann sie an Energie, ihre Hilflosigkeit wich nach und nach der Gewißheit, daß sie imstande sein würde, ihr Leben auf sich gestellt zu führen. Sie entdeckte, daß sie mit dem Trockner fertig werden konnte, indem sie ihn über Nacht laufen ließ, wenn es einmal sein mußte. Sie fand heraus, daß sie im Theater ihren Platz wechseln konnte, wenn sie nicht gut sehen konnte.

Obwohl sie wütend war, weil sie das Gefühl hatte, nicht die Macht zu haben, ihren Ehemann zu halten, stellte sie doch fest, daß sie auf anderen Gebieten ihres Lebens keineswegs machtlos war. Sie lernte, die Dinge auseinanderzuhalten, und sie wurde stärker.

So seltsam es erscheinen mag, entdecken wir doch große Energie und heilende Kraft, wenn die Elemente des Schattens ins Licht des Bewußtseins gehoben werden. Als Gandhi all seine unterdrückte Wut über die Ungerechtigkeit des kolonialen Systems zutage treten ließ, erfüllte ihn das mit der Energie, die er brauchte, um ein großer Mann seines Landes zu werden.

Als meine Klientin eine Beziehung zu ihrer Wut aufbaute, entdeckte sie, daß es für sie eine lange Geschichte der Wut zu erforschen gab, bis zurück zu der Zeit, wo ihre Mutter sie dazu ermutigt hatte, diesen Mann zu heiraten. Unsicher und unfähig, ihrer eigenen Intuition zu vertrauen, hatte sie zugestimmt und seither Wut gegenüber ihrer Mutter gehegt.

Nachdem ihr dieser Aspekt ihrer Wut bewußt geworden war, spürte sie eine große Energie zu sortieren, was das alles bedeutete. Wenn wir diese Aspekte nicht ins Bewußtsein heben, sind wir nur halbe Menschen und laufen immer Gefahr, uns anderen gegenüber verletzend zu verhalten, einen unerklärlichen Gefühlsausbruch zu erleiden oder uns zu schämen. Aber wenn wir unseren Schatten in Besitz nehmen, steigert sich unsere Lebensqualität.

Das Märchen von der Schlange, das scheinbar von drei Frauen handelt – einer jungen, einer mittelalten und einer älteren Frau –, zeigt in Wirklichkeit die unterschiedlichen Reaktionen auf die Schattenwelt in einer Frau, die allerdings ein Symbol für alle Frauen ist, in drei Phasen ihres Lebens. Und es zeigt uns, daß wir alle drei Phasen in uns bewahren, auch wenn die Zeit vergeht. Wir sind, wer wir sind und wer wir immer waren.

Die junge Frau in der Geschichte versteht nicht, was geschieht, als sie versehentlich den Stein berührt und so die Schlange freisetzt. Sie geht weiter auf ihr Ziel zu und bemerkt nicht, daß etwas

Wichtiges geschehen ist. In unserem Leben sind Gefühle und Stimmungen oft nicht an das gebunden, was wir eigentlich wollen – sie tauchen einfach auf!

Dieser jüngere Teil unserer selbst, zu sehr damit beschäftigt, irgendwohin zu kommen, versteht nicht, daß diese Stimmungen zeigen, daß etwas in unserem Schatten um Aufmerksamkeit bittet. Die Frau mittleren Alters bemerkt sowohl den umgedrehten Stein als auch die Schlange. Sie ist das bewußte Ego, der Teil in uns, der reif genug ist, zu sagen: «Was immer hier vor sich geht, es hat eine besondere Bedeutung und eine Verbindung nach innen. Ich habe lange genug gelebt, um zu wissen, daß ich geduldig und auf das konzentriert sein muß, was da aufgetaucht ist, egal, wie lange es dauern wird, bis der Sinn erkennbar wird.»

Im mittleren Alter haben wir die Jahre hinter uns, in denen Kinder geboren und großgezogen werden, in denen wir uns eine Lebensgrundlage schaffen mußten und wo wir andere Menschen ernähren und füttern mußten. Wir haben einen Punkt im Leben erreicht, an dem es Zeit ist zu erforschen, wer wir in der größeren Wirklichkeit, die manche die spirituelle Welt nennen, sein werden. Es ist Zeit, nach einem Sinn hinter unseren äußeren Zielen zu suchen und in eine Verbindung zu dieser anderen Welt zu treten, die direkt hinter unserem Horizont liegt. Die Beziehung der Frau mittleren Alters zu der Schlange ist eine Metapher für die Fähigkeit, die jede von uns besitzt, diese Aufgabe des Suchens und des Verbindens anzugehen.

Und dann ist da die ältere Frau in der Geschichte, die Wirtin des Gästehauses, die für unsere weisen und spirituellen Aspekte steht. Sie vermag das Haus mit der größtmöglichen Einsicht zu versehen. Sie ist derjenige Teil von uns, der immer genau zur richtigen Zeit Mut oder Sicherheit, Treue oder Vertrauen, Essen oder Licht bereithält.

Während die junge Frau die Schlange nicht bemerkt, interessiert sich die alte Frau nicht für ihre Bedeutung: Sie weiß, daß diese Aufgabe von anderen Teilen des Selbst geleistet werden muß. Die alte Frau tut, was sie tun kann: Sie versorgt uns mit allem, was wir brauchen könnten, um dieser Arbeit ungestört nachzugehen. Das zeigt sich physisch darin, daß wir uns daran erinnern, zu essen, zu schlafen. Und es zeigt sich emotional, denn wir fühlen uns ermutigt und geschützt.

Von größter Bedeutung aber für Frauen unseres Alters ist in diesem Märchen, wie die alte Frau mit dem Erscheinen der Schlange umgeht. Sie schaut nicht weg, und sie erklärt die Schlange nicht fort. Vergleichen Sie das einmal damit, wie wir uns in unserem modernen Leben unliebsamen Erscheinungen gegenüber verhalten. Wir versuchen das, was stört, einfach zu ignorieren, oder wir hoffen, daß es dadurch verschwinden möge, daß wir die wahren Beweggründe unseres Verhaltens verleugnen. «So habe ich das nicht gemeint», oder: «Ich? Wütend? Natürlich nicht!» – dies sind nur einige Manöver, durch die uns unser Unterbewußtsein zu verwirren oder andere von der wirklichen Beschaffenheit unserer Schattenwelt abzulenken versucht.

Im Märchen läuft die Frau mittleren Alters nicht fort, auch versucht sie nicht, die Schlange zu töten. Sie nimmt nicht etwa einen Stein und zerschlägt sie damit, wie viele von uns es tun, wenn sie mit einem schlechten Gefühl konfrontiert werden. Oft versuchen wir, schlechte Gefühle zu zerstören, um sie dann mit einem fröhlichen Gesicht zu kaschieren: «Ja, das stimmt, ich war ein klein wenig deprimiert oder ärgerlich, aber ich hatte dann viel zu tun oder ging einkaufen oder ...» In solch einem Moment lassen wir alle die vielen Dinge unberücksichtigt, die wir gelernt haben, bloß um uns selbst davon zu überzeugen, daß das Gefühl, das da ins Bewußtsein emporkommen möchte, völlig unbedeutend ist.

Die Frau mittleren Alters läuft nicht vor der Schlange davon. Statt dessen konzentriert sie sich unablässig auf ihre Gegenwart in dem Wissen, daß nur die Schlange selbst ihr etwas über ihren Sinn sagen kann. Und sie weiß, daß sie den Sinn nur durch geduldige Beobachtung und unverwandtes Zuhören erfahren wird. Material aus dem Schatten taucht unabhängig von unserem eigenen Willen oder unserem Ego auf. In Zeiten, in denen alle gern zielgerichtet und ergebnisorientiert sind und Probleme schnell lösen wollen, um dann zum nächsten Teil überzugehen, kann es schwierig sein, etwas in unserem Schatten zu erforschen.

Eine Freundin von mir, Connie, hatte gerade ihr letztes Kind auf die Universität geschickt, als sie feststellte, daß ein Gefühl der Unruhe in ihrem Leben immer größer wurde. Als eine kompetente Psychologin, die immer noch einen gesunden Kontakt zu ihren Kindern hatte, verstand sie das nicht und fühlte sich schlecht. Irgend etwas fehlte.

«Ich bin auch ein wenig depressiv», sagte sie mir. «Aber hauptsächlich habe ich das Gefühl, rastlos und gelangweilt zu sein. Meine Arbeit befriedigt mich nicht mehr so sehr wie früher.» Die Qualität ihrer Arbeit schien jedoch überhaupt nicht zu leiden. Sie leistete das gleiche Pensum wie bisher, erhielt die üblichen Belobigungen von anderen und fühlte sich dennoch immer unzufriedener. «Ich weiß, daß ich irgend etwas ändern muß», sagte sie, «aber ich habe keine Ahnung, was ich sonst tun soll.»

Connie blieb wachsam und arbeitete sich von zu Hause aus an das Problem heran. Sie nahm sich zusätzliche Freizeit und achtete darauf, daß sie sich richtig ernährte, denn sie hatte die Angewohnheit, in schwierigen Zeiten entweder zu viel oder zu schlecht zu essen. Kurz gesagt, sie mobilisierte die weise Frau in ihrem Innern und ließ diese sich während der Zeit des Beobachtens, des Wartens und des Zuhörens um die Frau mittleren Alters kümmern.

Nach fast einem Jahr erreichte sie aus einer völlig unerwarteten Richtung ein Telefonanruf, der eine neue Perspektive bot. Als Connie das Angebot hörte, öffnete sich etwas tief in ihr. Sie war eingeladen, an einem Projekt von internationalem Rang teilzunehmen, und ihre alte Reiselust tauchte wieder aus einer Ecke auf, in der sie sie Jahre zuvor gemeinsam mit anderen unreifen und unverantwortlichen Aspekten ihres Selbst vergraben hatte. Das war der nächste Schritt, der zu tun war, und Connie wäre von selbst nie darauf gekommen. Ihre Reiselust war einfach zu tief vergraben gewesen. Sie nahm sich ein wenig Zeit, bevor sie auf das Angebot einging, um all das zu sortieren und herauszufinden, warum das, was eine so einfache Lösung zu sein schien, ihr so lange nicht in den Sinn gekommen war.

Obwohl es im Rückblick so aussieht, als hätte Connie nur in aller Ruhe darauf warten müssen, bis eine neue Einsicht und eine neue Richtung vor ihr auftauchten, erlebte sie doch die Wartezeit nicht in Ruhe. Es gab Zeiten der Ungeduld, der Wut und der Ablehnung, in denen sie in meinem Wohnzimmer auf und ab wanderte und auf das Schicksal schimpfte, das sie ein so gutes Leben leben ließ, nur um sie dann mit einemmal, wie es ihr schien, in völlige Verwirrung fallen zu lassen.

Connie war oft hin- und hergerissen, welche Richtung sie einschlagen sollte. Und bevor der Telefonanruf kam, gab es schon viele andere Angebote aus anderen Richtungen. Glücklicherweise vertraute sie ihrem Instinkt genug, um zu wissen, daß keines von ihnen das richtige war. Im Kopf war ihr klar, daß der Prozeß seine Zeit benötigen würde und sie dahin führen würde, wo sie hinmußte. Dieses intellektuelle Wissen machte es ihr aber nicht leichter, wenn sie gerade frustriert war.

Den Sinn oder die Bedeutung von etwas, das plötzlich aus unserem Schatten auftaucht, können wir nur dann begreifen, wenn wir zu dem, was da aufgetaucht ist, eine Beziehung aufbauen. Dazu müssen wir uns selbst in eine Position bringen, die es uns erlaubt, die Dinge genau zu beobachten. Sie haben keine Kontrolle über die Sache und können sie nicht vorwärtsbringen, aber wenn Sie aufmerksam und geduldig sind, werden Sie sie vielleicht verstehen.

Denken Sie daran, daß die Frau in der Geschichte mit der Schlange bis tief in die Nacht nur beobachtete, ohne irgendwelche Informationen zu erlangen. Als schließlich kein Licht mehr da war, schlief sie ein. Sie durchschritt eine dunkle Nacht der Träume, und das ist der Moment, in dem die Informationen kommen. Das ist für diejenigen unter uns, die zielgerichtet sind, sehr frustrierend, und besonders entmutigend ist es, wenn Sie sich klarmachen, daß die Nacht, die in der Geschichte beschrieben ist, wie so oft in Märchen sehr lang sein kann.

In meinem eigenen Leben habe ich diese lange Dunkelheit als eine Zeit erlebt, in der ich zu begreifen begann, daß viele Dinge sich außerhalb meiner Kontrolle befinden und daß ich darauf warten muß, daß mir eine Einsicht oder eine Fähigkeit geschenkt wird. Das war eine harte Lektion, die ich viele Male lernen mußte und die sich mir in der Zukunft wahrscheinlich wieder stellen wird.

Was die Geschichte uns zeigt, indem sie Einsicht durch Schlaf symbolisiert, ist, daß die letztliche Einsicht, die absolute Autorität, die ureigenste Quelle dessen, was auf wahrhaftige Weise sinnvoll ist, aus dem Dialog kommt, den wir zwischen dem Unbewußten und unserem Ego entstehen lassen. Das ist ein Dialog, der dem der Traumwelt gleicht, wo der Schleier zwischen dem Bewußtsein und dem Unterbewußtsein dünn und durchsichtig ist und wo es daher möglich ist, daß Botschaften aus unserem Unterbewußtsein durch die Symbole unserer Träume übermittelt werden.

Der Traum der jungen Frau in der Geschichte sagt, daß der Haß, den sie einmal empfand, sie mit der Schlange vergleichbar machte, die unter einem Stein gefangen war. Dadurch, daß der Haß unterdrückt war, mußte sie sich mit einem Gewicht, schwer wie ein Stein, im Leben herumplagen. Aber wer seine Wut erkennt und freigibt, der ist nicht länger wie die Schlange, die die Menschen um sich herum und sogar sich selbst erschreckt und bedroht. Wenn man seine Wut freigibt, dann wird diese Wut menschlich und ist nicht länger kalt und gefährlich.

Das Märchen sagt uns, daß wir ein vollständigeres Bild davon haben werden, wer wir sind, wenn wir eine Beziehung zu unserem unterdrückten Schattenmaterial aufbauen. Es zeigt, daß dies eine wichtige Aufgabe für uns – die wir uns auf das Alter vorbereiten – ist, wenn wir ein zufriedenes Alter erleben wollen.

Wer diese Aufgabe ignoriert, der ist allen Ausbrüchen des Schattenmaterials ausgesetzt. Als ich kürzlich in der Stadt war, erlebte ich einen solchen Ausbruch. Der Bürgersteig war voller Menschen. Eine alte, recht klapprig wirkende Frau stieß mich an. Als ich mich zu ihr umwandte, sagte sie: «Was ist los, blöde Kuh?» Die meisten von uns verhalten sich Fremden gegenüber zwar nicht so aggressiv, aber wir erleben doch oft, wie alte Frauen andere Familienmitglieder mit Wut und diskriminierenden Worten überschütten.

Wenn die Schlange unter dem Stein oder unser Gefühl aus dem Schatten hervortritt, gibt es viele Möglichkeiten, eine solche Beziehung herzustellen. Wir müssen nicht auf Schlangenjagd gehen, um einen Anfang zu finden, die Schlange wird an einem gewissen Punkt unseres Lebens von selbst zu uns kommen. Wir haben dann die Wahl, wie wir mit dieser Schlange umgehen wollen. Unsere Antwort kann entscheidend sein. Verstehen wir das unterdrückte Material, dann wird uns das menschlicher machen und verhindern, daß wir uns Freunden oder Bekannten gegenüber ausfallend verhalten.

Die Geschichte von der Schlange spricht von Hoffnung und Richtung. Aber so verhält es sich nicht immer mit Schattenbildern. Unser nächstes Märchen erzählt von einer Frau, die ein Schattenbild sah, aber eine ganz andere Beziehung dazu aufbaute.

Sie verschmolz mit ihrem Schattenmaterial, anstatt eine Beziehung zu etwas «anderem» aufzubauen. Sie ist die co-abhängige Ehefrau, die Frau, die eins wird mit ihrer Ausbeutung. Vielleicht kennen wir keine alte Frau, die am Rande eines Eskimodorfes lebt, aber wir alle sind schon alten Frauen begegnet, die mit dem Negativen verschmolzen waren.

WIE EIN WURM
EINEN VOLKSSTAMM ZERSTÖRTE

Es war einmal ein Eskimostamm, der weit oben im Norden lebte. Jedes Frühjahr verließen die Eskimos ihr Dorf, um auf die Jagd zu gehen und um das Fleisch zu erjagen, das sie benötigen würden, um über den nächsten Winter zu kommen. Kaum daß die wärmeren Lüfte wehten und das tiefe Eis zu schmelzen begann, packten sie ihren Proviant und ihre Sommerzelte zusammen, um sich auf den langen Weg zu machen.

In einem Jahr ließen sie jedoch eine alte Großmutter zurück.

Ich weiß nicht, ob sie das absichtlich taten oder ob sie sie einfach vergessen hatten. Aber sie ließen nichts zu essen für sie zurück. So war sie ganz allein und mittellos. Aber sie wollte noch nicht sterben, und so ging die alte Frau jeden Tag an das Ufer hinunter, um aufzusammeln, was immer angespült worden war und was sie für eine Mahlzeit verwenden könnte. Das war nicht das beste Essen, aber es ließ sie nicht verhungern.

Eines Tages fand sie einen kleinen Wurm. Sie meinte, er sei zu klein, um ihn zu essen, und außerdem fühlte sie sich mittlerweile einsam. Der Wurm würde ihr eine gute Gesellschaft sein. Sie nahm ihn mit nach Hause und gab ihm von dem Tag an von aller Nahrung, die sie fand, die Hälfte ab.

Durch diese Aufmerksamkeit und Ernährung wurde der Wurm recht groß. Tatsächlich wurde er größer, als es für einen Wurm eigentlich normal ist. Schon bald war er groß genug, um auf die Jagd zu gehen, und er brachte kleine Vögel und Tiere für ihre Mahlzeiten nach Hause. Die alte Frau sorgte dafür, daß der Wurm von diesen Dingen so viel erhielt, wie er wollte, und dieser wurde immer größer, bis er schließlich so riesig und stark war, daß er die größten Tiere zu Land und zur See jagen konnte. Er war ein Monster geworden.

Inzwischen war der Herbst gekommen, und eines Tages konnte man die Boote des Stammes am Horizont sehen. Die alte

Frau freute sich darüber, der Wurm jedoch nicht. Als die alte Frau merkte, daß der Wurm wütend darüber war, daß die Stammesmitglieder zurückkehrten, versuchte sie, diese zu warnen. Aber die anderen hielten ihr Winken und Rufen für einen Willkommensgruß, so daß sie immer näher kamen, bis das Wurm-Monster sie angreifen konnte. Es kam zu einem schrecklichen Kampf, in dessen Verlauf alle Bewohner des Dorfes getötet wurden.

Als die alte Frau sah, wohin der Kampf führte, erschrak sie furchtbar und lief fort, um dem Zorn des Wurm-Monsters zu entkommen. Als der Kampf vorüber war, kehrte der Wurm in das Dorf zurück, um sein Leben mit der alten Frau wieder aufzunehmen, aber er mußte feststellen, daß sie fort war. Er folgte einfach ihren Spuren, und als er sie erreichte, war er so wütend, daß er sie tötete.

Das war das Ende der Dorfbewohner. Was den Wurm betrifft, so weiß ich nicht, was mit ihm ist, aber vielleicht lebt er immer noch in dem Dorf am Meer.

Bei den Inuit in der Arktis, von denen dieses Märchen stammt, ist das Leben vom Überleben bestimmt. Die Menschen schließen sich zu Gruppen zusammen, die ihre Nahrung miteinander teilen. In diesen Gruppen gibt es eine einfache, aber wichtige Regel: Wenn einer ißt, essen alle. Das Leben im feindlichen arktischen Klima macht ein Maß an gegenseitiger Fürsorge notwendig, das in unserer Gesellschaft unbekannt ist.

So würde jeder, der dieser Geschichte lauscht, sofort feststellen, daß eine ernste Spaltung, eine wirkliche Trennung zwischen der Frau und den anderen in ihrer Gruppe geschehen ist. Die Menschen in dieser Geschichte sind Nomaden, die regelmäßig von Ort zu Ort wandern, je nachdem, welche Nahrungsmöglichkeiten sich ihnen bieten und wie die Jahreszeiten sich verhalten. Die Geschichte beginnt damit, daß die Inuit, um zu jagen, in ihre Sommerlager ziehen, wo das Eis gebrochen ist und sie Wale und Seehunde erbeuten können. Sie hoffen, in diesem Lager genug Nahrung zu finden, nicht nur für den Sommer, sondern auch für

den nächsten Winter im Dorf, wo die alte Frau allein zurück-
blieb.

Die alte Frau, die als die zentrale menschliche Figur das Ego
oder den bewußten Aspekt einer Person symbolisiert, scheint aus
unserer Sicht den Kontakt zu Teilen ihres Selbst zu verlieren.
Dabei handelt es sich um die jungen Teile, diejenigen, die imstande
sind, für ihre Nahrung zu sorgen. Psychologisch gesehen, war sie
in Begriff, den Kontakt zu denjenigen Teilen ihrer Psyche zu verlieren, die sie mit der nötigen Lebensenergie versorgten.

Die Dorfbewohner, die sich auf die Suche nach Nahrung machen, symbolisieren den Instinkt, diese gesammelte unbewußte
Energie, die die Vögel am Ende des Sommers auf ihre weite Reise
schickt und die auch uns unser Überleben suchen läßt.

Die alte Frau fühlt sich ausgegrenzt und merkt, daß die Energie,
sich selbst zu ernähren, sie längst verlassen hat. Sie ist tief in ihrem
Unbewußten verborgen und damit nicht erreichbar. So wird sie
von Gefahren heimgesucht, die vielen von uns vertraut sind. Eine
der drohenden Gefahren in einer solchen Situation ist, daß wir uns
selbst betrügen, indem wir uns unentwegt in Bewegung halten.
Wir tun dies und das, wir rennen hierhin und dorthin und bilden
uns ein, daß wir schon am Leben bleiben, wenn wir nur immer
beschäftigt sind.

Das andere Extrem, nämlich nichts zu tun, ist genauso gefährlich. Wir müssen irgendwo beginnen, und wenn ein Meeresufer
oder Müll oder ein Wurm das einzige ist, was wir haben, dann
müssen wir da beginnen. Die alte Frau begeht einen zweifachen
Fehler, und wir können aus ihren Fehlern lernen.

So lange, bis sie selbst gelernt hat zu jagen, ist es besser, Müll
zu suchen und zu essen, als gar nichts. Sie muß wachsen, sich
ausdehnen, sich entwickeln und reifen. Sie muß lernen, wie sie
eine gesunde Nahrung für sich finden kann und wie sie über ihre
kindliche Abhängigkeit hinauswachsen kann. Statt dessen ignoriert sie diese Möglichkeit völlig und entschließt sich, weiter von
dem abhängig zu sein, was die See anspült – bis der Wurm auftaucht.

Als sie den Wurm findet, begreift die alte Frau, daß sie nicht nur
hungrig ist, sondern sich auch einsam fühlt. Der Wurm, von der
See aufs Land geworfen, wird von ihr angenommen. Er befriedigt
ihr Bedürfnis nach Gesellschaft, und nach einiger Zeit versorgt er

sie auch mit Nahrung. Sie verlagert ihre Abhängigkeit von dem, was die See ihr anspülte, auf das, womit der Wurm sie versorgt. Die beiden werden co-abhängig. Sie versorgt den Wurm und konzentriert sich allein auf ihn, während er sie ernährt.

Diese co-abhängige Beziehung ist so unangenehm und ungesund wie jede vergleichbare menschliche Beziehung. Viele von uns kennen jemanden, der sich in einer solchen Beziehung befindet. Ich kenne zum Beispiel Beth. Sie war mit Paul verheiratet, einem Mann, der leicht «aus der Haut fuhr». «Er arbeitet so hart und ist immer so müde», pflegte sie zu sagen. «Er schlägt niemals die Kinder – so etwas würde er nie tun, aber es ist schon unangenehm, wenn er wütend wird. Da ist dann solch eine Spannung.»

Sie konzentrierte ihr Leben darauf, die Kinder ganz still zu machen. Sie verbrachte Tage damit, strittige Themen oder Verhaltensweisen zu vermeiden, wenn Paul zu Hause war. Und sie entwickelte fast ein zweites Leben mit den Kindern und ihren Freunden, die immer davonrannten, wenn Paul auftauchte. Sie und die Kinder hatten viele Geheimnisse vor Dad. Da sie von ihren Gefühlen abgetrennt war, verhungerte Beth fast in diesem zweiten Leben, das sie und die Kinder aufgebaut hatten, um mit der Spannung fertig zu werden. Eines Tages wurde ihr klar, daß sie ehrlich zu sich selbst sein müßte. Als sie das sein konnte, erkannte sie auch, welche Arbeit sie leisten mußte – eine sehr riskante Arbeit, da Paul vielleicht unfähig oder nicht willens wäre, dabei mitzumachen.

Obwohl Beth sehr viel Angst vor Wut hatte – sowohl vor ihrer eigenen als auch vor der von anderen –, war sie imstande, den ersten Schritt zu tun. Sie erkannte, daß ihre eigene Rücksichtnahme und Abhängigkeit das tyrannische Verhalten in Paul nährte und ermutigte. Sie mußte lernen, ihre Meinung zu sagen, sich selbst und den Kindern zu erlauben, normal zu leben, und sie vor der unsinnigen Wut des Vaters zu schützen. Sie mußte es wagen, die ungesunde Entwicklung anzusprechen, in der Hoffnung, daß die Ehe und die Familie geheilt und ein lebendiger Ort werden könnte.

Es stellte sich heraus, daß ihr Ehemann sich ebenfalls ausgegrenzt fühlte und eine Veränderung wünschte. Die beiden besuchten gemeinsam eine Therapie. Das letzte, was ich von ihnen hörte, ließ vermuten, daß alles einen guten Weg nehmen wird. In

Beths Fall war der Wurm die Co-Abhängigkeit, die sie in ihrem Familiensystem aufgebaut hatte. Als sie erst einmal Dinge erkennen und beim Namen nennen konnte, die die Wahrheit waren, vor allem, was ihre eigene Wut betraf, empfand sie große Erleichterung und ein Gefühl der Stärke. Diese Stärke ist es, die es uns ermöglicht, die notwendigen «Jagdinstinkte» zu entwickeln.

Indem wir unseren Wurm annehmen, geraten wir an etwas, das wir besonders behandeln müssen, wenn wir nicht an der Beziehung ersticken wollen.

In den letzten Jahren habe ich viele Menschen getroffen, die sich besonders auf die schlechte Kindheit, die sie gehabt hatten, konzentrierten. Ursprünglich hatten sie dies entdeckt, indem sie eines der populären Bücher zu diesem Thema gelesen, einen Vortrag oder eine Selbsthilfegruppe besucht hatten. Eine ganz neue Welt öffnete sich für diese Menschen, und sie empfanden vielleicht zum ersten Mal eine große Erleichterung. Diese Erleichterung rührt von dem Gefühl des Wiedererkennens her, das wir empfinden, wenn die Wahrheit gesagt wird. Diese Leute trafen andere, die dieselben schmerzhaften Kindheitserlebnisse durchgemacht hatten, und fühlten sich von dieser Unterstützung getragen. Es gibt sogar einen Namen für die Ursache des Schmerzes: die dysfunktionale Familie.

Viele entwickelten sich von diesem Punkt der Erleichterung und des Wiedererkennens weiter. Aber manche auch nicht. Sie nähren ihre schlechte Kindheit, die dadurch größer und größer wird, bis sie wiederum von ihr ernährt werden. Die «Liebe» und das «Verständnis» untereinander in der neuen Gemeinschaft haben unglücklicherweise einige Leute davon abgehalten zu lernen, daß das Leben nicht länger im Stillstand verharren muß. Anstatt weiter zu erforschen, was sie verinnerlicht und unterdrückt haben, bleiben sie dabei zu klagen, um so der neuen Sympathie und Liebe weiterhin sicher zu sein, die sie erfahren, weil sie einmal Opfer waren. Sie stecken in einer co-abhängigen Beziehung fest, sie nähren ihr Opferdasein und ihr Selbstmitleid. Die Gruppe der neuen Freunde wird ihr Wurm.

Möglicherweise wird der Wurm die inneren Instinkte der lebenspendenden Energie töten, so wie er die zurückkehrenden Dorfbewohner tötete. Wenn wir lange genug bei unserem Wurm bleiben, ihn füttern und ihm Gelegenheit geben zu wachsen, dann wird er sich gegen uns richten und erst unser instinktives Selbst und dann auch uns töten.

In jeder Alteneinrichtung, in der ich je gearbeitet habe, habe ich mindestens eine alte Frau gesehen, die von der Ernährung ihres Unterbewußtseins abgeschnitten war. Diese Frauen werden bitter, anklagend und einseitig. Jeder Versuch, zu ihnen vorzudringen, wird zurückgewiesen. Jeder Hinweis auf ihr Leben oder jedes Zeigen von Interesse löst eine Tirade darüber aus, was alles nicht stimmt. Sie haben das Leben einfach verlassen. Sie sind eins geworden mit dem Wurm.

Janet war eine Frau, die mit ihrem Schattenmaterial verschmolzen war. Sie beklagte sich jedesmal, wenn ich sie besuchte, wie einsam sie sei. «Ich habe nichts zu tun, und niemand kommt mich besuchen», pflegte sie zu sagen und schaute mich dabei mit großen, tränenerfüllten Augen an. «Sie haben mir gesagt, daß Sie gern Bridge spielen würden. Sind Sie in dieser Woche einmal in den Bridge-Raum gegangen? Man hat dort auf Sie gewartet.»

«Meine Tochter hat mich nicht angerufen. Ich könnte hier sterben, und sie würde sich nicht darum kümmern.»

«Haben Sie sie angerufen?»

«Ich hatte erwartet, daß wenigstens einer meiner Enkel kommen würde, aber keiner war da.»

«Ich dachte, Ihr Sohn und seine Frau seien gestern abend hier gewesen?»

Und so ging es immer weiter, je nachdem, wie lange ich dieses Spiel mit ihr zu spielen gewillt war. Sie war völlig mit ihrem unerfreulichen dominanten Schattenmaterial verschmolzen und konnte nicht bewegt werden. Ihre Tochter erzählte mir, daß die Familie diese Tendenz schon immer an ihr festgestellt hätte, vor allem, wenn es Janet einmal nicht gelang, Familienmitglieder unter Kontrolle zu halten, aber daß dieses Phänomen immer größer zu werden schien, bis es schließlich das einzige war, was die Mutter noch ausmachte. Das «sie» war getötet worden, und nun waren sie und der Wurm ein und dasselbe.

Das Bild von der alten Frau, die allein am Ufer des Meeres entlanggeht, ist sehr stark. Auf meiner eigenen Reise gab es viele Male, an denen ich das Gefühl hatte, zu dieser alten Frau zu werden, ausgegrenzt und allein an einer kalten, stürmischen Küste. In diesen Momenten geschieht etwas Wichtiges, und es ist klar, daß es den Tod von etwas bedeuten würde, das eigentlich leben soll, wenn ich mich hinlegen würde. Es gibt nur eine Möglichkeit: weitergehen! Das sind die Momente, in denen man weiß oder lernt, daß man sich nicht selbst ausgrenzen darf.

Wir alle bekommen dann und wann ein wenig von dem Wurm aus unserem eigenen Schatten zu Gesicht, der oft durch ein Ereignis im Alltag zutage tritt:

Das Alter kommt zu früh, und wir werden wütend oder ängstlich, weil wir nicht wissen, was das bedeutet.

Die Kinder gehen aus dem Haus und sind zu beschäftigt oder nicht imstande, die Hoffnungen zu erfüllen, die wir in sie gesetzt hatten.

Die Pläne, die wir für den Ruhestand hatten, erweisen sich als nicht so gut, wie wir gehofft hatten.

Unser Partner verläßt uns auf irgendeine Weise.

Es kann also am Ende des Lebens genauso viele Schwierigkeiten und Enttäuschungen geben wie vorher. Aber in diesen späteren Enttäuschungen können wir die sich verschiebenden Steine sehen, unter denen eine Schlange oder ein Wurm hervorkriechen kann. Wenn wir älter werden, machen es uns die Enttäuschungen oder Verängstigungen schwer, unsere Fassade aufrechtzuerhalten, und unter dem Stein der Enttäuschung kriecht etwas hervor wie das Bedürfnis nach Kontrolle oder ein lang begrabener Charakterzug. Wann immer das «Äußere» aus irgendeinem Grund zusammenbricht, hat das «Innere» eine Chance hervorzutreten.

Der Wurm ist ein zweifaches Symbol sowohl für den Tod, da er alles zerstört, durch das er sich ernährt, als auch für Wachstum, da er den Boden fruchtbar macht. Wenn ein Wurm in unserer Erde kleine und große Gänge gräbt, dann weist das darauf hin, daß etwas im Unbewußten geöffnet wird und eine Einsicht hineindringen kann, die – wie der Sauerstoff für die Erde – für das Leben selbst wichtig ist. Aber es ist schwer, die Objektivität zu erlangen, um Teile unseres Selbst als das zu sehen, was sie wirklich sind, und somit ist es auch verständlich, daß die alte Frau in der Geschichte in solch eine schlechte Situation gerät. Sie war hungrig und später auch einsam, deshalb ergriff sie die erste Möglichkeit, die sich ihr bot.

Das Verhalten der alten Frau, die den Wurm annimmt, der sie und ihren Instinkt töten wird, ist sehr vertraut. Wir leben in einer Kultur, die uns dazu auffordert, alles leichtzunehmen. Wir mögen schnelle Erfolge. Wir sind in Eile und halten kurz für etwas Fastfood an, ohne uns im geringsten Gedanken über die Zusammenhänge zwischen falscher Ernährung und Lebensqualität zu machen. Quälen uns Schmerzen im Kopf oder im Rücken, dann nehmen wir einfach eine kleine Tablette, als ob die Ursache für die Schmerzen eine Unterversorgung mit Aspirin sei.

Den Hunger und die Schmerzen unseres Geistes heilen wir mit Fernsehen, was eine ähnliche Wirkung hat wie schlechtes Essen oder Aspirin. Oder wir identifizieren uns mit unserem Opferdasein, unserem Selbstmitleid oder unserer Ausgegrenztheit. Das werden unsere Würmer.

Der Wurm dieser Frau heißt «Nimm den leichtesten Weg». Zwar ist der leichte Weg besser als gar keiner, aber es gelingt ihr nicht, eine angemessene Beziehung zu dem Wurm aufzubauen, so daß sie erkennen könnte, was er ist. Der leichte Weg mag das richtige sein für die Dinge, die keine große Rolle spielen, aber unser Leben, unsere Gesundheit und unsere Integrität spielen eine Rolle und verdienen deshalb mehr. Als die alte Frau den leichtesten Weg wählte, hätte sie schon vorher wissen müssen, welche Schritte ihr danach in Richtung auf Kompetenz und Unabhängigkeit abverlangt würden. Diese Gelegenheit hat sie nicht wahrgenommen.

Es ist zwar schwer, einen Aspekt unseres Schattens direkt zu erkennen, aber es gibt doch einen Weg. Wir sehen unseren Schatten zunächst in denen, auf die wir besonders stark emotional reagieren. Die meisten von uns empfinden dies als eine Reaktion auf etwas in der anderen Person. Wir erkennen es immer, aber gleichzeitig scheint es uns unmöglich, daß, was immer diese Reaktion hervorruft, irgend etwas mit unserer eigenen Persönlichkeit zu tun haben könnte.

Das ist so, weil wir es so gründlich aus unserem Bewußtsein verbannt haben, daß wir ganz ehrlich sind, wenn wir sagen: «Ich sehe das nicht in mir.» Essie, die Freundin meiner Großmutter, die so ärgerlich auf meine kindliche Wut reagierte und sie doch niemals in sich selbst sah, ist ein Beispiel für dieses Phänomen. Meine frühere Aversion gegen Leute, die wimmern, ist ein weiteres Beispiel. Ich habe im Laufe der Jahre festgestellt, daß auch ich wimmere, obwohl ich das lange Zeit verbarg, indem ich nicht den typischen Wimmerton anwendete. Es klang deshalb immer so, als würde ich einfach ein Problem darstellen – jedenfalls dachte ich das, ehe ich mir einmal die Zeit nahm, den Wurm anzuschauen.

Es gibt nur wenige Würmer, die harmlos sind. Wenn ein Wurm aus der tiefen See unseres Unterbewußtseins angespült wird, dann müssen wir ihn uns ernsthaft ansehen. Würmer ernähren sich immer von dem, was sie gerade anzieht, und sie töten unter Umständen diejenigen, die bereit sind, sie zu nähren oder zu bemuttern. So gesehen ist der Wurm ein Symbol für den Tod.

Wir haben nun zwei gegensätzliche Arten kennengelernt, sich mit dem persönlichen Schatten auseinanderzusetzen. In der ersten Geschichte leistete die Frau die Arbeit des Beobachtens und Wartens, bis das Wesen sich selbst und seinen Sinn durch einen Traum, den das Unterbewußtsein geschickt hatte, offenbarte. Dank ihrer geduldigen Arbeit wurde der Haß aus dem Unterbewußtsein vermenschlicht, das heißt, die Frau war imstande, eine Beziehung dazu aufzubauen, und deshalb verschwand der Haß – in eine andere Richtung.

Indem sie den Haß vermenschlicht hatte, hatte sie ihn auf ein Maß reduziert, mit dem ein Mensch umgehen kann. Sie verhielt sich so wie meine Klientin, die auf jeden wütend war. Die Klientin vermenschlichte die Wut, indem sie sie sortierte: in die Wut gegen ihren Ehemann, die gegen den Wäschetrockner und die gegen andere Dinge und Menschen in ihrer Umgebung.

Wenn eine Emotion einmal vermenschlicht worden ist, kann sie nicht länger eine Schlange sein, die hervorschießt und beißt. Wenn sie später noch einmal auftaucht, wird sie eine menschliche Form haben, die man erkennen kann.

Die alte Frau in der zweiten Geschichte verhält sich passiv, sie wird abhängig von dem Wurm und tut nichts dazu, diese Abhängigkeit zu verändern. Der Wurm wird nicht vermenschlicht, sondern wächst statt dessen durch die Abhängigkeit der Frau zu einem Monster heran. Der Unterschied liegt in den Antworten der beiden Frauen. In der Geschichte von der Schlange läuft die Frau nicht davon, sondern bleibt dabei, um zu beobachten. In der Geschichte mit dem Wurm läuft die Frau auch nicht davon, aber sie begibt sich in eine Beziehung der gegenseitigen Abhängigkeit mit dem Wurm, in der sie sich ganz mit den Bedürfnissen des Wurmes identifiziert.

Wir lernen daraus, daß wir, wenn wir mit etwas konfrontiert werden, das aus unserem Schatten auftaucht, es studieren und von ihm lernen müssen, aber nicht mit ihm verschmelzen dürfen. Das ist ein Teil der harten Arbeit.

In der nächsten Geschichte zeigt die alte Frau einen dritten Weg, wie man mit dem Schattenmaterial umgehen kann.

DIE ALTE FRAU
UND DER REISKUCHEN

Es war einmal eine alte Frau in einem kleinen Dorf in Japan. Obwohl sie sehr arm war, besaß sie doch ein kleines Haus am Berg, in dem sie lebte, und sie hatte Reis, um sich jeden Abend eine Mahlzeit zuzubereiten.

Eines Abends, als sie ihr Essen bereitete, fiel ihr ein Kuchen aus der Hand und rollte aus der Tür hinaus den Hügel hinunter. Am Ende des Hügels wurde er von einem Oni aufgefangen, einem Monster oder einer Nachtgestalt, wie es sie in Japan manchmal gibt.

Die alte Frau jagte dem Reiskuchen und dem Oni durch eine Felsspalte im Hügel und durch viele Tunnel hinterher. Die ganze Zeit rief sie ihm zu, er möge ihr das Abendbrot zurückgeben, aber der Oni fraß weiter. Als die alte Frau schließlich außer Atem war und schon nach Hause zurückkehren wollte, kam sie in eine große Höhle. Der Raum war voller großer Töpfe, hatte einen Wasserzufluß und ein Feuer, auf dem gekocht wurde. Die Höhle war voller Onis.

«Hier», sagte der Oni zu der Frau, «nimm diesen Schieber und diesen Reis und mache mehr Reiskuchen.»

Die Frau tat die Reiskörner in einen Wassertopf und begann zu rühren. Bald war der Topf mit gutem Reis gefüllt, und die Frau machte für alle Onis Reiskuchen. Es waren viele Kuchen, denn Onis sind sehr hungrige Wesen.

So ging es viele Tage. Obwohl die alte Frau wieder gehen wollte, war sie doch nicht sicher, wie sie ihren Weg zurück durch die vielen Tunnel finden sollte, und deshalb kochte sie jeden Tag für die Oni, während diese schliefen. Sie selbst schlief nachts, wenn die Oni aßen. Dann faßte sie eines Tages einen Plan.

«Ich glaube», sagte die alte Frau zu sich selbst, «daß dieser Wasserlauf unter dem Berg hindurchführen muß.» Sie zog den großen Topf über den Boden zum Wasser, nahm den großen Schieber als Paddel und sprang in den Topf. Schnell begann sie davonzupaddeln, und sie wußte, daß, selbst wenn die Oni von dem Geräusch wach werden würden, sie ihr doch nicht folgen würden, da Oni Wasser verabscheuen.

Sie war schon ein gutes Stück stromabwärts gefahren, als etwas Seltsames geschah. Der Topf begann auf Grund zu laufen, und um sie herum lagen Fische mit den Schwänzen schlagend auf trockenem Sand. Das Wasser versickerte.

Sie schaute dorthin zurück, wo sie hergekommen war, und da sah sie etwas Seltsames. Die Oni waren wach und standen am Ufer des Wassers. Jeder Oni war unglaublich groß geworden, da er so viel Wasser wie möglich aufgesogen hatte, damit sie alle durch den ausgetrockneten Fluß laufen konnten, um die Frau zurückzuholen.

Es ist unmöglich, schneller zu sein als ein Oni, und die Frau hatte nur wenig Zeit zum Nachdenken. Man weiß nicht sicher, was sie getan hat. Einige sagen, sie zog derart komische Gesichter und machte seltsame Gesten, daß die Oni in Lachen ausbrachen. Andere sagen, sie schleuderte ihnen die Fische entgegen. Aber es ist nicht wichtig, was sie tat, wenn wir nur wissen: Die Oni öffneten ihre Mäuler, und das Wasser sprudelte wieder hervor. Der Fluß war wieder gefüllt. Die alte Frau paddelte so schnell sie konnte und war bald draußen im Sonnenlicht, wo sie sich sicher fühlen konnte, denn Oni kommen nur im Schutz der Dunkelheit in unsere Welt.

Wieder zu Hause angekommen, begann die Frau Reis zu kochen. Mit dem Zauberschieber gab es immer genug für sie und ihre Nachbarn zu essen, und deshalb mußte niemals wieder jemand von ihnen Hunger leiden.

Sicher haben Sie schon einmal bemerkt, daß die jungen Helden oder jungen Heldinnen im Märchen ihre Probleme oft mit Hilfe von Gewalt lösen: Gretel tötet die Hexe, St. Georg erschlägt den Drachen. Aber in Märchen, die sich um alte Heldinnen ranken, töten diese nur selten. Das spiegelt die psychologische Wirklichkeit wider. Wenn jemand jung ist, ist es wichtig, das Ego oder das bewußte Selbst zu stärken und ganz klar vom unbewußten Selbst zu unterscheiden. Wird in einem Märchen eine Tötung beschrieben, dann soll erreicht werden, daß etwas aus dem Bewußtsein verdrängt wird, damit man auf starke und aktive Weise handeln kann. Was immer verdrängt oder unterdrückt wird, ist dann, was das Alltagsleben betrifft, so gut wie tot.

Wenn man älter wird, entstehen andere Bedürfnisse. Längst haben wir die Fähigkeiten und das Wissen erworben, die es uns möglich machen, in der Welt zu leben. Jetzt stellt sich uns die Aufgabe, diese begrabenen Teile unseres Selbst wieder in Besitz zu nehmen, um eine Ganzheit zu erreichen. Anstatt etwas zu verdrängen, müssen wir unsere unterdrückten Impulse und Gefühle erkennen.

Das ist nicht leicht. Wir haben schon so lange Drachen erschlagen, daß wir meinen, wir müßten so weitermachen, indem wir mit unserem Oni kämpfen. Erst gestern hörte ich drei verschiedene Frauen, alle im mittleren Alter, die diesen an und für sich recht mutigen Standpunkt auf je unterschiedliche Weise vertraten:

«Heute werde ich anfangen, mich meinem Gewichtsproblem zu widmen. Ganz egal, wie hungrig ich sein werde, ich werde mich strikt an meine Diät halten.»

«Auch wenn Mutter B. mich wahnsinnig macht, werde ich mich heute dazu zwingen, nett zu ihr zu sein.»

«Ich werde diesen blöden Rückenschmerzen nicht nachgeben. Ich habe einfach zu viel zu tun.»

Die Rückenschmerzen, die Gefühle gegenüber Mutter B. und das Bedürfnis zu essen wurden von diesen drei Frauen zurückgewiesen. «Tötet den Oni», sagen sie, ohne zu wissen, daß diese scheinbar schlechten Dinge mit hilfreichen Botschaften auftauchen könnten oder daß etwas, was wir aus Gewohnheit schlecht nennen, vielleicht gar nicht schlecht ist.

Die Geschichte des Reiskuchens sagt uns, daß wir eine Situation abschätzen, aber nicht zwangsläufig angreifen müssen. Um etwas abzuschätzen, müssen Sie eine Beziehung dazu haben. Ob unser eigener Oni nun die Wut auf Mutter B., ein Rückenschmerz oder Hunger ist – man nähert sich ihm auf die gleiche Weise: Bauen Sie eine Beziehung zu dem Gefühl auf, dann werden Sie wissen, was getan werden muß. Etwas anzugreifen würde heißen, ihm in Wut zu begegnen, es zu attackieren und wild um sich zu schlagen. Das ist eine Verhaltensweise, die eine sofortige Rache hervorruft.

Die alte Frau baut eine Beziehung zu den Oni auf, aber sie verschmilzt nicht mit ihnen. Sie greift sie nicht an, aber wird auch nicht eins mit ihnen. Statt dessen schätzt sie die Lage ab. Ihre Sicht ist: «Sie sind viele, und ich weiß wenig von ihrer Kraft und ihrer wirklichen Natur. Abgesehen davon brauche ich Nahrung. Ich werde tun, was sie verlangen, und sie auch noch unterstützen. Das wird mir die Zeit geben herauszufinden, was ich tun muß.»

Hier verhält sie sich ebenso wie die Frau mittleren Alters in der Geschichte von der Schlange, die dem Wesen folgt, das sich an die junge Frau angehängt hat. Aber die alte Frau, die die Reiskuchen machte, mußte mehr tun, um in Beziehung zu ihrem Schattenmaterial, zu ihrem Oni, zu treten. Ihre Nahrung, ihre Einsicht, war auf eine tiefere Ebene verdrängt worden. Sie war unter der Erde, in einem Netz von Tunneln. Die Schlange in der anderen Geschichte kroch unter einem Stein hervor, in der Nähe des Ufers und in hellem Sonnenlicht. Der Wurm wartete am Ufer des Meeres. Der Oni kam zwar aus der Höhle, um den Reiskuchen zu stehlen, aber er blieb nicht dort. Er rannte zurück ins Dunkle, und die alte Frau folgte ihm.

Diese alte Frau könnte eine moderne Frau sein, die von Depressionen überwältigt ist und durch eine Erinnerung und Emotion nach der anderen schreiten muß, um zum Unbewußten vorzudringen. Sie könnte eine moderne Frau sein, die die Reise beginnt, um herauszufinden, warum sie ein Leben lang Furcht vor Kontrollverlust gehabt hat. Diese Art von Information erhält man nicht am Ufer, sondern man muß eine Reise in die Tiefen des Unterbewußtseins unternehmen. Wer immer meint, er müsse eine solche Reise unternehmen, der befindet sich auf gefährlicher Fahrt.

Im Unterbewußtsein können wir seltsamen und furchterregenden Dingen begegnen und auch leicht verlorengehen. Ich erinnere mich daran, wie ich einmal Kletterer im Felsen im Yosemite Park beobachtete. Sie waren sorgfältig einer am anderen festgebunden. Sollte einer ausgleiten, dann würde ihn dieses Seil vor dem tödlichen Fall bewahren. Auf dieselbe Art müssen Reisende ins Unterbewußtsein durch ein Seil gesichert sein. Ein Therapeut ist eine sinnvolle moderne Sicherung. Weiterhin in der Wirklichkeit des alltäglichen Lebens verantwortungsvoll zu handeln ist eine andere.

Was wir aus psychologischer Sicht getan haben, ist zu versuchen, eine Beziehung zu diesem unbewußten Material aufzubauen. Aber nicht alles Material im Unbewußten ist auch wichtig. Weil das Unterbewußtsein aber selbst dynamisch ist, gibt es manchmal eine Unterströmung wie auf Quicksand. Psychotische Menschen sind ins Unbewußte gezogen worden. Dies passiert nicht oft und muß auch nicht von Dauer sein; was häufiger geschieht, ist, daß jemand zuviel Druck verspürt, mit Angst reagiert und dann jedes Reifen in Zukunft wird vermeiden wollen. Wenn man mit beiden Beinen fest im Alltag steht und in Verbindung mit anderen ist, dann hat man die Sicherung, auf die man sich wirklich verlassen kann.

Die alte Frau in der Geschichte bleibt mit dem Leben verbunden, indem sie das tut, was sie kann, nämlich kochen. Als C. G. Jung intensiv an seinem Unterbewußtsein arbeitete, arbeitete er weiterhin als Therapeut, um seine Familie ernähren zu können. Später schrieb er, daß er dadurch, daß er mit seiner äußeren Realität verbunden blieb, sich selbst davor bewahren konnte verlorenzugehen. Die wenigsten von uns werden in der Lage sein, einen Reiskuchen zu jagen, um an ihr Unterbewußtsein zu gelangen – wie also erreichen wir diesen Teil unseres Selbst? Diese Frage stellen sich viele Frauen, und es gibt wirklich kein Rezept, das für alle Frauen zutreffend wäre.

Der Schlüssel ist aber, sich mit etwas zu beschäftigen, das es dem bewußten Ego ermöglicht loszulassen, den Weg freizugeben für einen Fluß, der von innen heraus kommt. Einige finden einen Weg, indem sie sich mit ihren Träumen befassen. Andere benutzen ihre Vorstellungen, ihre Phantasien, ihre Tagträume. Sie meditieren oder beginnen zu schreiben. Sie malen, tanzen oder singen und achten auf das, was daraus entsteht.

Physische Aktivität hilft dem unbewußten Material ebenfalls, ins Bewußtsein vorzudringen. Ich habe schon oft bemerkt, daß viele Menschen dieses Material durch ihren Körper unterdrückt halten. Ich nenne das «Muskel-Erinnerung». Aktive Körperarbeit, wie etwa kreatives Tanzen, aber auch passive Körperarbeit wie Massage oder Entspannungstechniken dienen oft dazu, einige der Energien, die in den Muskeln festgehalten werden, freizugeben und unterdrücktes Material auftauchen zu lassen.

Das unterdrückte Material braucht eine Weile, bis es zutage tritt, und es ist eine große Versuchung, wenn wir einmal einen Oni gesehen haben, uns umzudrehen und wegzurennen und uns einzureden, nun hätten wir, was wir bräuchten. «Ich habe es geschafft», möchten wir sagen. «Ich bin die ganze Zeit bei dem Gefühl geblieben, bis hin zur Höhle, und ich erkenne jetzt, daß Mutter B. Dinge tut, die mich an folgendes erinnern…»

Aber an dieser Stelle einzuhalten würde bedeuten, sich abzuwenden, bevor wirklich etwas passiert ist. Wenn die alte Frau nur in die Höhle gegangen wäre, gesehen hätte, daß da viele Oni waren, und sich dann umgedreht hätte und zurückgelaufen wäre, dann hätte sie daraus nicht mehr gelernt, als daß Oni unter der Erde leben. Es wäre nichts passiert. Aber die Märchenerzählerin ist klüger. Sie läßt die alte Frau so lange bleiben, bis sie etwas Weisheit, etwas Verwandlung und etwas Magisches erlebt hat. Auch wir müssen auf unserer eigenen Reise so lange bleiben, bis wir deutlich sehen, welcher unbekannte Teil unseres Selbst Verständnis sucht.

Bess ist ein gutes Beispiel für jemanden, der zu früh umgekehrt ist. Sie kam in die Therapie, weil sie unter Depressionen litt, und sie stellte fest, daß sie wütend auf ihren Ehemann war. Tatsächlich war sie außer sich vor Wut. Es schien, als sei er ein Mann, der niemals für sie da war. Er spielte Golf, kam abends spät von der Arbeit nach Hause, arbeitete ehrenamtlich bei den Pfadfindern, sang im Kirchenchor und war im Hausbesitzer-Verein aktiv. «Er ist immer viel zu sehr beschäftigt, als daß er etwas tun könnte, um das ich bitte», beklagte sie sich. «Für die Kinder hat er Zeit – Baseball, Pfadfinder, Zelten gehen. Aber wenn ich will, daß er den frisch gemähten Rasen sprengt, dann sagt er ‹ich mache es gleich›, und dann muß ich warten und warten.»

Bess begann, ihrem Ehemann von ihren Bedürfnissen zu erzählen, aber nichts änderte sich, und sie brach die Therapie mit der

Begründung ab: «Das war sehr hilfreich, weil ich nicht länger unter Depressionen leide. Das Problem ist sein Verhalten, und ich muß einfach daran arbeiten oder ihn verlassen.»

Bess hatte den Oni gefunden, der unter der Erde lebte, aber das war auch alles. Es hatte sich nichts wirklich verändert. Sie mußte weiterhin mit ihrer Wut leben. Ein Jahr später kam sie wieder in Therapie, und ihre Ehe war immer noch zerrüttet. Diesmal schaffte sie es, lange genug in der Höhle zu bleiben, bis sie die notwendigen inneren Verbindungen hergestellt hatte, und je mehr sie von sich selbst wußte, desto eher war sie imstande, eine Veränderung zu schaffen.

Unsere alte Frau bleibt und macht weiter. Und plötzlich steht sie in der Küche, wo der warme Herd ist, sie erlebt Magie – einen magischen Schieber, der, wenn man damit rührt, mehr aus der gerührten Masse macht. Ein solches Geschenk, wie alle Geschenke, die wir aus dem Schatten bekommen, kann man sich unmöglich vorher ausmalen. Es ist vollkommen unerwartet.

Das magische Instrument ist ein Kochutensil, ein alltägliches Handwerkszeug und eines der vielen schönen Bilder aus dem Leben von Frauen. Und obwohl es magischen Ursprungs ist, braucht es doch einen Küchenherd, um seine Kraft zu entwickeln.

Das soll nun nicht heißen, daß Frauen in der Küche bleiben sollen. Es heißt vielmehr, daß wir im Gewöhnlichen, im Vertrauten das Handwerkszeug finden werden, das wir brauchen, und im Einfachen werden wir die Verwandlung finden. Ein Herdfeuer in der Küche ist das einfachste Handwerkszeug, das uns die Geschichte mitgegeben hat, und es war von jeher ein Ort der Transformation. Durch Feuer wird ein Omelett aus dem rohen Ei. Mit Feuer wird ein Kuchen aus Mehl, Zucker, Eiern und Milch. Suchen Sie die Zutaten sorgfältig aus, vermischen Sie sie, fügen Sie Wärme hinzu, und Sie können ein Meisterstück erschaffen.

Und wofür steht das Küchenfeuer in unserer eigenen Psyche? Für unsere Emotionen! Schon eine kleine emotionale Hitze kann immer etwas zum Kochen bringen. Zu viel oder zu wenig Gefühl funktioniert nicht, denn erst das richtige Maß läßt den Prozeß der Transformation beginnen. Und die verwandelte Substanz wird zu Nahrung.

Die alte Frau bekam den magischen Schieber. Damit konnte sie über ihre eigene Reichweite hinauslangen. Sie konnte damit das notwendige Maß an Hitze aushalten. Und sie konnte mit seiner Hilfe dafür sorgen, daß die Dinge gerührt wurden, damit nichts ansetzte. Und schließlich half ihr der Schieber dabei, den unterirdischen Ort des Unbewußten zu verlassen und zu ihrem alltäglichen Leben in der Welt zurückzukehren.

Wir können uns in unserem Leben selbst mit dem magischen Schieber versehen, den wir brauchen. Nicht umsonst wählt die Erzählerin einen hölzernen Schieber, wieder ein gewöhnliches Material, als magisches Gerät. Sie weiß, daß dies mit der Erfahrung ihrer Zuhörerinnen und ihrem Sinn für den Zauber der Welt harmonieren wird.

«Auf Holz klopfen», sagt man in dem alten Glauben, daß Holz Schutz bietet, und die alte Frau scheint wirklich durch ihren hölzernen Schieber beschützt und ernährt zu sein, und zudem macht er ihr die Flucht möglich. Ein magischer hölzerner Schieber, das scheint genau der Gegenstand zu sein, den wir alle ganz gut gebrauchen könnten. Vielleicht besitzen wir ihn ja schon.

Was ist der magische Schieber, den wir alle besitzen? Es ist die gesammelte Erfahrung in der realen Welt, unsere Weisheit, unser gesunder Menschenverstand, alle die Aspekte unseres Denkens oder unseres vernünftigen Selbst. Der Schieber symbolisiert das denkende bewußte Selbst, das uns zu harter Arbeit und Selbstvertrauen animiert. Der Schieber ist unser Denken selbst, das sagt: «Du kannst nicht einfach hier herumsitzen. Tu etwas!»

Aber ohne das Feuer und den Reis ist der Schieber nutzlos, alle drei sind Teil des emotionalen Unbewußten. Und die Emotionen nutzen uns nichts, wenn wir nicht den Topf haben, nämlich die Fähigkeit, die Emotionen aufzubewahren oder innerhalb gewisser Grenzen zu halten. Wir legen in unserer Gesellschaft großen Wert auf intellektuelle Problemlösungen, aber dieses Märchen scheint zu sagen, daß man, wenn man den Schieber ohne den Topf gebraucht, Probleme auf streng rationale Weise zu lösen sucht. Und viele von uns haben schon erfahren müssen, daß das wirklich nicht geht.

Aber genauso sinnlos ist es, nur den heißen Topf ohne den Schieber zu besitzen: Es entsteht keine Nahrung, wenn man nicht mit dem magischen Schieber umrühren kann. Nur gemeinsam arbeiten das Wasser, der Reis und das Herdfeuer (unsere Emotionen) und der Schieber (unser gesunder Menschenverstand) auf magi-

sche Weise, und nur so machen sie es uns möglich, vom Unbewußten in die alltägliche Welt zurückzukehren.

Eine Frau namens Rose machte einen Termin mit mir aus. Sie
kämpfte seit langer Zeit mit Depressionen. Um diese zu vertreiben,
hatte ihr Arzt sie mit Antidepressiva behandelt, die unglücklicherweise Nebenwirkungen hatten, aber ihre Depression nicht
heilten. Sie probierte ein zweites und ein drittes Mittel aus, aber
das Ergebnis war immer dasselbe: unangenehme Nebenwirkungen
und kein Rückgang in der Intensität des Schmerzes, den sie
fühlte.

Rose testete auch verschiedene Arten der Therapie: Hypnose,
Biofeedback und Sitzungen mit einem Berater ihrer Kirche, der ihr
Techniken des positiven Denkens beibrachte. Diese Versuche
brachten ihr kurzzeitige Erleichterung, aber ihre Depression kehrte immer wieder. Als sie mich aufsuchte, war sie entmutigt und
skeptisch. Sie zweifelte, daß irgend etwas noch helfen könnte.
Ihre erste Frage an mich war: «Können Sie meine Depression
heilen?»

«Nein», antwortete ich, «ich bin nicht einmal sicher, ob ich
Ihnen helfen kann, an sie heranzukommen, aber an sich wäre das
eine Möglichkeit.» Als wir während der Sitzung sprachen, erkannte ich eine Frau von großem Mut, deren unglaubliche Kraft
über viele erschöpfende Jahre hinweg die Last der Depression
getragen hatte. Ich wollte, daß sie lernte, diese Energie umzuleiten.
Wenn sie ihre Kraft und ihren Mut benutzen könnte, um die
Gefühle aufzuspüren, die ihre Depression verursachten, und um
sie dann «umzurühren», dann würde sie imstande sein, eine Beziehung zu der Depression selbst aufzubauen.

Ich war sicher, daß sie die Kraft für diese Aufgabe besäße. Die
Depression aufzuspüren und eine Beziehung zu ihr aufzubauen
würde unser wichtigster Arbeitsschritt sein. Wenn sie es erst geschafft hatte, mit ihrem Unbewußten zu arbeiten, würden wir
beide imstande sein, deutlich zu sehen, welches der nächste Schritt
war.

Die Trauer, die Träume oder die Ungerechtigkeit werden bei
jedem Menschen anderer Natur sein, aber die nächsten Schritte
sind immer dieselben. Jeder Mensch muß deutlich und im Detail
verstehen, was geschehen ist, und jeder Mensch muß die Emotionen, die seine eigene Erfahrung begleiten, verstehen. Diese bei-

den Schritte sind der Schieber (das intellektuelle Verständnis) und das Feuer (die Emotionen). Aus diesen beiden wird ein Sinn erkennbar, und aus dem Sinn kommt die Verwandlung.

Rose entschied sich, eine Therapie mit mir «zu versuchen». Unsere gemeinsame Arbeit dauerte drei Jahre. Sie verbrachte viel Zeit in den Tunneln, um einen Weg zu ihren Gefühlen oder ihrer Einsicht zu entdecken. Und oft genug war sie so tief in eine Höhle vorgedrungen, daß sie und ich uns fragten, ob sie jemals einen Tunnel finden würde, der sie wieder in die Welt zurückbrächte. Wochenlang versank sie in ihren depressiven Gefühlen, ohne einen neuen Weg zu sehen. Wenn sie fast verzweifelt war, tauchte immer eine Erinnerung mit allen damit verbundenen Gefühlen auf und brachte sie in den richtigen Tunnel. Das waren aufregende Momente, und jeder von ihnen machte sie stärker und weiser.

Die frühen Traumata von Rose waren sehr ernst, und ihre Reise zur Umwandlung ihrer daraus resultierenden Depression war lang. Jeder Sieg machte es ihr möglich weiterzugehen, aber die ganze Zeit brauchte sie die Grenzen, die Verbindungen – den Topf –, um nicht vom Feuer verbrannt zu werden. Sie benutzte mich als ihre Therapeutin, die Routine eines Terminplanes und die Möglichkeit, ihren alltäglichen Pflichten weiterhin nachzugehen, als Sicherungsleine.

Die alte Frau in unserem Märchen mußte einen Weg finden, die innere Welt mit der alltäglichen Welt zu verbinden. Sie tat dies durch den Fluß. Dieser Wasserlauf floß von der inneren Welt nach draußen, so wie es unsere Emotionen, Träume und Phantasien tun.

Damit der Fluß für uns da ist, müssen wir das innere Leben wertschätzen und auch unsere wachsende Verbindung dazu. Der Fluß, der innen und außen miteinander verbindet, stellt unsere Fähigkeit dar, eine Beziehung zwischen dem Unbewußten und unserem Ego, dem bewußten Selbst, aufzubauen. Ohne ihn wird die innere Stärke unseres Schattens uns im bewußten Leben nicht zur Verfügung stehen.

Als die Oni merkten, daß die alte Frau dabei war zu fliehen, brüllten sie vor Wut. Wie der Wurm wollten sie die Frau als ihre Dienerin haben. Und sie waren sehr stark. Sie sogen alles Wasser auf, alle emotionale Energie, die die alte Frau benutzen wollte. Jeder, der schon einmal unter Depression gelitten hat, kann sich mit diesem Bild identifizieren. Wenn die Depression zuschlägt, dann ist das ein Gefühl, als sei alle emotionale Energie in einem von innen ausgesogen worden. Wenn wir depressiv sind, haben wir keine Energie, irgend etwas zu tun, auch wenn wir wissen, daß wir etwas tun müssen. Wir bleiben im Morast unserer eigenen Apathie stecken.

Unbewußtes Schattenmaterial ist sehr machtvoll, wenn es Energie wegsaugen kann, man muß seiner Kraft also großen Respekt zollen. Aber wir müssen uns nicht machtlos fühlen, wenn wir den Oni gegenüberstehen. Es wird Rückschläge geben oder Zeiten, in denen alles langsamer vorangeht, aber es wird immer etwas geben, das man tun kann.

Dieses Märchen hat zwei unterschiedliche Schlüsse. Der eine lautet, daß die alte Frau die Oni mit Fischen bewarf. Beim anderen machte sie ulkige Gesichter und Gesten, die die Oni zum Lachen reizten. Beide sind ein Symbol für die Verlagerung von der Angst des Moments auf ein eher spirituelles Niveau. Beide zeigen, daß man die Oni und die Situation in einem größeren Sinnzusammenhang sehen muß.

Fische sind ein Symbol des Heiligen. In der christlichen Religion wurde Christus Ichthys oder «Fisch» genannt, und er versprach, seine Anhänger zu Menschenfischern zu machen. Es gibt auch einen alten Glauben, daß, wenn man die Gräten eines Fisches ins Meer zurückwirft, der Fisch dadurch wiedergeboren werde. Der Fisch steht für die Notwendigkeit, das primitive Oni-Material durch Verständnis in einen größeren oder spirituellen Kontext zu verlagern und seinen Sinn zu ergründen.

Der alternative Schluß zeigt das Geschenk des Humors, das auch verwandeln kann. Als Demeter, die griechische Göttin der Ernte, ihre Tochter Persephone verliert, versinkt sie in einer tiefen Trauer. Als sie in Depression versunken war, schien es, daß nichts sie würde aufheitern können außer den ulkigen Gesichtern und Gesten von Baubo, einer alten Göttin. Und Demeter lachte wieder.

Die meisten von uns waren schon in der Höhle, in der das Gefühl der Belastung, der Angst, der Wut oder der Verzweiflung so groß zu sein schien, daß wir keinen Ausweg mehr sahen. In solchen Momenten saugen die Oni den Fluß leer, und nur eins wird helfen. Wir müssen einen Weg finden, diese Erfahrung in einen größeren Kontext zu stellen, um so das Wasser zurück in den Fluß zu bekommen. Das bedeutet, die Dinge «ins rechte Licht zu rücken» oder den Sinn zu sehen. Das ist die Verwandlung.

Die Beziehung der alten Frau zu den Oni war angemessen. Sie ernährte sie, aber freundete sich nicht mit ihnen an, wie die andere alte Frau es mit dem Wurm tat. Sie lernte ihren Charakter kennen und erhielt das Geschenk, das sie zu geben hatten. Dann ging sie und ernährte sie noch, während sie sie verließ. Sie näherte sich dem Unbewußten, indem sie all ihr Denken und ihre Gefühle benutzte.

Ich erinnere mich, daß ich als junge Erwachsene einmal über irgend etwas weinte. Meine Großmutter war bei mir, so, wie ich sie immer gesehen habe: sehr stark. Nachdem sie mir zugehört und mich getröstet hatte, schaute sie mich an und sagte: «Du hast recht, daß du so fühlst. Das ist wirklich eine schreckliche Situation, aber nicht nur zum Aufräumen und Putzen braucht man Muskelkraft. Das Leben so zu leben, wie es gelebt werden soll, braucht auch viel Muskelkraft. Du wirst dich an diese Sache später nicht mehr erinnern, aber wenn du lernst, wie man das Leben anpacken muß, dann wirst du immer stärker sein.»

Es war ein kraftvolles Bild, das mir Großmutter an diesem Tag schenkte. Sie sagte, daß Gefühle wichtig sind, daß man aber auch den Schieber fest anpacken und sich hinaus in das Licht des Tages begeben muß. Und offensichtlich hatte sie recht, denn ich kann mich nicht mehr erinnern, worüber ich damals weinte.

Wir können unserem eigenen und persönlichen Oni nicht halbherzig zu dem Ort hinabfolgen, wo die dunklen Teile von uns leben. Dazu brauchen wir die Gefühle und das Verstehen, um die Magie hervorzurufen, die zu verwandeln vermag.

Es wird uns in der Geschichte erzählt, daß die alte Frau nie wieder Hunger leiden mußte, was bedeutet, daß sie sich satt fühlte. Sie empfand eine innere Erfülltheit. Sie hatte sogar noch genug übrig, um es mit ihren Nachbarn zu teilen, wenn diese in Not waren. Wahrscheinlich wurde sie eine der weisen Alten, die mit der geistigen oder inneren Welt verbunden und gut genug genährt sind, um sich nicht länger Gedanken über das Äußere machen zu müssen. Die Reise ins Unbewußte gab ihr die Möglichkeit der Transformation.

Als älter werdende Frauen sollten wir, wenn sich unser Körper verändert, erkennen, daß wir eingeladen sind, unsere innere Welt zu erforschen, in der die Magie der Verwandlung herrscht. Unsere erste Frau traf zufällig auf einen Aspekt ihres persönlichen Schattens. Doch erst als sie durch einen Traum eine Einsicht erlangte, bemerkte sie wirklich die Gegenwart dieses Schattens.

Die zweite Frau sah etwas aus ihrem Schatten und kultivierte es, indem sie ihm erlaubte, zu einem zerstörerischen Monster heranzuwachsen.

Unsere dritte Frau traf auch zufällig auf den Schatten, bemerkte ihn jedoch sogleich und kommunizierte mit ihm. Sie schuf eine angemessene Beziehung zu ihm, indem sie ihre Klugheit und ihren gesunden Menschenverstand benutzte.

Jede von uns hat ihren eigenen persönlichen Schatten mit Hilfe von Eltern, Lehrern und der Kultur, in der wir leben, ausgefüllt. Er ist mit all den Teilen unseres Selbst erfüllt, die wir als schlecht, falsch, gefährlich oder schmerzhaft empfanden. Natürlich sind viele dieser Aspekte vom Standpunkt der Gesellschaft oder den Bedürfnissen einer Gruppe aus nutzlos oder noch schlimmer als das. Aber für unsere persönliche Vervollkommnung müssen wir uns oft mit Aspekten in uns auseinandersetzen, die die Gesellschaft, um problemlos zu funktionieren, ignorieren muß.

Die Märchenerzählerin rät uns nicht, mit den Oni eins zu werden, obwohl es viele alte Frauen gibt, bei denen das passiert zu sein scheint. Sie haben nicht nur exzentrische Züge entwickelt, was ja manchmal ganz nett sein kann, sondern sie sind unfreundlich und furchtbar geworden. Dies sind die Frauen, die auf die eine oder andere Weise den Wurm genährt haben, und der hat dann ihre Menschlichkeit abgetötet.

Den meisten von uns, vor allem den Frauen, die jenseits der Vierzig sind, droht zum Verhängnis zu werden, daß sie keine Regeln gelernt haben. Sie laufen Gefahr zu glauben, was auch Elizabeth geglaubt hat, nämlich daß diese Regeln und unser Festhalten daran definieren, wer wir sind. Wir sind durchaus die Menschen, die diese Regeln befolgen, wir sind gut, nett, schlau und intelligent, aber wir sind auch das Gegenteil – in unserem Schatten.

Wenn wir weiterhin leugnen, daß unser Schatten ein Teil unseres Selbst ist, dann werden wir zu harten und garstigen alten Frauen, die die Fehler anderer nicht verzeihen können. Oder wir werden zu nichtssagenden und oberflächlichen alten Frauen, die es sich nicht leisten können, irgend etwas von Substanz zu unternehmen, aus lauter Angst, daß eine solche Reise die Oni wecken könnte.

Und wer kann schon mit Sicherheit sagen, daß die Oni nicht aufwachen werden? Aber wenn wir auf unserer Reise Oni und Würmern begegnen, dann sind das gleichzeitig auch die Orte, an denen wir magische Schieber finden, die wir für unsere Verwandlung brauchen.

Wir müssen die unglücklichen, widerspenstigen und klagenden Frauen um uns herum als Menschen sehen, die es nicht geschafft haben, ihr Schattenmaterial kennenzulernen, es sich bewußtzumachen und eine Beziehung zu ihm aufzubauen. Das hat zur Folge, daß ihre negative Einstellung überhandnahm. Vielleicht glaubten sie so wie Elizabeth, daß Aspekte des Schattens immer angegriffen und bekämpft werden müssen, daß man immer nur das «Gute» fördern dürfe. Wer das weiterhin glaubt, der hat nicht begriffen, daß man – um einen wunderschönen Garten anzulegen – auch Mist und Jauche braucht.

4

Hexen hexen

DAS DUNKLE WEIBLICHE

Seit Tagen wütete ein Sturm, und man mochte kaum glauben, daß der Himmel überhaupt noch Regen trug, den er schicken konnte, aber es regnete immer noch. Die alte Frau erinnerte sich an die Geschichten von der großen Flut, die sie gehört hatte, und fragte sich: «Fing es so an?»

Sie hatte in diesen regnerischen, beängstigenden Tagen viel Zeit mit Cerina verbracht. Zwar konnte sie nur wenig ausrichten, aber sie war die einzige, die Cerina bei sich haben wollte. Vielleicht lag das daran, daß die alte Frau sich vor dem, was Cerina heimgesucht hatte, nicht fürchtete.

Nur wenige andere hatten ihren ganzen Mut zusammengenommen und sich Cerina genähert. Aber immer, wenn ihr jemand nahegekommen war, ihr etwas zu essen oder Trost angeboten hatte oder versucht hatte, sich zu entschuldigen, hatte Cerina gespuckt, geschlagen und schreckliche Flüche gezischt. Und so war sie die letzten beiden Tage allein gelassen worden, nur die alte Frau war noch bei ihr.

Cerina wiegte sich hin und her und stöhnte. Ihr Haar war strähnig, ihr Gesicht von Schmutz und blutigen Wunden, die sie sich selbst zugefügt hatte, verkrustet. Ihr Stöhnen kam von so weit unten, daß es von einem Ort tief in der Erde selbst zu kommen schien. Es wurde mit dem Rhythmus ihres Atems von der Luft getragen, unterbrochen lediglich von Schreien und Flüchen. Seit drei Tagen war sie in diesem Zustand.

Die alte Cerina war nie beliebt gewesen. Die Menschen redeten hinter ihrem Rücken. Junge Leute verhöhnten sie.

Es stimmte, daß sie nicht viel unter Leute ging, sie hatte niemals einen Mann gehabt und nahm nur soviel am gesellschaftlichen Leben teil, wie notwendig war, um ihre Verpflichtungen zur Pflege des gemeinsamen Gartens zu erfüllen. Cerina und die Leute tolerierten einander lediglich, aber das war bis vor kurzem für ein friedliches Zusammenleben ausreichend gewesen.

Aber dann veränderte sich alles, wenngleich zu Anfang niemand Cerina hatte verantwortlich machen wollen. Das erste, was geschah, war der Unfall, bei dem Mavas Ehemann ums Leben kam.

Dann kam die Krankheit von Bennis kleinem Jungen.

Danach waren es die Babys – eines nach dem anderen wurde tot geboren, bis das Dorf vier Kinder zählen konnte, die nie einen ersten Atemzug getan hatten.

Als das dritte Kind tot geboren worden war, begann das Gerede. Zunächst wurde nur hier und da einmal geflüstert, aber es wurde mehr und mehr, wie das so geht, bis der Name Cerina und Wörter wie «Hexe» und «Fluch», «Zauber» und «Magie» zusammenkamen und wie der Morgennebel über dem See im Nordwind flatterten.

Dann kam, nach zwei schrecklichen Tagen der Wehen, das letzte Kind zur Welt. Die Nabelschnur war gedreht und eng um den Hals gewickelt. Da nahmen der Vater des Kindes und ein paar Freunde ihre Messer und verließen ihre Häuser.

Die alte Frau erlebte nicht mit, was passierte, denn sie war bei der Mutter des Totgeborenen und brauchte all ihre Kunst, um deren Leben von der Schwelle des Todes zurückzuholen. Ihr wurde erzählt, daß man die Tiere von Cerina getötet und jedes in zwei Teile geteilt hätte.

Nachdem sie das getan hatten, hatten die Männer Cerina durch den Matsch zwischen den beiden Hälften der Tiere gezogen und sie gezwungen, dem Bösen abzuschwören. Dann ließ man sie die ganze Nacht lang besinnungslos am Waldrand liegen, während die Kojoten kamen, angezogen vom Geruch des warmen Fleisches um sie herum.

Irgendwann während dieser Nacht begann es zu regnen. Am nächsten Morgen fand man Cerina stöhnend im Schlamm liegend, zwischen dem, was von ihren Tieren noch übrig war. Die alte Frau wurde gerufen und war seither nicht von Cerinas Seite gewichen. Die alte Frau war zutiefst besorgt. Die Gemeinschaft brauchte sie, und sie sollte heute abend ihre Geschichten erzählen, aber was konnte sie noch erzählen? Welche Hilfe konnte sie bringen?

Es waren nicht die starken Bedürfnisse von Cerina, die ihr Kummer machten. Cerinas Trauer würde ihre Seele heilen, und man tat alles, um ihren Körper zu heilen. Es waren die anderen, die der alten Frau Sorge bereiteten. Etwas sehr Böses war unter ihnen geschehen, und es befand sich immer noch in ihrer Runde. Vielleicht, so überlegte die alte Frau, ist ja das Böse immer unter der Oberfläche vorhanden und wartet auf eine große Trauer oder Angst, um sein Gesicht, seine Gegenwart zu zeigen.

Zuerst wollte sie Geschichten von Krankheit und Tod erzählen, aber dann besann sie sich eines Besseren. Man mußte nicht vom Tod reden, denn jeder wußte, daß der betrauert werden muß. Nein. Nicht der Tod. Man mußte über das Böse sprechen, das von denen begangen worden war, die guten Herzens waren. Das war das Gift, das unerkannt in ihrer Mitte drohte.

Die alte Frau wußte, daß gute Menschen Böses tun. Deshalb würde sie an diesem Abend Geschichten erzählen, die den Menschen das verständlich machen würden. Sie sollten wissen, daß Cerina nicht die Hexe war, ebensowenig wie die Millionen anderen Frauen, die auf diesem Kontinent ermordet worden waren. Die Menschen sollten wissen, daß es in jedem Menschen eine Hexe gibt. Sie sollten erkennen, daß die Hexe in ihnen war.

Das war die Situation unserer alten Frau. Wie verhält es sich heute? Im zwanzigsten Jahrhundert gilt die Vorstellung, daß alte

Frauen ihre Nachbarn mit Flüchen belegen, als altmodisch. Die Ursache für diesen Sinneswandel rührt nicht daher, daß man der universalen dunklen Macht heute mit größerem Respekt begegnet oder gelernt hätte, wie gefährlich Projektionen sind. Es ist vielmehr die rationale, wissenschaftliche Atmosphäre, die eine Hexe mit Magie gleichstellt, die aber gleichzeitig die Existenz jeder Magie leugnet.

Wenn eine dominante Kultur sich für eine neue Richtung entscheidet, dann verändert dies nicht die Realität, sondern nur, worüber gesprochen und gelehrt wird. Der Archetyp selbst verschwindet nicht, wenn man ihn leugnet, sondern er existiert weiterhin im Unbewußten. Für all die «netten» Menschen bleibt die Hexe unterdrückt und wird weiterhin bekämpft, nur heißt sie jetzt «Feind» oder «Hure». Manche religiösen Menschen fürchten die Gegenwart dieser dunklen Kraft und nennen sie «Teufel» oder «Satan», während C. G. Jung sie das *Dunkle Weibliche* nannte.

Im Laufe ihrer Lebensjahre hat jede von uns diese dunkle Energie tief im Unterbewußtsein vergraben. Gelegentlich taucht sie in Form eines häßlichen Kommentars oder einer grausamen Handlung wieder auf. Diese Energie ist immer da, in uns selbst, und da sie tief verdrängt ist, greift sie oft unsere Körper an. «Du mußt dich einmauern, um mich drinnen zu halten», flüstert die Hexe uns zu. Viele von uns haben Schultern oder Rücken, die wie Stein sind. Wir selbst sind die Festung geworden. Unser jugendlicher Körper konnte die Anstrengung, die Energie der Hexe unter Verschluß zu halten, leicht bewältigen, aber wenn wir älter werden, werden unsere Körper verletzlicher. Verletzliche Körper klagen. Sie weigern sich zu tun, was sie in der Vergangenheit problemlos taten. Das Unangenehme schafft es, durch die Verletzlichkeit hinauszukommen und sich im Körper zu zeigen.

Die Energie der Hexe drückt sich auch in Form von Sarkasmus, unfairer Kritik, schlechter Laune, beißenden Kommentaren und Gereiztheit aus – das sind nur ein paar der vielen Verkleidungen, in denen dieses Dunkle Weibliche auftreten kann. Verkleidungen, die wir uns in jüngeren Jahren, als wir noch zu sehr damit beschäftigt waren, auf andere einen guten Eindruck zu machen, niemals zugestanden hätten.

Oft scheucht Wut über die im Alter erlittenen Verluste oder Beschränkungen das Dunkle Weibliche aus seinem Versteck auf.

Und es kann sehr zerstörerisch wirken. Eine der Aufgaben des Alterns ist es, etwas über die innere Hexe zu lernen und zu erkennen, auf welche Weise sie in unser bewußtes Leben vordringen kann, um dort etwas zu zerstören und dann wieder davonzufliegen.

Man kann ihr nicht einfach befehlen zu verschwinden, und es ist unmöglich, sie zu ignorieren. Wer versucht, das Dunkle Weibliche in sich zu negieren, der verliert an Energie. Das ist eine Foltermethode der Hexe. Diese Frauen scheinen wie ein Ballon, der ein kleines Loch hat, immer mehr Luft zu verlieren. Sie reden, aber sie sagen nichts, was für sie oder andere von Interesse wäre. Sie werden die wandelnden Schatten ihrer selbst. Andere Frauen, die die Energie der Hexe nicht so gut abblocken können wie diejenigen, die zusammenbrechen, spüren immer wieder, daß die Hexe hervorspringt. Sie schnappt und beißt mit ihren Worten. Diese Frauen wird man fürchten oder hassen, weil sie so voller Haß, voller Gift sind. Für sie wird die böse Energie der Hexe dominant. Andere Menschen, selbst Familienmitglieder, meiden sie. Sie sind einsam.

Die meisten von uns, die schon erlebt haben, wie die boshafte Hexe in ihrem Leben auftauchte, sehen ein, daß es wichtig ist, sie daran zu hindern, die Macht zu ergreifen. Wenn wir herausfinden, wo diese Energie herrscht, und eine angemessene Beziehung zu ihr aufbauen können, dann können wir sie auf Abstand und unter Kontrolle halten, und nur so kann man einen Hinterhalt vermeiden.

Es wartet eine unglaubliche Überraschung auf uns, wenn wir uns diesem dunklen Aspekt in uns nähern. Wir werden entdecken, daß die gefährliche Hexe, das Dunkle Weibliche, uns etwas Positives anzubieten hat. Sie ist die Quelle großer Energie und Kreativität.

Mitte der sechziger Jahre nahm ich an einer Tagung teil. Damals war die Atmosphäre von «Love and Peace» geprägt. Jeder auf der Tagung war am ersten Abend völlig begeistert über die wundervolle Macht der Liebe. Fast jeder! Neben mir saß eine schwer von Arthritis verkrüppelte ältere Frau. Sie war Psychologin gewesen, und obwohl sie sich jetzt zur Ruhe gesetzt hatte, empfand sie es als wichtig, auf dem neuesten Stand der Forschung zu sein. Also besuchte sie ungeachtet ihrer körperlichen Schmerzen weiterhin Tagungen.

Als eine junge Frau ihren Vortrag beendete, in dem sie ausgeführt hatte, wieviel Kraft ihr die Vertiefung in ihre Liebe gegeben hatte, lächelte die ältere Frau. «Ich freue mich, daß Ihnen das so geholfen hat», sagte sie. «Ich in meinem Alter empfinde es allerdings so, daß ich etwas mehr Energie brauche, um durch den Tag zu kommen, und Wut ist genau das Gefühl, das mir dabei hilft. Ich bin sehr dankbar für den dunklen Ort in mir, wo das Adrenalin produziert wird.»

Diese ältere Frau hatte erkannt, daß die dunkle Energie, die Hexe, das Dunkle Weibliche in unserem Innern, Kraft sowohl für Gutes als auch für Böses bereithält. Sie hatte gelernt, auf sichere Weise mit ihrer Hexe verbunden zu sein. Menschen, die nicht in Verbindung zu ihrer Hexen-Energie stehen, sehen diese Energie nur als Teil von anderen Menschen an.

Heute nennen wir das Projektion. So wie die Bilder eines Filmes auf eine Wand projiziert werden, projizieren wir unsere innere psychische Energie auf andere. Die Projektion dieser dunklen Energie richtet sich immer auf jemanden, der etwas hat, wo man «einhaken» kann.

Das wäre vielleicht gar nicht so schlimm, wenn nicht einige von uns eine gottähnliche Einsicht für sich in Anspruch nehmen würden. Das Problem ist, daß sie, von ihren eigenen Vorurteilen ausgehend, bei anderen große Fehler ausmachen können, während sie nichts über ihre eigenen blinden Flecken wissen. Die weisen Kirchenväter der Vergangenheit waren sicher, daß sie das Böse bei Johanna von Orleans entdeckt hatten, während sie sich selbst über jede Anfechtung erhaben fühlten.

Cerina bot den Leuten im Dorf Gelegenheit einzuhaken. Sie hielt sich fern von anderen, was in diesem kleinen Dorf den Eindruck erweckte, als hätte sie etwas zu verbergen. Sie war schroff und kränkte viele, so daß man sie als hinterhältig beschimpfte. Als nun eine große Tragödie die Familien im Dorf heimsuchte, wurden die Menschen mit den zerstörerischen Kräften des Lebens konfrontiert. Sie erlebten die dunkle Energie in sich zunächst als Hilflosigkeit, aber diese schlug bald in rasende Wut um. Da sie diese Wut nicht aushalten konnten, suchten sie nach einem Ort, auf den sie sie projizieren konnten. Cerina bot genügend Angriffsfläche. Ihr Bedürfnis, allein zu sein, wurde ihr als Geheimnistuerei ausgelegt, hinter der sich Hexenkünste zu verbergen schienen, und ihr unfreundliches Auftreten war in den Augen der anderen Anlaß genug, ihr eine grausame und böse Natur nachzusagen.

Als die Menschen sich in dieser Nacht am Feuer versammelten, tropfte der Regen immer noch von ihren Hüten auf ihre Gesichter, wo er Spuren wie von Tränen hinterließ. Es war Unruhe im Raum. Der Vater des kranken Jungen saß mit tiefliegenden Augen am Ende der Gruppe. Eine Frau, von Geburt und Trauer geschwächt, lehnte sich an ihren Ehemann. Dieser saß da und rang seine fleischigen Hände gegeneinander, als ob er tief im Knochen einen Schmerz empfände.

Die Frau, die die Hühner von Cerina versorgte, die das blutige Ritual überlebt hatten, saß unruhig hinten, ihre Augen schossen von einem zum andern. Sogar die Kinder waren heute still. Die alte Frau erhob ihren Blick und begann.

DIE EULE

Vor langer Zeit lebte einmal in einem Dorf, vielleicht gar nicht weit von hier, ein Bauer. Eines Morgens wachte er auf, und es sollte ein Tag werden, der keinem glich, den er je erlebt hatte. Gemeinsam mit seiner Frau, seinen Kindern und seinem Knecht ging er seinen morgendlichen Arbeiten nach. Der Knecht war eben in die Scheune gegangen, um Heu zu holen, da kam er schon wieder herausgerannt, ganz blaß und außer Atem.

«Hilfe, Hilfe!» schrie der Knecht, «ich habe in der Scheune ein Monster gesehen.»

«Blödsinn», antwortete der Bauer. «Immer suchst du nach einer Entschuldigung, um dich vor der Arbeit zu drücken. Ich werde das Heu aus der Scheune holen und dir beweisen, daß dort kein Monster ist.» Und mit diesen Worten ging er unerschrocken in die Scheune.

In der Nacht, während sie alle geschlafen hatten, war eine große Waldohreule durch eine Tür, die offenstand, in die Scheune geflogen. Der Wind hatte die Tür zugeweht, und die Eule war gefangen. Als der Knecht eingetreten war und das Sonnenlicht in die Scheune gelassen hatte, war die Eule auf einen Dachbalken geflogen, um auf die Dunkelheit zu warten, damit sie in Sicherheit wieder davonfliegen könnte.

Als der Farmer in die Scheune kam und zu dem Dachbalken aufschaute, fand er sich Auge in Auge mit dem starren Blick der Eule wieder, die völlig unbeweglich dasaß. Der Bauer erbleichte, rannte hinaus und rief: «Holt Hilfe! Lauft ins Dorf und holt Hilfe! Es ist wirklich ein schreckliches Monster!»

Bald waren alle Männer des Dorfes versammelt. Einer nach dem anderen ging in die Scheune, um dann bleich und vor Angst zitternd wieder herauszukommen. Man war sich einig, niemals ein schrecklicheres Monster gesehen zu haben. In diesem Moment gesellte sich auch der tapferste Mann der Gegend zu ihnen, und er erklärte sich bereit, in die Scheune zu gehen und das Monster zu töten.

Er betrat das Gebäude, die Brust geschwellt und sich selbst Mut zusprechend, während die anderen Dorfbewohner draußen für ihn beteten. Als die Eule ihn erblickte, plusterte auch sie ihre Brust auf, rückte ihre Federn zurecht und sprach ihre eigenen Worte: «Hu-huu, Hu-huu.» Als er dies sah und hörte, wurde dem Mann klar, daß er etwas begegnet war, das nicht von menschlicher Natur war, und er machte kehrt und rannte aus der Scheune.

«Man kann nichts tun», sagte er, «das Monster ist zu schrecklich, um dagegen zu kämpfen, denn es begann schon einen Fluch zu sprechen, dem ich gerade noch entkommen konnte. Wir müssen die Scheune abbrennen.»

Und so setzten sie gemeinsam die Scheune in Brand und brannten sie mit allem, was darin war – auch der Eule –, nieder. Daraufhin kehrte wieder der normale Alltag im Dorfleben ein, zu dem auch gehörte, daß man für den Bauern und seine Familie eine neue Scheune baute. Aber noch viele Jahre danach saßen die Männer des Dorfes abends zusammen und erzählten die Geschichte, wie sie sich zusammengetan hatten, um das Dorf von dem schrecklichen Monster zu befreien.

«Die Eule» ist ein Märchen der Gebrüder Grimm über die Hexenverbrennung. In dieser Geschichte verwandeln die Dorfbewohner Angst in Aggression gegen etwas von außen Kommendes, das sie schließlich vernichten.

Die Eule, ein Nachtvogel, ist nicht nur ein traditioneller Begleiter von Hexen, sondern auch in vielen Geschichten ein Symbol für die Hexe selbst. Es sind vor allem die Augen, die die Eule dafür prädestinieren, zum Symbol für eine hexenähnliche Frau zu werden. Anders als bei anderen Vögeln sind sie vorn am Kopf und fallen sofort auf. Sie starren direkt und intensiv. Die Eule schaut zurück, Auge in Auge mit dem Betrachter und auf der gleichen Ebene mit ihm.

Ich erinnere mich an ein Spiel, das wir als Kinder spielten: Dabei mußten sich zwei Kinder gegenseitig direkt in die Augen starren, und jedes hoffte, der andere würde zuerst zwinkern oder wegschauen. In diesem Spiel ging es um Macht, derjenige, der zuerst zwinkerte, war geschlagen.

Manche alten Frauen haben diese Ausstrahlung von einer unverfälschten Direktheit. Sie verhalten sich klar und sagen ohne Umschweife, was sie denken. Diese Frauen haben kein Interesse mehr daran, schüchtern und ehrerbietig zu sein oder auf einen Mann einen vorteilhaften Eindruck zu machen. Solches Verhalten bringt ihnen nichts mehr. Sie sehen die Dinge, wie sie sind, und verhalten sich dementsprechend. Von anderen werden sie deshalb oft als Bedrohung empfunden.

Das innere Dunkle Weibliche ist von ähnlicher Eigenschaft. Es starrt uns mit einer Direktheit an, die wir oft erschreckend finden. Es blickt völlig ohne Verstellung oder Zärtlichkeit. «Du bist fett geworden», zischt es mir in mein inneres Ohr. Oder: «Das willst du auf die Party zur Verabschiedung in den Ruhestand anziehen? Nicht sehr elegant!» Ist da ein Körnchen Wahrheit dabei, oder wird da nur Gift verspritzt?

Es ist sehr wichtig, zuzuhören und die Botschaften des Dunklen Weiblichen einschätzen zu lernen, denn vielleicht besitzt es Informationen, die ich brauche. Indem ich zuhöre und beurteile, werde ich es besser kennenlernen. Und es besitzt viele Fähigkeiten. Hexen und Eulen sind nicht nur direkt, sie sind auch weise, und das nicht nur durch Erfahrung, sondern auch durch Gefühle und das, was man als «Intuition» zu bezeichnen pflegt. Und Frauen, die dieses Handwerkszeug gebrauchen – emotionale und intuitive Informationen, die logisch nicht mehr vermittelbar sind –, wirken oft gefährlich auf Menschen, die ausschließlich mit Logik oder dem Verstand operieren.

Die Großmutter einer Freundin von mir besitzt ein unglaublich großes Wissen über ihre sechs Kinder und zwanzig Enkel. Zum Beispiel wußte sie es jedesmal vorher, wenn eine von ihnen schwanger wurde, lange bevor es ihr mitgeteilt wurde. In zwei Fällen wußte sie vorher, welche Frau schwanger werden würde, und eine von denen war sich sogar sicher, ihre Familienplanung abgeschlossen zu haben. Sie wollte keine weiteren Kinder haben, und sie verspürte keine Anzeichen einer Schwangerschaft. Als die Großmutter ihr ihre Vermutung mitteilte, war sie sicher, daß die alte Frau sich getäuscht haben mußte. Das Kind wurde eine Junge, und auch das schien die Großmutter gewußt zu haben.

In der Vergangenheit galt dieses nicht rationale Wissen als so gefährlich, daß man die Frauen, die darüber verfügten, als Hexen verurteilen konnte. In jüngerer Zeit, auch noch als ich eine junge Frau war, wurde diese Art der Intelligenz als «die Intuition einer Frau» verlacht und frivol oder dumm genannt. Jede, die diesem Wissen anhing, wurde als etwas zurückgeblieben angesehen.

Das individuelle Dunkle Weibliche in uns besitzt diese Intuition. In einem plötzlichen Moment wissen wir Dinge, die unlogisch zu sein scheinen. Lange bevor man es von außen sagen kann, vermag eine Mutter zu spüren, daß ihr Kind krank oder in Not ist. Man fühlt die Stimmung eines Partners, lange bevor ein Wort gesprochen ist. Dieses intuitive Wissen entstammt den inneren Gefilden des Dunklen Weiblichen.

Bis heute hat niemand wirklich herausbekommen können, wie dies funktioniert, und so hält sich weiterhin Skepsis. Noch immer behaupten viele – ungeachtet der Beweise –, daß ein intuitives Wissen nicht existiere. Und dennoch beginnen Psychologen und Mediziner inzwischen, auch wenn sie den Mechanismus des intuitiven Wissens nicht kennen, seine Existenz anzuerkennen. Das ist zwar ermutigend, jedoch bisher von geringer Relevanz für das praktische Leben.

In der Schule lehrt man uns, unsere Vernunft zu gebrauchen und rational und analytisch zu verfahren, aber niemand bringt uns bei, wie wir unsere Intuitionen einordnen können. Wenn wir ins Erwachsenenalter eintreten, besitzen wir immer noch dieses große goldene Geschenk. Unser intuitives Potential ist aber so sehr von Logik überdeckt, so sehr von der Rationalität begraben, daß wir es kaum wahrnehmen können. Und viele von uns halten dieses Gold sogar für wertlos oder trauen ihm nicht.

Diese intuitive Botschaft, die sich als ein zischender Kommentar des Dunklen Weiblichen, der Hexe in mir, über mein unelegantes Kleid offenbarte, war nicht nur Gift, es war die Wahrheit. Als meine Freundin sich in den Ruhestand verabschiedete, geschah das zu einer Zeit, in der ich gerade sehr stark beschäftigt war, und ich sah ihre Einladung lediglich als eine weitere Verpflichtung an. So hatte ich nur wenig Energie auf die Vorbereitung für den Abend verwandt, und unbewußt hatte ich ein Kleid ausgesucht, das meine Haltung und meinen Zustand widerspiegelte. Als ich begriff, was geschah, konnte ich meine Einstellung ändern. Die Party war ein wichtiger Meilenstein im Leben meiner Freundin, und ich wollte ihr zuliebe mit Enthusiasmus an der Feier teilnehmen. Vielleicht hätte sie es nicht gemerkt, wenn ich nur körperlich, aber nicht geistig anwesend gewesen wäre, aber ich würde es auf jeden Fall gemerkt haben. Und ich wollte dieser Lustlosigkeit keinen Platz in unserer Beziehung gewähren. Also sagte ich eine gesellschaftliche Verpflichtung am Abend vor ihrer Party ab und schlief am nächsten Morgen aus. Das richtige Kleid wartete schon lange in meinem Schrank, und ausgeruht und voller Vorfreude kam ich bei ihr an.

In diesem Fall war die Botschaft pures Gold, aber um das zu begreifen, mußte ich sie erst einsortieren können, denn man trifft immer wieder auf falsche Metalle oder auf gefälschtes Gold.

Die Alternative für mich wäre gewesen, die Botschaft zu ignorieren und mich unangemessen gekleidet zu der Party zu schleppen. Das wäre allerdings eine Falle gewesen, denn es hätte der Hexenenergie in mir eine wunderbare Gelegenheit geboten, über irgend jemanden, der mich gerade ärgern würde, herzuziehen, oder ich hätte jeden Blick oder Kommentar der Anwesenden über mein Äußeres als deren «Hexenhaftigkeit» auslegen können.

Hören Sie erst einmal zu, wenn die Hexe in Ihnen etwas sagt, denn sonst wird es vielleicht eine Explosion geben. In diesen Ausbrüchen können wir die Hexe in uns erkennen. Viel schwieriger ist es allerdings, die Hexe in einer anderen Frau als auf irgendeine Weise mit uns verbunden zu sehen.

Wir tun einen großen Schritt dahin, unsere eigene Hexe zu erkennen, wenn wir die Vorstellung akzeptieren, daß das scheinbar hexenähnliche Verhalten einer anderen Frau möglicherweise nur die Spiegelung von etwas in uns ist. Das ist ein schwieriger Schritt, denn wir glauben natürlich, daß das Problem bei der anderen liegt, nicht bei uns. Nur wenige von uns können auf Anhieb das innere Dunkle Weibliche spüren.

Wir haben gesehen, wie jede von uns ihre individuelle Angst, ihre Gegensätzlichkeit und andere unangenehme Eigenschaften im Schatten des Unbewußten plaziert. Bei Archetypen ist das anders, denn ein Archetyp ist ererbt und wird bei jedem Menschen gleich sein, weil die Eigenschaften, die mit einem Archetypen verbunden sind, universell sind.

Das Dunkle Weibliche, einer der Archetypen, ist ein Teil des Unbewußten eines jeden von uns, ob Frau oder Mann. Es ist nicht etwa die Folge davon, eine «schlechte» persönliche Mutter oder eine traumatische Kindheit erlebt zu haben. Dieser Archetyp spricht bestimmte Charaktereigenschaften an, eine verzehrende, regressive Kraft, einen vormenschlichen Animalismus. Die Hexe, eine Personifikation des Dunklen Weiblichen, lebt tief im Unterbewußtsein.

Obwohl sie in derart unerreichbaren Tiefen lebt, tritt diese Energie zutage, und wenn wir uns eine Weile darauf konzentrieren, beginnen wir die Hexe zu erkennen. Die Hexe hat die Kraft, Dinge vor uns im Unbewußten zu verbergen, die wir eigentlich bemerken sollten. Das sehen wir in Märchen wie Dornröschen oder Schneewittchen, in denen die Hexe die Protagonistin in Schlaf versetzt. Die Hexe vergiftet durch Dreistigkeit – denken Sie einmal an den Apfel bei Schneewittchen. Sie ist der Teil in uns, der Kinder auffrißt, etwas, das wir buchstäblich tun, wenn wir unsere Kinder so eng an uns binden, daß sie nicht atmen oder ihr eigenes Leben leben können. Wir fressen ihre Unabhängigkeit. Die Hexe verhext uns und verbirgt sich hinter unserer Verwirrung über das, was in unserem Leben stattfindet.

Während unsere westliche Kultur versucht hat, die Verbildlichungen des Dunklen Weiblichen zu eliminieren, ist man in anderen Kulturkreisen offener geblieben. In Indien wird die Hexe als die Göttin Kali verehrt, auf Hawaii heißt sie Pele. Für die meisten aus unserer Kultur ist sie jedoch aus der Mode gekommen und deshalb unterdrückt worden. Aber wie anderes unterdrücktes Material ist sie nicht verschwunden; sie liegt weiterhin im persönlichen und im kollektiven, im privaten und im kulturellen Unbewußten verborgen.

Es ist fraglos von Vorteil, wenn wir unser Unbewußtes und seine Rolle in allem, was geschieht, wahrnehmen. Wenn wir hier aufmerksam sind, dann hilft uns das, die Charaktereigenschaften zu vermeiden, die für einen bestimmten Archetyp kennzeichnend sind, in diesem Fall die regressiven Eigenschaften des Dunklen Weiblichen. Sind wir nicht aufmerksam, dann laufen wir Gefahr, eine dieser grausamen Eigenschaften gegen uns selbst oder andere zu richten.

Man hat uns beigebracht, und die meisten von uns finden das richtig, daß manche dieser Eigenschaften, vor allem wenn sie zum ersten Mal auftauchen, verdrängt werden müssen. Aber wenn wir älter werden, müssen wir uns fragen, wohin dieser Teil von uns verschwunden ist. Und wir müssen uns die genauso wichtige Frage stellen, welche Folgen es für uns hatte, daß wir diese archetypische Energie vergraben und unterdrückt haben.

Eine introvertierte Frau wird die Folgen dieser Verdrängung eher körperlich oder innerlich spüren. Wenn diese Frauen älter werden, vernachlässigen sie sich selbst und konzentrieren sich auf das, was Ehemann, Kinder oder Kollegen brauchen. Wenn sie sich dann doch einmal auf sich selbst besinnen, dann werden sie vielleicht entdecken, daß ein großer Teil ihrer selbst zu fehlen scheint. Sie haben sich aufzehren lassen und Teile ihres einzigartigen Selbst geopfert.

Vielleicht wird eine introvertierte Frau auch unter dem Gewicht von Krankheit oder Erschöpfung zusammenbrechen. Es ist eine Folge von übermäßiger Kontrolle – und hier kontrolliert die Hexe –, daß manche Frauen nicht mehr in der Lage sind, sich gegen einen Angriff wirkungsvoll zu verteidigen. Zwar kann dies auf unterschiedliche Weise geschehen, aber zweifellos wird die Substanz der introvertierten Frau von dieser schrecklichen Energie angegriffen und verschlungen.

Frauen, die extrovertiert sind, haben hingegen den Eindruck, daß diese Hexe, die Personifikation des Dunklen Weiblichen, andere besessen macht. Vielleicht ist eine extrovertierte Frau auch jemand, der kontrolliert, und auf jeden Fall weiß sie, wie man das

Leben eines anderen lebt. Indem sie das versucht, stiehlt sie nicht nur das Leben von anderen, sondern verliert auch ihr eigenes, denn niemand kann zwei Leben leben. Manchen Frauen passiert dies im Zusammenhang mit Kindern, und Töchter erkennen das oft schon lange vor den kontrollierenden Müttern.

Eine extrovertierte Frau, die von der Energie des Dunklen Weiblichen besessen ist, wird vielleicht feststellen, daß sie andere angreift. Sie kann zuschlagen, ohne nachzudenken, denn sie ist ja davon überzeugt, daß das, was sie sagt, zum Besten des anderen ist oder genau das, was er verdient.

Ich kannte einmal eine Frau, die aufgrund eines solchen Verhaltens fünf Arbeitsstellen und die meisten ihrer Freunde verlor. Obwohl es in einem neuen Job immer gut anfing, empfand sie das Verhalten der anderen ihr gegenüber bald als verletzend. Was immer ihre Kollegen taten, wurde als persönlicher Affront aufgefaßt, den sie rächen mußte. Sie sah sich selbst als Opfer und konnte dieses Verhalten so lange nicht ändern, bis sie eine Beziehung zu ihrem eigenen Dunklen Weiblichen aufgebaut hatte.

Wir müssen einen Weg hin zu dieser Beziehung finden. Es gibt keine andere Möglichkeit. Ehe das Dunkle Weibliche nicht akzeptiert ist, wird die innere Hexe sich mit immer mehr Macht zeigen, je älter wir werden. Wenn wir uns dieser Energie nähern, müssen wir uns allerdings einiger Gefahren bewußt sein, wie es das nun folgende Märchen der Gebrüder Grimm zeigt.

FRAU TRUDE

Es war einmal eine schreckliche Hexe, die hieß Frau Trude und lebte in einem tiefen Wald. Eltern verboten ihren Kindern, jemals diesen Teil des Waldes zu betreten, denn sie fürchteten, Frau Trude würde sie gefangennehmen.

Es gab jedoch ein kleines Mädchen, das nicht auf seine Eltern hören wollte. Was immer sie ihr auch sagten, sie tat das Gegenteil, und immer wieder geriet sie in Schwierigkeiten wegen ihrer uneinsichtigen Natur. Eines Tages sagte sie zu ihren Eltern: «Ich bin sehr neugierig, und ich werde gehen und Frau Trude besuchen, um zu sehen, wie sie ist.»

Ihre Eltern untersagten ihr, dorthin zu gehen, und als sie sahen, daß sie das Kind nicht umstimmen konnten, begannen sie zu bitten, zu flehen und sogar zu drohen. Es half alles nichts, das Mädchen hörte nicht auf sie und machte sich auf den Weg in den Wald. Schon bald betrat sie die Lichtung um das Haus von Frau Trude.

Auf den Stufen des Hauses saß ein Mann, der war schwarz von Kopf bis Fuß. Das Mädchen begann zu zittern, und der Mann verschwand, aber nur, um durch einen grünen Mann ersetzt zu werden. Auch der verschwand bald, und für einen Augenblick erschien ein Mann, der war so rot wie Blut. Dem Mädchen war vor Angst schon ganz schwach zumute, aber sie ging weiter und schaute durch das Fenster von Frau Trudes Haus. Sogleich schrak sie zurück, ging zum Eingang und klopfte an die Tür.

«Warum bist du so bleich und warum zitterst du so?» fragte Frau Trude, als sie das Mädchen einließ. «Was hast du gesehen, das dich so in Angst versetzt?»

«Einen schwarzen Mann.»

«Ein Bergmann.»

«Einen grünen Mann.»

«Ein Jäger.»

«Einen Mann so rot wie Blut.»

«Ein Metzger.»

«Und als ich durch das Fenster schaute, sah ich den Teufel, dessen Kopf von Feuer war.»

«Dann hast du zuviel gesehen», antwortete Frau Trude, und sie verwandelte das Mädchen in ein Holzscheit, das sie auf das Feuer warf. Dann setzte sie sich hinzu, um sich zu wärmen.

———————————

Dies ist eine Geschichte, in der alles schiefgeht. Die Protagonistin, ein Symbol für das junge Mädchen in uns, ist unterentwickelt, denn ihr fehlt die Fähigkeit, Gefahren zu erkennen oder realistische Grenzen zu ziehen. Sie hat kein Bewußtsein für das, was wirklich geschieht. In dieser Hinsicht erinnert sie mich an eine Klientin, die ich einmal hatte. Diese Frau arbeitete von 23 Uhr bis sechs Uhr morgens in einem Geschäft in der Innenstadt, und zwar in einem Gebiet, das für seine hohe Kriminalitätsrate bekannt war. Obwohl von anderen immer wieder gewarnt und zur Vorsicht gemahnt, schien dieser jungen und attraktiven Frau das Empfinden für die ihr drohende Gefahr zu fehlen. Bis sie eines Tages morgens um vier Uhr von zwei bewaffneten Männern überfallen wurde. Diese Erfahrung mußte sie erst machen, ehe sie realisierte, wie zutreffend andere die Gefährlichkeit ihrer Situation eingeschätzt hatten. Diese junge Frau war sozusagen verhext gewesen, und wie das Mädchen in «Frau Trude» ging sie davon aus, daß sie alles tun könne, was immer sie tun wolle, ohne daß ihr etwas passieren könne.

Anders als dem Mädchen im Märchen wurde ihr kein Schaden zugefügt. Aber das war lediglich Glück, und weder sie noch die Hexe, die sie so unbewußt gehalten hatte, konnten das als ihr Verdienst ansehen.

Dasselbe Verhalten stelle ich oft bei jungen Leuten fest, die meinen, daß Trinken im Zusammenhang mit Autofahren oder ungeschützter Sex nur für andere gefährlich seien. Wenn wir älter werden, gehen wir solche gedankenlosen Risiken für unseren Körper nicht mehr ein, denn wir werden uns unserer eigenen Sterblichkeit bewußt und achten daher stärker auf die Dinge, die uns gefährlich werden können.

«Frau Trude» erzählt uns, daß jeder Kontakt mit der Hexe Risiken für unser Inneres birgt. Die Annäherung des Mädchens an Frau Trude zeigt, daß es gefährlich sein kann, sich dem Dunklen Weiblichen zu nähern. Wenn wir die Fehler erkennen, die das Mädchen macht, dann werden wir imstande sein, Richtlinien für den Umgang mit unserem eigenen inneren Dunklen Weiblichen zu entwickeln.

Das Mädchen in «Frau Trude» tut das, was es tun will, und nicht, was es tun sollte, und es will in das Haus von Frau Trude eindringen. Es macht sich auf den Weg, ohne sich Gedanken darüber zu machen, wie es sich schützen könnte. Es ist möglich, sehr gefährliche Situationen zu überstehen, wenn man ausreichend gewappnet ist und wenn man aufmerksam ist und Glück hat. Ohne diese schützenden Begleiter aber droht eine große Gefahr.

Das Märchen macht schnell deutlich, daß der Wunsch, seine pure Neugier zu befriedigen, keine einem Erwachsenen ziemende Verhaltensweise ist. Der Wunsch des Mädchens hat zunächst einmal zur Folge, daß es seinen Eltern gegenüber ungehorsam ist. Es sind die Eltern, äußerlich gesehen in unserer Kindheit und innerlich gesehen in unserem Erwachsenenleben, die wissen, daß jede Handlung Konsequenzen hat. Wenn wir unseren Eltern nicht Folge leisten, dann leben wir nur für den Spaß oder den Rausch des Moments, ohne daran zu denken, was eine Handlung hervorrufen kann.

Aber wie ist es möglich, daß wir als ältere Frauen unser inneres Gefühl dafür, was angemessen ist, mißachten und dem anheimfallen, was Psychologen Anspruchsdenken und Dünkel nennen? Und wenn es so ist, wie zeigt sich Frau Trude dann uns?

Manche Frauen essen, ohne sich darum zu kümmern, was ihr Körper braucht. Die meisten von uns sind mit einem Speisezettel aufgewachsen, der von zweifelhaften Gerichten bestimmt war – viel rotes Fleisch, gebratenes Essen, Butter, Vollmilch und süße Desserts. Eine gute Hausfrau konnte Biskuit backen und dicke Soßen kochen, und ihre Keksdose war immer gefüllt. Und obwohl wir wissen, daß die alten Ernährungsweisen ungesund sind, halten viele von uns doch daran fest oder kehren immer dorthin zurück, denn es ist bequem und vertraut.

«Ich habe 59 Jahre lang so gelebt», sagte eine Frau zu mir, «warum sollte ich das jetzt noch ändern?» Ihre Einstellung ist ein Beispiel für Anspruchsdenken. Man ist überzeugt, daß man alles, was man haben will, auch verdient hat. Diese Frau hat ebenso wie das Mädchen in «Frau Trude» und die junge Frau im Geschäft ihre Urteilsfähigkeit von der Hexe in Schlaf versetzen lassen. Das hat immer Konsequenzen, und nur selten sind die nicht mit Schmerz verbunden.

Die Folgen ungesunder Ernährung sind buchstäblich ein Angriff auf unseren Körper. Unsere Arterien werden mit Fett verkleidet, unsere inneren Organe werden belastet, unser Immunsystem wird durch den Mangel an wichtigen Nährstoffen geschwächt. Die meisten Menschen, die in diesem Anspruchsdenken gefangen sind, reden sich ein, daß es doch ihre Freiheit sei, daß ihnen niemand vorschreiben könne, was sie essen sollen und was nicht. «Schließlich bin ich ein erwachsener Mensch», scheinen sie zu sagen.

Die Wahrheit aber ist, daß wir niemals vollkommen frei sind. Wenn wir uns weigern, die Folgen unseres Tuns zu bedenken, die in diesem Fall Krankheit bedeuten, sind wir Gefangene dieser Konsequenzen.

In den Momenten, in denen wir uns erlauben, zu viel zu trinken oder ohne Bewegung herumzusitzen, oder in denen wir uns gestatten, alles zu sagen, was uns gerade in den Sinn kommt, sind wir in einem Kreislauf gefangen, der uns jegliche Aufmerksamkeit für die Konsequenzen unseres Tuns raubt. Wir sind dann wie ein Kleinkind, das in das «schöne» Feuer greift oder den Löwen anfaßt, der alles tötet, wenn er gerade hungrig ist. Größere Reife verlangt auch einen größeren Grad an Bewußtsein.

Das kleine Mädchen in unserem Märchen folgt seiner Neugier und kommt so zu Frau Trudes Haus. Dort angekommen, begegnet sie in Form der drei Männer drei Aspekten der Hexe: einem Bergmann, einem Jäger und einem Metzger. Was sagen uns diese Symbole über das, was wir in unserem Dunklen Weiblichen entdecken werden?

Ein Bergmann gräbt tief unter der Erde nach Bodenschätzen. Dieser hier sucht nach Kohle, einem Stück Energie, das über viele Jahrtausende hinweg in der Erde gebildet wurde. Einmal mineralisiert, wird es zu einem Brennstoff, der sowohl Wärme als auch Licht produzieren kann. Das Dunkle Weibliche versorgt uns mit der Energie, tief in unser Unbewußtes einzutauchen, dort zu graben, um verborgene Gefühle und Einsichten zu entdecken, die uns Wärme und Licht spenden werden.

Die Wärme, die entsteht, wenn wir Emotionen erreichen, ist sehr kraftvoll und verlockend. Und mit den Emotionen kommt das Licht, das uns psychologische Einsichten ermöglicht. Die Zeichner von Comic strips haben den Augenblick, in dem eine Person etwas erkennt, oft durch eine Glühbirne über seinem Kopf dargestellt. Joseph Campbell, der berühmte Mythologe, nannte die Reaktion auf eine solche Einsicht «der Glückseligkeit folgen».

Diese Hexe oder das Dunkle Weibliche hat ein tiefes Wissen, das oft viel mehr Wahrheit enthält als alles, was das bewußte Ich erkennen kann. Das Zischen in meinem Ohr wegen des falschen Kleides war nur ein kleines Beispiel, oft geht es um wichtigere Dinge. Der Hexe ist es egal, ob wir zuhören wollen oder nicht, ob die Wahrheit schmerzhaft oder zerstörerisch wirken wird und ob sie überhaupt von Nutzen für uns ist. Sie möchte einfach mit der Information, die sie hat, herausplatzen.

Es passiert oft in einer Therapiesitzung, daß ich einen plötzlichen Erkenntnisblitz habe. Einmal geschah es, daß mir plötzlich klar wurde, daß die Mutter meiner jungen Klientin eine Affäre hatte. Bis zu dem Zeitpunkt hatte das Mädchen nicht darüber gesprochen, unsere Gespräche hatten sich um die üblichen Teenagerprobleme wie Schule und Freunde gedreht. Ich war auch ganz sicher, daß sie selbst nicht wußte, daß sie diese Information besaß, obwohl sie mir von ihrem eigenen Dunklen Weiblichen gesandt worden war. Die Hexe hatte per Intuition eine Botschaft geschickt. Das Mädchen wäre sehr verletzt gewesen, wenn sie zu dem Zeitpunkt etwas über die Sache gewußt hätte, und ich tat, was ich konnte, um ihre Verteidigungskraft gegen die Hexe zu stärken.

Ungefähr drei Jahre später traf ich dieses junge Mädchen im Lebensmittelgeschäft. Sie erzählte mir, daß es ihr immer noch gut ginge. Sie ging aufs College und war die meiste Zeit des Jahres von zu Hause fort. Zu ihrer großen Überraschung hatte sich ihre Mutter von ihrem Vater getrennt und einen Mann geheiratet, den sie «schon lange kannte» – das sagte sie mir mit einem wissenden Lächeln. Ich war froh, daß die Hexe drei Jahre zuvor dieses Wissen für sich behalten hatte. Heute schien meine ehemalige Klientin mit der Botschaft gut umgehen zu können.

Es kommt vor, daß die Information viel mehr wert ist als Kohle, und dann müssen wir hinhören, was die Hexe zu sagen hat. Sie hat die Kraft, uns mit ihren Worten große Perspektiven, Einsichten und Weisheit über das, was wir sind, zu eröffnen. Ihre Botschaften sind nicht in irgendeiner Weise versüßt, und wir können uns darauf verlassen, daß sie die Dinge beim Namen nennt.

Allerdings müssen wir reif genug sein, um von Kohle, die uns der Bergmann bringt, profitieren zu können. Jedes Mineral erscheint zunächst unbehauen und muß für den Gebrauch bearbeitet werden. Wir kultivieren unser krudes Wissen oder das Geschenk des Dunklen Weiblichen, indem wir es unserem rationalen oder bewußten Verstand aussetzen. So bauen wir eine Beziehung zu diesem Aspekt auf, beobachten ihn, grübeln über das nach, was wir hören, und fällen dann ein Urteil. Wenn wir in diesen Vorgang

Energie hineinstecken, werden wir eine große Geschicklichkeit erwerben. Das Stückchen Stein wird zu einem Stück Kohle werden und uns mit der nötigen Wärme versorgen.

Der zweite große Aspekt des Dunklen Weiblichen, dem das Mädchen begegnet, ist der Jäger. Hier geht es um unsere Instinkte oder unsere animalische Natur, die sowohl positive als auch negative Aspekte hat. Es ist negativ, daß unsere Instinkte uns schaden können, wenn sie außer Kontrolle geraten. Das passiert, wenn der Instinkt nicht durch unsere Erfahrung und unser rationales Denken im Griff gehalten wird. Es ist positiv, daß dieser Teil der animalischen Natur mit einer Energie begabt ist, die das Überleben von Geist, Verstand und Körper sichern kann. Er bringt uns dazu, alles physisch, intellektuell, emotional und spirituell zu essen, aufzunehmen, zu konsumieren und zu speichern.

«Man muß erst herausfinden, was man alles kann», pflegte Großmutter zu sagen, wenn etwas Unangenehmes oder Schreckliches geschehen war. Als junges Mädchen hatte ich beschlossen, viel lieber ein nettes und angenehmes Leben zu führen, als zu erfahren, was ich alles aushalten könne, aber heute weiß ich, wie wichtig es für mich ist, daß ich über die notwendige Kraft verfüge, um den Drachen des Lebens entgegenzutreten.

Es ist gerade meine tiefe instinktive Natur, die mir oft zeigt, wo sich die «Beute» meines Lebens verbirgt. Ohne dieses Wissen würde ich mich nur von dem ernähren können, was schwach oder leicht zu jagen ist, und wahrscheinlich würde ich einem der Drachen, denen ich begegne, zum Opfer fallen. Der Jäger in der Landschaft des Dunklen Weiblichen ist auf der Suche nach tieferen instinktiven Fähigkeiten und führt uns an sie heran, vor allem wenn das unkontrollierbare Leben schreckliche Dinge für uns bereithält.

Meine Freundin Marie ist 65 Jahre alt und hat im Laufe ihres Lebens ihren Ehemann und zwei von drei Kindern begraben. Ihr erstes Kind starb im Alter von sechs Jahren, es wurde auf dem Heimweg von der Schule von einem durchgedrehten Autofahrer getötet. Ihr Ehemann starb an einem Herzanfall, als Marie gerade fünfzig war, und als sie sechzig war, pflegte sie ihre Tochter durch die letzten Stadien der Krebserkrankung. Jedesmal trauerte sie, wurde aber nie verbittert oder von Selbstmitleid erfüllt.

In einem Gespräch mit ihr sagte ich einmal: «Ich kann mir

nichts Schlimmeres vorstellen, als den Tod eines meiner Kinder. Wie hast du es nur geschafft weiterzumachen?»

Sie schwieg eine Weile, bevor sie antwortete: «Es war wirklich schrecklich. Ich dachte, der Tod meines Sohnes wäre das Schmerzhafteste, was mir passieren könne, und ich war nicht sicher, ob ich das überleben würde. Aber ich lebte. Und als George und dann Kate starben, war es ebenso schrecklich. Aber auf eine seltsame Weise barg der Tod eines jeden von ihnen einen Segen. Ich glaube nicht, daß ich heute wüßte, daß der Tod nicht das Ende aller Dinge ist, wenn mir das nicht widerfahren wäre. Es ist schwer zu erklären. Natürlich, es war immer die Rede vom Leben nach dem Tod und vom Himmel und all diesen Dingen, aber es gab immer eine Distanz zwischen dieser Vorstellung und meinen Empfindungen. Der Tod von Bobby, George und Kate hat etwas bewirkt. Nicht so dramatisch wie eine Stimme von irgendwoher, aber ich weiß tief in mir, daß der Tod die Geburt zu dem ist, was als nächstes kommt.»

Obwohl Marie keine Kontrolle darüber hatte, was das Leben für sie bereithielt, wurde sie von ihren Drachen nicht getötet, sondern war imstande, auf die Jagd zu gehen und den Sinn zu finden. Sie hatte in ihrem Leben die Energie und die Geschicklichkeit des Jägers erworben, um mit Geduld die Spur zu verfolgen, die zu der Beute führte, die sie verfolgte.

Nach dem Bergmann und dem Jäger trifft das Mädchen einen dritten Aspekt der Hexe in Gestalt eines Metzgers. Das Tier, das der Jäger erbeutet, ist ohne Nutzen, wenn man es nicht häutet und in Teile zerschneidet. Ein Metzger bricht das große Material in kleine, sinnvolle Stücke, die in den Topf passen oder die über dem Feuer gebraten werden können.

Unser innerer Metzger schneidet und arbeitet an einem Ereignis oder Thema, um die Essenz dessen, was wahr ist, herauszulösen. Denken Sie an die sprichwörtliche Redensart «Daran habe ich erst einmal zu kauen» oder «Das muß ich erst einmal verdauen».

Die Frau, die eine Arbeitsstelle nach der anderen verlor, mußte dringend eine Verbindung zu ihrem Metzger aufbauen. Ihr Beutetier, ein unglaublich großer Berg von unbearbeitetem Fleisch, Ärger genannt, mußte tranchiert werden. Diese Klientin entdeckte, nachdem wir beide lange Monate gemeinsam gearbeitet hatten, das Bild eines kleinen Mädchens in sich, das gleich nach der Geburt von Eltern adoptiert worden war, die dachten, selbst keine Kinder bekommen zu können. Dennoch wurde neun Monate später eine Tochter geboren.

Meine Klientin hatte stets das Gefühl, daß dieses zweite Kind bevorzugt wurde. Die kleine Schwester war hübscher, klüger, sympathischer und talentierter. Aus diesem Grunde wurden der jüngeren Schwester alle Vorteile geboten. Sie wurde von einem Nachmittagskurs zum anderen geschickt, als die beiden heranwuchsen. Als schließlich die Zeit für das College kam, entschied sich die Schwester für eine teure Schule an der Ostküste, während meine Klientin die State University besuchte.

«Wie reagierten denn Ihre Eltern, wenn Sie um die Dinge baten, die Sie wollten?» fragte ich sie.

«Ich habe nie um etwas gebeten», sagte sie. «Es gab da ein Geldproblem, und ich wußte immer, daß sie es sich nicht leisten konnten, mich irgendwohin zu schicken. Meiner selbstsüchtigen Schwester war das egal. Und sie nahm immer und immer mehr von ihnen, und doch liebten sie sie am Ende mehr.»

Die Klientin hatte den Schmerz und die Wut, immer hinter der Schwester zurückzustehen, verinnerlicht. Sie verbrachte ihre Kindheit damit zu versuchen, die Eltern mit ihrer Rücksichtnahme zu erfreuen, in der verzweifelten Hoffnung, daß ihre Tugend eines Tages durch Hingabe, Lob und Liebe belohnt würde. Die Eltern aber schienen das nicht zu bemerken. Es macht den Eindruck, als hätten sie jedem Kind das gegeben, wonach es verlangte. Da meine Klientin im Gegensatz zu ihrer Schwester nur wenig verlangte, wurde ihr – das war jedenfalls ihr Eindruck – zu wenig gegeben. Ihre Schwester verlangte die Bevorzugung durch die Eltern und erhielt sie auch.

Das hatte zur Folge, daß meine Klientin überall nur noch Ausgeschlossenheit und Bevorzugung sah. Einen nur auf wirtschaftliche Dinge konzentrierten Chef mit unterentwickelten Fähigkeiten in der Personalführung bezeichnete sie als vorsätzlich grob. Sie meinte, daß Kollegen, die sie nicht von sich aus in jedes Gespräch mit einbezogen, hinter ihrem Rücken über sie tratschten. Innerlich raste sie vor Wut über all diese Kränkungen, und ihr Zorn drang aus jeder Pore und veranlaßte die anderen dazu, sich von ihr zurückzuziehen. Diese Distanzierung aber überzeugte sie erst recht davon, daß alle gegen sie seien. Was diese Klientin brauchte, war ein guter innerer Metzger, der ihr helfen würde, das Fleisch zu teilen und zu tranchieren.

Das meiste von dem, was geschah, wenn sie eine neue Arbeitsstelle antrat, hatte nur wenig mit ihr zu tun. Es waren die ganz alltäglichen Arbeitsabläufe, die sich gemäß einer längst etablierten Gruppendynamik vollzogen. Meine Klientin mußte lernen, die Verhaltensweisen ihrer Kollegen von ihren früheren Erfahrungen zu trennen. Sie mußte lernen wegzuschneiden, was nicht zu ihr gehörte.

Als die Klientin mit ihrer Arbeit begann, war sie erschöpft und überwältigt davon, Tag für Tag einen ganzen wütenden Löwen mit sich herumzuschleppen. Als sie dann daran arbeitete, jedes Teil vom anderen zu trennen und das wegzuschneiden, was nicht wirklich zu ihr gehörte, entdeckte sie die Dinge, die ein Teil von ihr waren und die sie ernähren würden.

Ich empfinde es als sehr ermutigend zu wissen, daß die Fähigkeit und die Energie, tief zu graben, auf die Jagd zu gehen und Dinge in kleine Portionen zu teilen, in jeder von uns ruht. Dem Kind in unserem Märchen allerdings nutzen diese Fähigkeiten nur wenig, denn es ist zu starrköpfig und zu aufgeblasen, um einzuhalten und darüber nachzudenken, was die Symbole, auf die es trifft, wohl bedeuten könnten.

Dieses Kind lebt in jeder von uns. Es ist der Teil in uns, der sagt: «Ich muß mich nicht an die Geschwindigkeitsbegrenzung halten, es ist schließlich kein Polizist zu sehen», oder «Ich stecke die Zeitung aus dem Wartezimmer einfach schnell ein, das tut schließlich jeder.» Das ist das Kind, das unser besseres Selbst zum Schweigen bringt, weil es nicht wahrhaben will, daß all unser Tun Konsequenzen hat. Voller Selbstgefälligkeit wandert es unbewaffnet im Land des Dunklen Weiblichen umher.

Der letzte und fatale Fehler, den das Mädchen begeht, ist ein absoluter Mangel an Unterscheidungsvermögen. Als die Hexe fragt, was sie noch gesehen habe, antwortet das Kind, daß es tatsächlich den bösen Charakter der Hexe gesehen habe. Sie erzählt vom Kopf des Teufels. Hätte sie den Metzger in sich, dann wäre diese unpassende Bemerkung vielleicht auf ein erträgliches Maß zurechtgestutzt worden. Das aber konnte das Mädchen nicht leisten, und darin erinnert sie mich an alle kleinen Kinder, die frei heraus Dinge sagen wie: «Mama, schau mal, die dicke Frau dort!»

Das kleine Mädchen ist zu naiv, zu unerfahren und zu unreif, um den Fragen der Hexe standzuhalten, und so endet es in der Katastrophe. Die Hexe, Frau Trude, verwandelt es in ein Holzscheit und wirft es auf das Feuer.

Etwas zu verbrennen heißt, es von einem Zustand in einen anderen zu versetzen, aber der Vorgang ist irreversibel. Ein Holzscheit wird zu Asche – das Sinnbild für Demut und Reue, zwei Eigenschaften, die das kleine Mädchen in unserem Märchen hätte gebrauchen können. Aber aus Asche kann kein Holz werden.

«Diesmal habe ich mir wirklich die Finger verbrannt» oder «Gebranntes Kind scheut das Feuer» sind Redewendungen, die zeigen, daß wir verletzt wurden. Sich zu verbrennen heißt, deutlich zur Verwandlung aufgefordert zu sein.

Wenn wir unsere innere Hexe weiterhin ignorieren, geben wir ihr die Macht zu leben und die Möglichkeit, ihr Gift zu verspritzen. Sie wird weiterhin flüstern. Wenn wir in der Annahme, daß ihr Gift die Wahrheit sei, dem Flüstern zuhören, dann werden wir wie das Mädchen naiv bleiben. Tatsächlich wird sich die Naivität noch weiter ausbreiten, und wir werden uns in einem Netz von Anspruchsdenken wiederfinden:

Steuerhinterziehung: «Das Geld wird nur woanders vergeudet werden, wenn ich es mir nicht nehme.»
Ladendiebstahl: «Die Waren sind ohnehin zu teuer.»
Betrug in der Schule: «Jeder tut es, und ich muß gute Noten bekommen, um es im Leben noch zu etwas zu bringen.»
Bewaffneter Raubüberfall: «Die Gesellschaft will mich nur davon abhalten, mir zu nehmen, was mir zusteht, also muß ich selbst handeln.»

Das Märchen zeigt uns also, daß wir genau prüfen müssen, ob das Flüstern aus dem Dunklen Weiblichen stammt. Wenn wir das nicht fertigbringen, werden wir verbrennen. Der Weg ins Dunkle Weibliche ist ein Abstieg ins Unbewußte. Es kann die Hölle sein, ein Ort des Feuers. Aber es gibt Menschen, die diesen Abstieg bewältigen können und überleben. Wir haben Beispiele für die, die der Hexe in ihrer dunkelsten Verkleidung begegneten. In der griechischen Mythologie ist es Persephone, die von Hades, dem Gott der Unterwelt, entführt wird, aber nach sechs Monaten zurückkehrt. Da ist die wunderschöne Psyche aus dem griechischen Mythos, die zur Hölle hinabsteigt – auch Hades genannt –, um eine besondere Kiste zu erhalten, die ihren Ehemann Eros zurückbringen wird. Beide steigen in eine dunkle Welt des Chaos hinab.

Es gibt auch neuzeitliche Beispiele. Der Psychiater Viktor Frankl ist einer der bekannteren Menschen, die Auschwitz und andere Konzentrationslager der Nazis überlebten. Kürzlich konnten wir die Geschichte von Terry Waite hören, der lange Zeit im Nahen Osten von Terroristen festgehalten wurde. Und da war Mutter Teresa, die täglich in einer höllischen Stadt arbeitete.

Diese Menschen haben anders als das kleine Mädchen in «Frau Trude» gelernt, innerhalb von Grenzen zu leben, und sie können die große Frustration darüber, daß sie nicht sofort alles bekommen, was sie wollen, aushalten. So haben sie eine innere Stärke und Weisheit aufgebaut, die sie durch die Hölle schreiten läßt.

Die zweite Lehre des Märchens ist, auf dem Weg innezuhalten und langsamer zu werden, wenn man einem Aspekt des Dunklen Weiblichen begegnet. Schauen Sie genau hin, was es ist und was es Ihnen anzubieten hat. Bauen Sie eine bewußte Beziehung zu ihm auf. Wenn Sie das tun, dann werden Sie auch wissen, welches der nächste Schritt ist und wie Sie sich dann verhalten müssen.

Das Mädchen in der Geschichte ist schon allein, als ihm die drei Männer, die Aspekte des Dunklen Weiblichen oder der Hexe, vor dem Haus von Frau Trude begegnen. Weder kommuniziert es mit ihnen, noch beobachtet es sie lange genug, um zu begreifen, wer oder was sie sein oder bedeuten könnten. Es beschäftigt sich nicht lange genug mit ihnen, um irgendeinen Respekt vor ihrer Natur zu entwickeln. Es weiß nichts von ihnen, hat kein Gefühl für ihren Kern und ist auch nicht imstande, sie zu benennen.

Nur wenn Sie lernen, die Frustration darüber, daß Ihre Belohnung verschoben ist, auszuhalten, und nur wenn Sie eine Beziehung zu dem Dunklen Weiblichen aufbauen können, dann werden Sie mit Wahrheit oder Einsicht beschenkt werden, zwei unschätzbaren Werten.

Ganz zu Beginn meiner Berufslaufbahn hatte ich eine denkwürdige Begegnung mit meiner eigenen Hexe. Ich ernährte damals meine zwei kleinen Kinder, indem ich ein College leitete. Als ich einmal meinte, sechs Wochen Urlaub zu brauchen, verpflichtete ich die Frau eines graduierten Studenten, mich zu vertreten. Bereits nach wenigen Tagen erhielt ich einen Anruf, in dem mir mitgeteilt wurde, daß man mich nicht länger brauche. Man würde mich durch die Frau ersetzen, die ich angeworben hatte.

Natürlich war ich außer mir. Meine erste Reaktion war, die andere Frau für eine Hexe zu halten. «Wie konnte sie mir das antun?» heulte ich. «Wir waren Freundinnen. Sie wußte, wie heikel die Situation war, und sie arbeitete gegen mich, kaum daß ich ihr den Rücken gekehrt hatte.» Dann stellte ich eine lange Liste der Dinge auf, die ich ihr gern angetan hätte und die sämtlich etwas von Hexenverbrennung hatten.

Wie das Mädchen in «Frau Trude» sah ich die Situation als etwas an, das sich außerhalb von mir abspielte. Ich wollte meinen Job zurück, und deshalb trat ich, als ich aufgehört hatte zu weinen und die andere zu verfluchen, sowohl der anderen Frau als auch meinem Arbeitgeber gegenüber.

Das machte die Sache noch schlimmer, und mein Ego und meine Selbstachtung erlitten böse Verbrennungen. Es gab niemanden, der freundlich zu mir war. Anstatt das Tempo herunterzufahren und zu versuchen, meine Frustration wenigstens so lange auszuhalten, bis ich verstanden hatte, was da geschah und was meine Möglichkeiten waren, lief ich zu einem Anwalt. Er wies mich an, mich still zu verhalten. Ich solle mit keinem meiner Kollegen Kontakt aufnehmen, während er sich dafür einsetzen würde, eine einvernehmliche Lösung auf der Basis meines Vertrages auszuhandeln.

Was dabei herauskam, war eine teilweise Zahlung meines Gehaltes für die Laufzeit des Vertrages. Das war furchtbar unfair. Ich verbrannte mir die Finger bei dieser Sache und ging darüber auch noch in Flammen auf. Monatelang trug ich eine gleichbleibende Wut mit mir herum. Obwohl ihre Intensität schließlich nachließ, mußte ich erst älter werden, um wieder dorthin zurückkehren zu können und die Situation in einem anderen Licht zu sehen.

Als ich an den Ort gelangte, an dem die Erinnerungen und die Gefühle verborgen waren, wurde mir klar, daß ich selbst auch aktiv manipuliert hatte. Vom ersten Moment an, als ich wußte, ich würde den Urlaub brauchen, wußte ich auch, daß es nicht gern gesehen war, wenn ich so lange wegblieb.

Ich umging den Widerstand, indem ich meinen Urlaub durch die Hintertür arrangierte. Wie das Mädchen in unserer Geschichte hatte ich nur das verfolgt, was ich haben wollte, ohne die ganze Realität zu bedenken. Zwar verhielten sich die andere Frau und mein Arbeitgeber nicht wirklich ehrlich und direkt, aber auch ich war nicht geradeheraus. Ich verbrannte mich an meinem eigenen Streichholz, wenngleich ich damals zu jung und zu naiv war, um das zu verstehen.

Hierzu paßt der griechische Mythos von Perseus. Perseus, einem jungen Helden, wurde die Aufgabe gestellt, ein schreckliches Ungeheuer namens Medusa zu töten. Da Medusa die Macht hatte, jeden in Stein zu verwandeln, der sie ansah, benutzte Perseus einen Schild, den er sich von der Göttin Athena ausgeliehen hatte. Den Schild konnte er wie einen Spiegel gebrauchen und hatte so das Ungeheuer deutlich im Blick, ohne Gefahr zu laufen, es direkt ansehen zu müssen. Perseus hatte nachgedacht, bevor er handelte, und der Schild war das Ergebnis seiner Reflexion – einer notwendigen Vorsichtsmaßnahme, die der Begegnung mit dem Dunklen Weiblichen immer vorausgehen muß.

Als ich gefeuert wurde, lief ich blindlings drauflos und wurde in Stein verwandelt. Und da ich aus einer starken Emotion heraus und ohne Befriedigung oder Reflexion handelte, rannte ich hin und her und versetzte eine Menge in Bewegung, gewann aber nichts dadurch. Ich hatte nicht nur versäumt, darüber nachzudenken, wie ich mich in dieser Situation verhalten könnte, sondern ich lähmte auch meine ganze zukünftige Entwicklung. Ich war buchstäblich wie versteinert, was bedeutet, daß ich in der alten Denkweise verhaftet war. Es erwuchs mir aus dieser Erfahrung keine neue Aufmerksamkeit, keine Reife und kein Wissen über mich selbst. Als Folge davon wiederholte ich diese Art, indirekt mit bestimmten Situationen umzugehen, noch einige Male, bevor ich zu begreifen begann, was ich da tat. Reflexion ist tatsächlich ein Schild.

Athena hatte Perseus auch ihr Schwert gegeben. Mit diesem Schwert konnte er dann den Kopf der Medusa abschlagen. Wir müssen uns nicht nur die Zeit zur Reflexion nehmen, sondern wir müssen auch unterscheiden. Hierfür ist das Schwert ein Symbol.

Wenn wir an diesen inneren Ort gelangen, an dem wir die Reflexion unseres eigenen Dunklen Weiblichen oder unserer Hexe sehen können, dann müssen auch wir das Schwert der Unterscheidung benutzen, um den «Kopf» oder das akademische Verstehen von dem instinktiven oder emotionalen Verstehen des Körpers zu trennen. Das soll nicht heißen, daß intellektuelles Verstehen falsch oder nutzlos wäre – im Gegenteil, wir brauchen vernünftiges Begreifen. Aber es muß auch das Wissen, welches auf einer tieferen, unbewußten Ebene existiert, heraufgebracht werden, so wie das Blut der Medusa.

Als das Blut aus Medusas Hals strömte, fing Perseus etwas davon in zwei Gläsern auf. Das Blut in dem einen Glas hatte die Macht, Leben zu geben, das andere den Tod. Zusätzlich kamen aus dem Blut Pegasus, das geflügelte Pferd der Kreativität, und Chrysaor, sein Bruder in Menschengestalt. Der Kopf der Medusa wurde in einen Beutel gelegt und zur Göttin Athena gebracht, die ihn auf ihrem Schild trug.

Pegasus war ein perfekt gebautes Pferd, das die Fähigkeit besaß, mit Hilfe seiner Flügel wie ein Vogel zu schweben. Chrysaor, sein Bruder, war ein riesiger Mann, der ein goldenes Schwert besaß. Pegasus verwandte sein Leben darauf, den Brunnen der poetischen Inspiration zu befreien, während sein Bruder Chrysaor eine Wassergestalt heiratete, Vater eines Monsters wurde und verschwand. Diese Kinder sind wie die beiden Gläser mit Blut – das eine lebenspendend und das andere zerstörerisch. Das ist das Dunkle Weibliche in seiner ganzen Kraft.

Ich habe viel mit Künstlern gearbeitet, die mit ihrer eigenen Medusa konfrontiert wurden. Manchmal scheint die Energie, die aus diesen Reflexionen entsteht, wie Chrysaor zu sein, sie dringt nie ins Bewußtsein vor, taucht jedoch auf, kreiert ein winziges Stück und sinkt dann wieder unter die bewußte Ebene zurück. Manche Dinge sollen einfach nicht geboren werden. Dann wieder erscheint Pegasus. Gemälde, Theaterstücke, Skulpturen, Gedichte, Erzählungen und Darstellungen sind sämtlich «aufgetaucht». Manche Kreationen schaffen es, von ihren tiefen inneren Quellen gen Himmel zu schweben.

Athena sendet eine bedeutende symbolische Botschaft, indem sie den Kopf der Medusa auf ihrem Schild plaziert. Ein Schild ist der Teil der Rüstung eines Kriegers, der ihn vor Angriffen schützt und auch zuerst von den heranrückenden Feinden gesehen wird. Die Göttin zeigt allen, die in ihre Nähe kommen, daß das Dunkle Weibliche eine doppelte Funktion hat. Es kann gefährlich sein und töten, aber es kann auch schützen und mit zum Leben notwendigen Dingen versorgen. Dies verdeutlicht auch einen Aspekt unseres eigenen Schildes. Wir wissen, daß unser Dunkles Weibliches nicht nur ein destruktiver Teil von uns ist, den wir fürchten müssen. Es ist noch mehr als das. Wenn wir reflektieren und unterscheiden, dann wird es uns ebenfalls mit einem Schild versorgen.

Bis hierher haben uns unsere Geschichten das Dunkle Weibliche oder die Hexe als einen Teil des Unbewußten präsentiert, der die Fähigkeit besitzt hervorzuspringen. Wenn wir zu nahe herangehen, laufen wir Gefahr, uns zu verbrennen oder versteinert zu werden. In der nächsten Geschichte aus Skandinavien lernen wir ein paar der anderen Arten kennen, wie sich das Dunkle Weibliche manifestieren kann.

Die Schuhe der Hexe

Es wanderte einmal eine durchnäßte, verwahrloste alte Frau durch den Wald. Der Tag war dunkel geworden, und Nebel fielen. Der Tag der alten Frau hatte kein Ziel gehabt, sie war einfach durch den Wald gewandert. Als es später wurde, fühlte sie Müdigkeit und Hunger, und sie fragte sich, ob sie es noch schaffen würde, zu ihrem Haus zurückzukehren. Sie wollte sich eben auf einen Stein niedersetzen, um darüber nachzudenken, was sie tun sollte, als sie durch die Bäume ein kleines Häuschen wahrnahm. «Vielleicht kann ich die Nacht dort verbringen», sagte sie zu sich selbst.

Das Haus aber gehörte einer alten Hexe. Diese wollte es gerade zum Abend verlassen und hatte deshalb ihre Schuhe gereinigt und vor dem Kamin zum Trocknen aufgestellt. Sie freute sich nicht, als es klopfte und sie die alte Frau vor ihrer Tür sah, aber sie öffnete dennoch.

«Ich bin müde und hungrig», sagte die alte Frau, «ich möchte hineinkommen und die Nacht hier verbringen.»

«Ich gehe heute abend aus, also kannst du nicht hierbleiben», antwortete die Hexe, «aber du magst dich wohl ans Feuer setzen und dich wärmen. Wenn deine Kleider trocken sind, mußt du gehen.»

Also trat die alte Frau ein und setzte sich vor das Feuer, zog ihre Schuhe aus und stellte sie dicht neben die Kohlen. Es schien ihr nur eine kleine Weile vergangen zu sein, als die andere Frau sagte: «Ich möchte jetzt gehen. Du mußt das Haus verlassen.»

Die alte Frau seufzte und griff nach ihren Schuhen. Sie zog sie an, ohne zu bemerken, daß sie die falschen gegriffen hatte. Ihre Schuhe blieben am Herd, während sie die Schuhe der Hexe an den Füßen hatte. Sie dankte der Frau, daß sie sich hatte ausruhen dürfen, und ging hinaus.

Kaum hatte sie ihren Fuß auf den Weg gesetzt, als sie schon nach oben flog. Die Schuhe blieben nicht auf der Erde, und sie flog mal in diese, mal in jene Richtung, kopfüber und kopfunter, denn sie hatte keinen Besen, um das Gleichgewicht zu halten.

«O Hilfe, o Hilfe!» rief sie, als sie umherwirbelte, immer wieder nach Ästen greifend. «O Hilfe, o Hilfe!»

Ein Mann, der vorüberkam, sah ihre Not. Er wartete, bis die alte Frau wieder zu Boden schlug, und griff dann nach einem der Schuhe. Der Schuh glitt vom Fuß, und die alte Frau konnte auf diesem Fuß landen und den anderen Schuh ausziehen.

Die Hexe hatte nichts von alledem bemerkt. Sie zog die anderen Schuhe an, in dem Glauben, es seien ihre, griff ihren Besen und machte sich auf den Weg zu einer vergnüglichen Nacht. Draußen sprang sie hoch, aber die Schuhe hatten keine Kraft, und sie landete wieder auf der Erde. Sie sprang noch einmal, aber sie flog nicht. Die Hexe versuchte es immer und immer wieder, denn sie wollte nicht glauben, daß sie nicht von der Erde hochkommen konnte.

Sie sprang und fiel so oft hin, daß in der Erde ein sehr tiefes Loch entstand. Schließlich fiel sie in dieses Loch, und die Erde begrub sie unter sich. Sie war sicher begraben. Jedenfalls für dieses Mal.

———————————— ▲ ————————————

Die beiden Seiten der Protagonistin, die Hexe und die wandernde Frau, stehen hier in starkem Gegensatz zueinander. Das bewußte

Ego der alten Frau auf der Wanderung ist müde geworden. Sie hat nur noch wenig Energie und läuft unaufmerksam durch den Wald. Am Ende des Tages ist sie hungrig, müde und weit von zu Hause entfernt. Sie hat die Kraft nicht mehr, die notwendig ist, um sich ein Ziel zu setzen und vorauszuplanen.

Auf das Haus der Hexe trifft sie nur zufällig, sie war nicht ausgezogen, um diesen Teil ihres Selbst zu finden. Und als sie in Kontakt zu der Hexe tritt, erkennt sie sie nicht als jemanden, der besondere Kräfte besitzt. Aber sie ist noch entschlossen genug, um an die Tür zu klopfen und um Unterkunft zu bitten.

Diese Hexe, ein Symbol für das Dunkle Weibliche der alten Frau, ist ganz anders als die, die wir schon kennengelernt haben. Sie ist aktiv, voller Energie und plant einen amüsanten Abend in der Stadt. Als die alte Frau klopft, ist die Hexe nicht besonders freundlich, denn sie hat etwas anderes vor an diesem Abend. Aber sie erlaubt der Frau, sich für kurze Zeit aufzuwärmen und zu trocknen.

Das Dunkle Weibliche hat mehr zu bieten, und es ist erstaunlich, daß diese Hexe nur so wenig anzubieten scheint. Es bleibt ungesagt, daß die alte Frau noch mehr gewinnen kann, vielleicht eine zufällige Bereicherung durch den Kontakt zur Hexe. Tatsächlich wird das Geschenk dieser Begegnung nicht bewußt gegeben, sondern die alte Frau erhält es durch die Verwechslung der Schuhe. Sie hatte nicht vor, die Schuhe zu nehmen, und die Hexe hat sie nicht angeboten. Dieser Austausch ist nicht das Ergebnis eines bewußten Planes. Außerdem scheinen die Schuhe nicht einmal ein gutes Geschenk zu sein: Die alte Frau wird, als sie sie trägt, herumgeworfen und schreit die ganze Zeit.

Dieser Dynamik begegnen wir, wenn uns irgend etwas aus unserem gewohnten Gleis wirft und eine Veränderung erzwingt, die wir nicht wollen und nicht mögen. Jahre später schauen wir vielleicht zurück und begreifen, daß diese Veränderung sehr wertvoll für uns war. Aber in dem Moment, wo sie geschieht, haben wir das Gefühl, auf den Kopf gestellt zu werden.

Die Geschichte bringt noch ein weiteres Thema ein, und das ist die Frage der Besessenheit. Als die alte Frau die Schuhe der Hexe anzieht, ist sie von der Energie besessen. An dem Punkt kann sie nicht mehr klar reflektieren oder unterscheiden.

Vor kurzem habe ich an einer Tagung über Geriatrie teilgenommen. Eine der Vortragenden, die über die Überlebensraten verschiedener älterer Frauen auf Pflegestationen sprach, hatte wie einen roten Faden Elemente des Dunklen Weiblichen oder der Hexe bei denjenigen Frauen wiedergefunden, die am besten mit ihrem Leben zurechtkamen. «Das sind keine fügsamen alten Frauen», sagte sie, «sie hassen es, wenn man ihnen sagt, was sie tun sollen. Sie kooperieren grundsätzlich nicht. Sie haben einen zickigen, streitlustigen Ton am Leib.» Da mußte ich an die andere Tagung denken, damals in den sechziger Jahren, und an die alte Ärztin, die ihre Wut der damals so sehr gepredigten Liebe vorzog.

Diese alte Ärztin war sich ihrer dunklen Seite sehr wohl bewußt. Sie ging bewußt dorthin und konnte so Einsicht oder Energie gewinnen und sie in ihr Bewußtsein integrieren. Das ist ein Vorgang, der über die Jahre hinweg mit der Ärztin geschehen war, und sie hatte offenbar große Geschicklichkeit darin entwickelt.

Die streitlustigen alten Frauen, die die Vortragende beschrieb, scheinen hingegen vom Dunklen Weiblichen besessen zu sein. Viele der im Umgang sehr schwierigen Frauen, die ich in Langzeitpflegeheimen getroffen habe, sind dorthin gebracht worden, weil es keinen anderen Platz für sie gibt. Diese Frauen sind wütend, weil man ihnen ihre Macht genommen hat. Anstatt eine Beziehung zu ihrer inneren Hexe aufzubauen, sind sie mit ihr verschmolzen. Sie integrieren oder benutzen ihre Energie nicht, sondern sie werden eins mit ihr. Vielleicht erhält diese Energie, wie es die Sprecherin auf der Tagung andeutete, diese Frauen am Leben, aber das ist ein Leben, dem es – wie ich glaube – an Qualität fehlt.

Jede Geschichte, so auch diese, erinnert uns daran, daß es sowohl Kontakt als auch Distanz zwischen der Hexe und dem bewußten Ego geben muß. Wir müssen sie kennen und eine Beziehung zu ihr haben. Wir werden mit ihr kommunizieren, und wir müssen verstehen können, was diese Interaktionen bedeuten. Aber wir sollten nicht zu nah herangehen, und wir können nicht mit ihr zusammenleben. Denn sie ist viel zu gefährlich. Sie muß immer wieder an ihren Platz im Unbewußten zurückkehren.

Eine zufällige Begegnung mit der Hexe wird zwar unangenehm sein, wenn sie unser Leben auf den Kopf stellt, aber sie ist voller Möglichkeiten. Wir dürfen nur die Perspektive nicht verlieren, daß diese Begegnung etwas Nützliches für uns beinhalten kann. Der Zustand der wandernden alten Frau ist uns vertraut. So fühlen wir uns, wenn wir eine Zeitlang antriebslos waren oder uns in ober-flächlichen Handlungen aufgerieben haben.

Meine Freundin Gwen mußte erleben, daß ihr aktives, geschäf-tiges Leben von einem Herzanfall unterbrochen wurde. Nachdem sie aus dem Krankenhaus entlassen war, machte sie eine Zeit des Umherwanderns durch. Kaum etwas schien sie mehr zu inter-essieren. «Ich raffe mich auf und unternehme etwas», erzählte sie mir, «aber es scheint mir alles egal zu sein.»

Das war vor fünf Jahren. Heute nennt Gwen ihren Herzanfall das Beste, was ihr je passieren konnte. «Es war ein Schuß vor den Bug, der mein Leben veränderte», sagt sie. «Seit dem Herzanfall mache ich vieles anders. Ich möchte, daß mein Leben einen Sinn hat. Ich möchte sagen können, daß ich wirklich das Leben gelebt habe, das ich leben sollte, und daß ich war, wer ich sein sollte. Nach meiner Krankheit hatte ich den Eindruck, ziellos umherzuwan-dern, aber das stimmte nicht. Vorher war ich gewandert. Damals war mein Leben zwar geschäftig und aktiv, aber es führte nirgend-wohin. Ich wirbelte ohne Ziel herum.»

Die Geschichte von Gwen hört man von Tausenden von Frau-en, die der Hexe in der dramatischen Form einer lebensbedroh-lichen Krankheit begegnet sind. Wer eine ernsthafte Krankheit durchlebt, der hat das Gefühl, seine Welt würde auf den Kopf gestellt. Für eine Weile gibt es keinen festen Grund mehr, auf dem man Fuß fassen kann.

Auf dieselbe Weise können eine Idee, eine Laune, eine Not oder ein Verlangen in unser Leben treten. Wir bemerken diese, wie die alte Frau das Häuschen durch die Bäume wahrnimmt. Es ist, als würden wir sagen: «Das habe ich ja noch nie vorher bemerkt. Ich frage mich, was das hier soll.» Das ist die Schwelle und der An-gelpunkt.

Hätte die wandernde alte Frau das Häuschen nicht erreicht, dann wäre die Geschichte ganz anders ausgegangen. Vielleicht hät-te sie es bis nach Hause geschafft, und keine Verwandlung hätte stattgefunden. Oder sie wäre im Wald gestorben.

Wenn wir das Häuschen, die Laune, die Not, das Verlangen oder die Idee wahrnehmen, dann müssen wir innehalten und abwägen. Wir müssen bedenken, daß dort vielleicht viele Möglichkeiten auf uns warten. Das Vertrauen in uns selbst wird uns erlauben wei-terzugehen.

«Aber wenn das nun nicht stimmt?» flüstert eine kleine Stimme. Die Antwort, mit der uns das Märchen bedenkt, lautet: «Das macht nichts.» Die Frau bekommt ein wenig von dem, was sie suchte, was sie für sich erhofft hatte. Es wird ihr erlaubt, sich auszuruhen und zu wärmen, aber es wird ihr kein Essen und kein Bett angeboten. Dennoch erhält sie etwas, wovon sie nie geträumt hätte, und zwar Energie und eine neue Lebensperspektive.

Das Märchen verschweigt uns, was sie mit dieser neuen Perspektive angefangen hat. Das Geschenk ist da, aber es ist an ihr, die Arbeit zu tun. Wird die Arbeit nicht geleistet, dann ist das Geschenk nicht viel wert, und es wird sich nichts verändern. Andererseits hätte sie sich ohne das Geschenk der Energie und der neuen Sichtweise nicht vom Boden lösen und an ihrer eigenen Verwandlung arbeiten können.

In diesem Märchen konnten wir die Energie der Hexe in unserem Unterbewußten als sehr wohltuend kennenlernen. Unsere nächste Geschichte aus dem Sudan warnt uns, daß es immer noch notwendig ist, Distanz und Unterscheidung zu wahren.

NYANBOL

Es war einmal ein junger Mann, dessen Vater drängte ihn zu heiraten. Der junge Mann tat, was sein Vater wünschte, und suchte sich eine wunderschöne junge Frau. Einige Tage nach der Hochzeit bat die Mutter des jungen Mannes, die Braut möge zu ihrer Hütte kommen. Die Frau wurde geschickt, und die Mutter fraß sie auf.

Einige Monate später heiratete der Sohn erneut. Nach einer Woche bat die Mutter, die neue Frau möge zu ihrer Hütte kommen. Die junge Frau wurde zu ihr geschickt, und wieder fraß die Mutter sie auf.

Diesmal wartete der Sohn länger, bis er wieder heiratete, aber es geschah dasselbe. Nach einiger Zeit hatte der Sohn alle geeigneten Mädchen des Dorfes außer Nyanbol geheiratet, und seine Mutter hatte jedes einzelne aufgefressen.

Der Vater entschied, daß Nyanbol die nächste Frau sein würde, aber der Sohn weigerte sich zu heiraten. Der Vater bat und drohte, drohte und bat, bis der Sohn schließlich zustimmte.

Am Tag nach der Hochzeit wünschte die Mutter, die Braut zu sehen.

Nyanbol ging mit ihrer jüngeren Schwester zu der Hütte. Die Schwester bereitete ein Essen, und sie sprachen alle drei miteinander. Als es Schlafenszeit war, sagte die Mutter: «Komm, Nyanbol, lege dich zu mir.»

Nyanbol hatte vom Schicksal all der anderen Bräute gehört und sah ihre Schädel in der Hütte. «Nein», antwortete sie, «ich werde mit meiner Schwester auf dieser Seite des Raumes schlafen.» Die beiden Schwestern legten sich zusammen hin, aber sie konnten nicht schlafen.

In der Nacht hörten sie, wie die Mutter umherging und nachsah, ob sie schliefen. Kaum zeigte sich das Morgenlicht, da sprangen die Schwestern auf und wollten nach Hause laufen. Schon bald hörten sie die Schritte der Mutter hinter sich.

«Schnell, klettere auf diese Palme», sagte die Schwester zu Nyanbol. Der Baum, von ihrer Familie geheiligt, beugte sich tief herab, damit Nyanbol in seine Krone klettern konnte. Dann streckte sich der Baum wieder aus. In diesem Moment erreichte die Mutter die Schwester.

«Verschwinde», sagte sie zu der Schwester, «ich will nicht dich, ich will Nyanbol.» Die Schwester lief nach Hause, um den Ehemann um Hilfe zu rufen.

Die alte Mutter befahl dem Baum, sich zu ihr herabzubeugen, aber die Palme blieb aufrecht und groß, mit Nyanbol sicher in ihrer Krone. Da holte die alte Mutter eine Axt heraus und begann, auf den Stamm des Baumes einzuschlagen. Aber sie hatte noch nicht lange gehauen, als ihr Sohn kam.

«Deine Frau ist in die Krone des Baumes gestiegen, und nun sitzt sie dort fest. Ich schlage den Baum, um sie zu retten.»

Als der Baum den Ehemann sah, beugte er sich erneut herab, so daß Nyanbol herunterklettern konnte. Die drei gingen zusammen zur Hütte der Mutter zurück. An diesem Abend sagte der Sohn zur Mutter: «Du schläfst in der Hütte, und Nyanbol und ich werden draußen schlafen.»

Kaum war die Mutter in der Hütte, da verriegelte der Sohn die Tür mit schweren Holzstämmen. Dann setzte er das Haus in Brand und tötete so die Mutter.

———————————————

Es scheint in diesem Märchen kein Geschenk zu geben. Wir sehen eine Mutter mit dem Hang, die Ehefrauen ihres Sohnes zu töten. Ihr unstillbarer Appetit zeichnet sie als Hexe aus, denn großer Appetit ist charakteristisch für Hexen – in Märchen, Mythen wie auch in unserem inneren psychologischen Leben.

Denken Sie an die Hexe aus Hänsel und Gretel, die ebenfalls die beiden Kinder mästen möchte, um sie zu verspeisen. Das ist zwar ein deutsches Märchen, aber Hexen sind durch alle Kulturen mit denselben Eigenschaften belegt. In den russischen Volksmärchen kommt eine sehr häßliche Hexe namens Baba Yaga vor, die in einer Hütte im Wald wohnt, welche von einem Zaun umgeben ist, den die Totenschädel ihrer Opfer zieren. Die indische Göttin Kali, die Personifikation des Dunklen Weiblichen, trägt auch eine Kette aus Totenschädeln, und auf vielen Darstellungen tropft ihr das Blut ihrer Opfer aus dem Mund oder von ihrem Körper.

Wenn die Hexe als böse gezeigt wird, hat sie oft die Fähigkeit, sich in einen Wolf, eine weitere gefräßige Kreatur, zu verwandeln. Dies ist die Natur des Instinktes, der böse geworden ist. Der Wolf ist ohne Frage wegen seiner ungezähmten Natur ausgewählt worden. Man muß aber auch hinzufügen, daß frühen Göttinnen der Wolf heilig war. Als Wolf frißt die Hexe ihre Opfer.

Während in manchen Märchen, wie «Frau Trude» oder den Geschichten von Baba Yaga, der Hexe nichts passiert, wird sie in anderen, wie zum Beispiel «Hänsel und Gretel», zerstört. Es gibt Zeiten, das scheinen uns diese Märchen zu sagen, in denen die einzige angemessene Annäherung an einen Aspekt des Dunklen Weiblichen die ist, es zu töten und zurück in das Unbewußte zu schicken.

Kali steht als eine Göttin über jeder Zerstörung. Sie ist das Symbol für den Archetypen des Dunklen Weiblichen. Als Archetyp ist sie universell, sie existiert im tiefen kollektiven Unbewußten aller Menschen, die waren, die sind und die kommen. Kali, der Archetyp des Dunklen Weiblichen, kann – ebenso wie alle Archetypen – niemals ganz verstanden werden. Archetypen entfalten sich ständig. Wie der geschliffene Diamant zeigen sie erst eine Facette, dann eine andere.

So begegnen wir in der Geschichte von Nyanbol einem fleischfressenden Aspekt des Dunklen Weiblichen, den wir schon kennen.

Wenn man davon ausgeht, daß alle Personen eines Märchens Aspekte des zentralen Charakters sind, dann zeigt uns diese Geschichte, daß neue Elemente, die in unserer Psyche auftauchen, so verletzlich sind, wie die Braut zu Beginn der Ehe unerfahren ist. Wenn sie in unser Bewußtsein nur vordringen, um dann wieder zu verschwinden, hat unsere innere Hexe vielleicht kannibalische Neigungen. Wir sehen und hören dieses Phänomen in Formulierungen wie:

«Ich wollte schon immer, aber …»

«Ich habe immer daran gedacht, aber …»

«Ich war nahe daran …»

«Dann kam etwas anderes dazwischen … ich war nicht talentiert genug. Ich weiß es nicht.»

Frauen sind in unserer Kultur vielfältig dazu angehalten worden, die Botschaft der Hexe, daß sie inkompetent und ungeschickt seien, zu glauben. Das sind die Zähne, die jedes unschuldige Potential zerkauen, wenn es auftaucht. Die Hexe steht hinter der dummen Mädchenstimme, die sagt: «Ich? O nein, das könnte ich nicht … oder das würde ich niemals schaffen!»

Es ist ermutigend an dieser Botschaft, daß immer noch eine andere junge Braut da ist – ein weiterer reiferer Teil unserer selbst, um es wieder zu versuchen. Die Bräute scheinen nachzuwachsen. Auch wir besitzen die Fähigkeit, immer weiter aufzutauchen, jedesmal ein wenig weiser und ein wenig stärker, bis wir Nyanbol geworden sind.

Unser Unbewußtes versorgt uns mit anderen Worten immer wieder mit neuen Chancen, um bis dahin unbekannte Teile unserer selbst kennenzulernen.

Der Sohn-Aspekt hat sehr lange gebraucht, um herauszufinden, daß hier eine Hexe am Werk war. Man ist schnell versucht zu sagen, daß man selbst ganz anders reagiert hätte. Vielleicht, vielleicht auch nicht. Eine Freundin aus Kindheitstagen erzählte mir die folgende Geschichte: «Jedesmal, wenn ich ein Bild gemalt hatte, nahm meine Mutter es mir weg und gab mir ein neues Blatt Papier. Sie pflegte zu sagen, ich solle nie auf die Rückseite malen, denn ich wüßte ja nicht, welches meiner Bilder ein Meisterwerk werden würde, und ich würde doch sicher nichts auf der Rückseite eines Meisterwerkes stehen haben wollen.»

Meine Freundin stand der Idee eines Meisterwerkes immer offen gegenüber, während wir anderen in der Grundschule davon überzeugt waren, daß wir nicht malen könnten, da wir ständig gefragt wurden: «Was soll das sein?» und «Warum hast du das Pferd rosa gemalt?» Wir betrachteten uns als nicht künstlerisch begabt. Es kam uns nie in den Sinn, daß eine Hexe in unserem Leben am Werk war, die Gift verspritzte. Derartige Hinweise auf unsere Unfähigkeit und unsere Unbegabtheit sind uns allen vertraut.

Ein weiteres wichtiges Symbol in «Nyanbol» ist die Palme. Bäume reichen tief in den Untergrund des Unbewußten und hinauf in die Luft der bewußten Wirklichkeit und in die Himmel darüber. Die Palme selbst ist ein Symbol für Sieg, Selbsterneuerung und Gerechtigkeit. Die Palme ist der Baum, der seine Blätter niemals abwirft und bis zu seinem Tode Frucht trägt. Sie ist unsere Fähigkeit, mit dem Unbewußten unten und dem Spirituellen oben zu kommunizieren und Kraft daraus zu ziehen. Diese Verbindung zum Leben ermöglicht es uns, fruchtbar und kreativ zu bleiben.

Die Vereinigung von Ehemann und -frau ist eine Metapher für die Ganzheit des Individuums. Diese Verbindung entsteht und ist von Dauer, weil dem Ehemann oder dem männlichen Teil der Persönlichkeit bewußt geworden ist, was geschieht. Er ist reif genug geworden, um zu erkennen, daß es in ihrem Leben keinen Raum gibt für diese destruktive Energie, und er ist imstande, sie zu zerstören. Oft können Einsicht und Handlung nicht zustande kommen, weil Angst da ist, aber wenn diese Angst überwunden ist, ist das Individuum frei, sein Potential oder seine Ganzheit zu erleben.

Auch Nyanbol ist reif genug, um Grenzen zu setzen. «Nein, ich werde nicht bei dir schlafen. Ich werde nicht länger als bis zum Tagesanbruch bleiben. Ich werde weglaufen. Ich werde den Zauber der Palme zu Hilfe rufen, und ich werde nicht herunterkommen, ehe es sicher für mich ist.» Mit der Unterstützung, die ihr von ihrer schlauen, durchsetzungskräftigen Schatten-Schwester zuteil wird, kann Nyanbol dem Dunklen Weiblichen ins Gesicht sehen.

Das Dunkle Weibliche wird durch Feuer verwandelt, das heißt, es wird in das Unbewußte zurückgeschickt. Gleichwohl wird es, wie die anderen Hexen, denen wir begegnen, wiederkehren.

Es ist ein durchgehendes Thema in diesen Geschichten, daß wir Grenzen setzen müssen. Das Dunkle Weibliche darf nicht zu nah herangelassen werden, und wir dürfen nicht in seinen Privatbereich eindringen. Eine schöne junge Frau gehört einfach nicht zur Nachtzeit in einen Laden in einer Umgebung mit hoher Kriminalitätsrate, wenn sie nicht furchtbare Risiken eingehen will.

In «Frau Trude» wird das Mädchen zerstört, weil es zugibt, den wahren Charakter der Hexe gesehen zu haben, bevor es überhaupt verstehen konnte, was ihr Eingeständnis bedeutet. Das ist ein Affront und mangelnder Respekt.

Es gibt eine Parallelgeschichte dazu aus Rußland, in der ein Mädchen die Hexe Baba Yaga nach der Bedeutung von drei Reitern fragt, die sie vor dem Haus der Hexe gesehen hat. Aber sie hütet sich, über Baba Yaga selbst etwas zu fragen, obwohl sie von der Hexe dazu aufgefordert wird. Baba Yaga lädt das Mädchen ein, noch mehr Fragen zu stellen, aber es schweigt. Dann sagt sie zu dem Mädchen: «Du tust gut daran, nur nach dem zu fragen, was du vor meinem Haus gesehen hast, und nicht nach dem, was darinnen ist. Ich möchte meine Wäsche nicht vor allen Leuten gewaschen haben, und ich fresse diejenigen, die allzu neugierig sind, auf.»

Viele Menschen versuchen in der Therapie, das Dunkle Weibliche dazu zu zwingen, seine Geheimnisse zu offenbaren. Sie haben das Gefühl, von einem Aspekt der inneren Hexe gepackt worden zu sein. Das mag Wut oder Depression oder irgendeine andere schreckliche Stimmung sein, aber die Frau Trude in ihnen hält sie fest. «Ich kann es nicht abschütteln», sagen sie, «ich will dieser Sache auf den Grund kommen. Warum fühle ich mich so?»

Sie suchen, reden, analysieren und drehen sich im Kreis. Sie sind wütend auf sich selbst, dann auf mich, ihre Therapeutin, dann auf ihr eigenes Unbewußtes. Die Zähne sind ihnen ausgefallen, und sie fangen an, sich selbst zu beißen. «Sie wird es Ihnen verraten, wenn sie soweit ist», sage ich den Leuten. «Sie entscheidet.»

Die Hexe ist weder ein Glückskeks noch eine Kristallkugel, die für einen bestimmten Preis alles erzählt. Die Hexe ist das Symbol für die gesamte Energie des archetypischen Dunklen Weiblichen im kollektiven Unbewußten. Wie alles unbewußte Material ist auch dieses dynamisch. Es spricht zu uns. Es sendet seine Informationen, wenn es sie für wichtig oder notwendig hält.

Viele von uns wünschen sich, daß ihr graues Haar braun oder das braune blond werden möge. Wenn man nicht gerade zum Farbtopf greift, dann wird das bloße Wünschen nichts nützen, denn die Körperzellen haben ihren eigenen Willen und gehen ihre eigenen Wege. So hat auch das Unbewußte seine eigene Intelligenz, die viel größer ist als die des bewußten Verstandes allein und die sich jeder Kontrolle verweigert. Die einzige Chance besteht darin, eine Beziehung zu den Aspekten, die auftauchen, aufzubauen, und wie in jeder Beziehung Respekt, Selbstbeschränkung und Lernbereitschaft zu üben.

Wir versuchen nicht nur, die Hexe zu zwingen, sich preiszugeben, sondern wir wollen oft auch die Bedeutung ihrer Botschaften nicht wahrhaben. «Schlechte Laune? Das vergeht!» ist eine verbreitete Einstellung. Manch eine Hexe hat das bewußte Ego, das sie respektlos behandelt hat, schon mit Kopfschmerzen, Rückenschmerzen oder irgendwelchen anderen Schmerzen gestraft. Das Heraufkommen von Depression oder Wut oder einer anderen Stimmung ist eine Botschaft. Die Hexe sagt: «Bleib dran. Paß auf. Da kommt gleich eine Nachricht.»

Die Geschichten über die Hexe zeigen uns, daß es zahlreiche Möglichkeiten für sie gibt, in unserem Leben aufzutauchen. Wir können gleichfalls sehen, wie viele verschiedene Möglichkeiten es für eine angemessene Antwort gibt.

Der Schlüssel liegt darin, eine Beziehung zu unserem Dunklen Weiblichen aufzubauen. Wenn dies eine respektvolle Beziehung ist und wenn wir imstande sind, Geduld zu üben und einen angemessenen Abstand zu der Hexe einzuhalten, dann werden wir etwas über sie lernen. Überdies werden wir entdecken, daß diese Beziehung unser Leben reicher macht, denn die Hexe hat viel zu geben. Sie hält den Schlüssel zu unserer Kreativität und zu einem großen Maß an Energie bereit.

5

Spindeln und Spinnen

DIE GUTE MUTTER

Die Gedanken der alten Frau drehten sich in diesen Tagen um Nona, ein Kind von nur elf Jahren. Vor zwei Wochen war Nona in das Dorf gekommen, erschöpft und hochschwanger. Ihre Geschichte von Betrug und Mißbrauch hatte den Dorfbewohnern das Herz gebrochen, und sie hatten sie bei sich aufgenommen.

Nach ein paar Tagen wurde ein wundersamerweise gesundes Baby geboren. Obwohl Nona sich schnell erholte, hatte sie doch keine Ahnung von den Bedürfnissen eines Babys, und so ließ sie es oft unter einem Baum liegen, wenn sie schlief oder mit den Männern des Dorfes flirtete. Auch wenn man sie daran erinnerte, vergaß sie doch, das weiche Moos zwischen den Beinen des Babys zu kontrollieren, und seine Haut wurde von der ständigen Feuchtigkeit wund. Wenn die durchdringenden Schreie sie daran erinnerten, es zu stillen, dann hielt sie das Kind wie ein Spielzeug, an dem sie das Interesse verloren hatte.

Da die Mutter dem Kind keinen Namen gegeben hatte, nannten die Dorfbewohner es Colin. Es gab Leute im Dorf, die davon sprachen, das Kind aufzuziehen. Das war eine Idee, die Nona gewiß akzeptieren würde, denn dann würde sie frei sein, zu flirten und sich an einen anderen Mann zu binden. Die alte Frau jedoch hoffte auf eine bessere Lösung. Wenn sie Nona ansah, dann sah sie ein einsames, ängstliches Kind, das so tat, als wäre es erwachsen. Nona brauchte ebenso eine Mutter, wie sie lernen mußte, Colin zu bemuttern. Es mußte ein Weg gefunden werden.

Es ist eine weitere Aufgabe des Alterns zu entdecken, wie wir uns selbst die Gute Mutter sein können. Viele ältere Frauen tragen heute emotionale Narben. Verletzungen, die ihnen in der Kindheit zugefügt wurden, sind tief im Unbewußten vergraben und warten auf Heilung.

Wieder andere ältere Frauen hatten liebevolle Mütter. Sie wiederum sind auch imstande, andere zu bemuttern, aber viele von ihnen haben nie gelernt, sich selbst Mutter zu sein. Wir haben über Generationen hinweg in der falschen Vorstellung gelebt, daß es selbstsüchtig und genußsüchtig ist, wenn eine Frau etwas für sich tut. Diese falsch verstandene Selbstlosigkeit hat den Frauen großen Schaden zugefügt, denn sie hat ihnen den Weg zu einem gesunden Älterwerden versperrt. Wenn Frauen ihre eigenen Bedürfnisse nicht kennen, dann können sie sich nicht selbst bemuttern, und sie werden im Alter hilflos sein. Eine Frau muß deshalb, bevor sie ein hohes Alter erreicht, den Archetyp der Guten Mutter entdecken. Wir alle brauchen sie auf unserer Reise.

Der Psychologe D. W. Winnicott sagt, daß es keine Notwendigkeit für eine Mutter gibt, perfekt zu sein. Er prägte den Begriff der «good enough mother», der «ausreichend guten Mutter», um eine kompetente und liebende Mutter zu beschreiben, die trotz einiger Fehler ein gesundes Kind großzieht. Schwierigkeiten entstehen erst, wenn eine Mutter unter das Niveau von «ausreichend gut» fällt. Die nicht ausreichend gute Mutter ist emotional entweder zu nah oder zu fern. Eine Mutter, die zu nah ist, klammert und ist abhängig oder verhält sich allgegenwärtig und kontrollierend. Entfernte Mütter sind ausgesprochen genußsüchtig, nachlässig oder

desinteressiert und vernachlässigen das Kind durch zu große Frei-
zügigkeit oder Abwesenheit. Eine ausreichend gute Mutter nährt
durch Einschränkungen. Es ist dieses Gleichgewicht von Einschränkung und Nahrung, das Kinder brauchen. Auch wir reifen
Frauen brauchen das auf unserer Reise durch die zweite Hälfte
unseres Lebens. Aber während die Kinder die Quelle außerhalb
finden, müssen wir sie in unserem Innern suchen.

Eine Verletzung, die man durch Entbehrungen in der Kindheit
erfahren hat, bricht immer wieder auf, bis sie geheilt wird. Die
Frau, die mit dieser nichtverheilten Verletzung lebt, sehnt sich
nach der perfekten Liebe, von der sie glaubt, daß andere sie in ihrer
Kindheit erfuhren. Da ist diese Idealvorstellung von der alles lie-
benden und alles gebenden Mutter. Oft macht die Frau über die
Jahre mehrere Ehen und zahlreiche Freundschaften durch, immer
auf der Suche nach dieser Art der Liebe. Jede Beziehung geht sie
voller Hoffnung ein, in dem Glauben, daß diese Person vollkommen lieben, geben, empfindsam oder fürsorglich sein wird – die
Antwort auf ihre lebenslange Suche. Wenn die Beziehung sich
entwickelt und die Fehler der anderen Person zutage treten, fühlt
sich diese Frau betrogen. Sie hat kein inneres Bild von «ausreichend gut», das sie leiten könnte. Schon der Begriff «ausreichend
gut» versetzt sie in Wut. Sie hat nie eine Mutter erfahren, die
Grenzen setzt und sie manchmal im Stich läßt, die sie aber dennoch voll Liebe erzieht.

Jean war eine Frau, die dieses Problem hatte. Sie tauchte in
meiner Praxis auf, eine sehr attraktive Frau um die Dreißig. Später
gab sie dann zu, daß sie 52 Jahre alt war, aber erst, nachdem sie
mich mehrmals gebeten hatte, das vertraulich zu behandeln. Jean
war dabei, ihren vierten Ehemann, George, zu verlassen. Sie hatten
erst vierzehn Monate vor ihrem Besuch bei mir geheiratet.

«Haben Sie zusammengelebt, bevor Sie heirateten?» fragte
ich.

«Nein, aber ich wünschte, wir hätten es getan. Dann hätte ich ja
gewußt, daß er sehr mürrisch und egoistisch sein kann.»

«Was haben Sie getan, um an der Sache zu arbeiten?»

«Ich habe es ihm gesagt, aber er ändert sich nicht. Er kommt mit
Ausreden wie ‹Ich bin müde› oder ‹Ich bin beschäftigt›.»

«Können Sie mir ein Beispiel geben?»

«Ja, gerade gestern abend, er saß da mit seinem Martini, und ich sagte: ‹Warum gehen wir heute abend nicht aus? Wir gehen niemals irgendwohin. Wir könnten zum Abendessen in die Stadt fahren.› Er schaute mich bloß an, und ich wurde wütend. Diesen Blick kannte ich nur zu gut. Dann sagte ich etwas – ich weiß nicht mehr genau, was –, und er wurde richtig gemein.»

«Was heißt gemein?»

«Er sagte, ich sei einfach unmöglich. Dann weigerte er sich, mit mir zu reden. Er hat mich nicht einmal getröstet, als ich weinte. Er sagte bloß: ‹Werde erwachsen.› So ist es immer. Er gibt mir nie, was ich möchte. Wir unternehmen nie mal etwas Lustiges. Er will überhaupt nicht mit mir zusammensein. Ich hasse ihn.»

«Warum sind Sie hier? Wie kann ich Ihnen helfen?»

«Ich möchte, daß er zu Ihnen kommt, damit er mal begreift, was er tut. Ich halte das nicht mehr aus. Ich bin nur unglücklich. Er hat gesagt, wenn ich zu Ihnen ginge, würde er das nächste Mal mitkommen. Und ich bin bereit zu kommen, wenn er das braucht, um mal zu hören, inwieweit er sich verändern muß.»

Jean und ich sprachen darüber, daß beide Partner in einer Beziehung sich verändern müssen, damit eine Heilung eintritt. Obwohl sie mir zustimmte, hatte ich den Verdacht, daß sie es nicht verstehen konnte.

In der verbleibenden Stunde unseres Gesprächs hörte ich die Geschichte eines furchtbar vernachlässigten Kindes. Jeans Mutter war immer *unpäßlich* gewesen und hatte die meisten Tage im Nachthemd im Bett oder auf dem Sofa im Wohnzimmer verbracht. Jean erinnert sich, daß sie sich seit ihrem dritten Lebensjahr selbst um ihr Essen kümmerte und sich auch selbst ins Bett brachte, und zwar meist auf dem Fußboden vor dem Fernseher. Sie mußte eine weit größere Verantwortung übernehmen, als ihrem Alter angemessen war. Ihr Vater hatte zwei Arbeitsstellen, und Jean sah ihn nur selten. Wenn er nach Hause kam, dann war er müde und hatte nur wenig Geduld übrig für eine kranke Ehefrau oder ein bedürftiges Kind. Es gab eine Nachbarin in der Gegend, in der sie wohnte, die Jean zum ersten Schultag begleitete, aber darüber hinaus hat Jean keine Erinnerung an diese Frau. Mit zwölf Jahren hatte sie die Schule schon verlassen müssen und zog von zu Hause aus. Von dieser Zeit an lebte sie, wo immer sich ein Platz für sie fand.

Jean war klar, daß es ein besseres Leben geben müsse, und sie schaute sich nach reichen jungen Männern um, mit denen sie sich verabredete. Es schien ihr in ihrer Jugend so, als würde Geld den entscheidenden Unterschied ausmachen. Sie lernte, sich schick zurechtzumachen, und entdeckte Wege, Männer zu beeindrucken. Mit siebzehn Jahren hatte sie ihren ersten reichen Ehemann, und sie meinte, nun all die schmerzvollen Jahre hinter sich gelassen zu haben.

Der Ehemann Nummer vier, George, kam zum nächsten Treffen eine Viertelstunde zu spät. «Für mich ist alles in Ordnung», sagte er, «ich habe keine Ahnung, was mit Jean los ist.» Als George seine Geschichte erzählte, wurde deutlich, daß auch er in seiner Kindheit das Produkt einer um sich selbst kreisenden und ihn vernachlässigenden Mutter war. Er war absolut ehrlich, wenn er sagte, daß er keine Ahnung habe, was mit Jean los sei, denn was sie brauchte, war etwas, das auch er nie erfahren hatte.

Wenn Jean und George zusammenbleiben und geheilt werden wollten, mußten sie ihre individuellen Defizite aus der Kindheit gemeinsam bearbeiten. Zu wissen, daß der andere ähnliche Verluste durchlebt hatte, könnte sie mit ausreichendem Verständnis ausstatten, um die Schmerzen zu ertragen. Indem sie die Parallelen sähen, hätten sie die Möglichkeit, Mitgefühl füreinander zu entwickeln. Das könnte ihre Heilung befördern und vielleicht eine größere Nähe zwischen ihnen herstellen. Leider war keiner von beiden willens dazu, denn jeder wollte an der Vorstellung festhalten, allein der andere habe ein Problem. Nach einer dritten Sitzung entschloß sich Jean, die Scheidung einzureichen.

«Wenigstens bist du reich», sagte sie zu ihm, «und dieses Fiasko von einer Ehe wird mir zumindest etwas bringen. Ich fahre in Urlaub und versuche, mich von dem Streß mit dir und dieser Ehe zu befreien. Wenn du noch etwas zu sagen hast, sprich mit meinen Anwälten.»

Das war das letzte Mal, daß ich die beiden sah. George hatte noch einen weiteren Termin vereinbart, den er dann aber absagte, weil es ihm gutginge. Jean reiste nach Deutschland in einen Kurort, den sie schon früher besucht hatte, während ihre Anwälte die Scheidung durchfochten.

Jean war auf der Suche nach jemandem, der die Wunden heilen würde, die sie als kleines Kind von ihrer Mutter zugefügt bekommen hatte. Sie sehnte sich nach Liebe und Fürsorge und verlangte dies ständig von anderen. Aber Liebe war für sie nur, verwöhnt und angebetet zu werden. Neue Beziehungen haben diesen Zauber, und Jean erwartete, daß das von Dauer sein müsse. Wenn die normalen Fehler und Unzulänglichkeiten des anderen zutage traten, fühlte sie sich betrogen.

Wir werden von unseren Erfahrungen geprägt, die mentale Verbindungsgleise schaffen. Ist uns der Effekt einer verletzenden Erfahrung auf unsere Persönlichkeit nicht klar, dann verhalten wir uns so, wie es in uns angelegt wurde. Jean wußte, daß sie eine unvollkommene Mutter hatte, aber sie kannte dennoch den Ursprung ihrer falsch verstandenen Erwartungen nicht, und sie sah nicht ein, daß sie ihre Phantasiebilder mit reifer Liebe verwechselte. Immer wieder fiel sie in dieselben Verhaltensmuster zurück, so wie falsch eingestellte Räder den Wagen immer wieder in die Spurrinnen fahren lassen. Je weniger wir uns dieser Erfahrungen bewußt sind, desto größer ist die Wahrscheinlichkeit, daß unser Steuer Spiel hat, und desto tiefer wird die Spurrinne sein.

Viele Menschen machen diese Erfahrung bei Familienfesten, wenn man plötzlich in Verhaltensweisen und Rollen der Kindheit zurückgedrängt wird. Ich selbst finde es sehr peinlich, wenn es mir einmal passiert, daß ich gegenüber meinen erwachsenen Kindern, die bei mir zu Besuch sind, Bemerkungen fallenlasse wie: «Nimm einen Schirm mit», oder «Hast du dein Geschirr in die Spülmaschine gestellt?» Dieses Verhalten nennt man «erziehen», wenn die Kinder sechs oder neun Jahre alt sind. Jetzt sind sie 36 und 39, und da kann man es nur noch «kontrollieren» nennen. Und es ist auch nur eine oberflächliche Reaktion darauf, wenn ich versuche, mein Verhalten zu beobachten, denn meine Kinder bemerken wie die meisten Menschen sehr bald, wenn etwas *unter der Oberfläche* vor sich geht. Nur wenn ein Mensch sich bewußtmacht, was in seinem Innern geschieht, kann das Verhaltensmuster verändert werden.

Jean ist ein trauriges Beispiel für jemanden, der keine Vorstellung davon hatte, wie festgefahren die Spuren in ihrem Unbewußten waren, und deshalb wählte sie sich als vierten Ehemann jemanden, der wie alle anderen Männer und auch ihre Mutter unfähig war, ihr das zu geben, was sie brauchte. Jean mußte lernen, was wirkliche Liebe zwischen Menschen ist und wie man sich einen Partner sucht, der imstande ist, sie zu schenken.

Einen Mangel an Bemutterung können wir durch Bemuttern

heilen, aber das heißt noch nicht, daß man verstanden hat, was eine ausreichend gute Mutter ausmacht. Jean wußte ganz genau, daß sie von ihrer Mutter nicht genug Fürsorge erfahren hatte. Sie war wütend deswegen und machte ihre Mutter für unzählige Verletzungen und Wunden verantwortlich. Sie wußte auch, daß sie es brauchte, bemuttert zu werden, aber sie hatte keine Vorstellung davon, was das ist. Als Folge suchte sie sich Ehemänner und Freunde, die sie verwöhnten und versorgten. Und jedesmal, wenn sie nicht fand, wonach sie suchte, machte sie den anderen dafür verantwortlich.

Aber Jean war eine Kämpferin. Ohne diesen starken Willen zu überleben hätte sie die Mißachtung, die ihr während ihrer Kindheit widerfuhr, nicht durchgestanden. Sie versuchte es nicht nur immer wieder mit anderen, sondern sie verbrachte auch viel Zeit damit zu versuchen, sich selbst zu bemuttern. Ihr jugendliches Aussehen war das Ergebnis einer Reihe von Operationen, denen sie sich unterzogen hatte, um sich selbst etwas zu geben, was sie sich wünschte: Attraktivität. Sie gönnte sich auch Ferien, Maniküre, eine Putzfrau und andere käufliche Dinge. Aber nichts davon half ihr. Dadurch, daß sie sich verwöhnte, verhinderte sie selbst, daß sie tief genug hinuntergelangen konnte, um den Ort der Verletzung zu erreichen.

Jean und viele andere werden nicht geheilt und können auch nicht erwachsen werden, weil sie das Problem und seine Lösung als äußerlich ansehen. Bevor der Heilungsprozeß hätte einsetzen können, hätte Jean herausfinden müssen, welche inneren Störungen sie als Folge der frühen Kränkung davongetragen hatte. Hätte sie diese erst einmal klar verstanden, dann hätte sie auch gewußt, wie sie hätte Heilung erlangen können. Bis dahin war ihr Verhalten das eines verzogenen und verwöhnten Kindes. Jean hatte keine Ahnung, daß eine Gute Mutter Grenzen setzt und keineswegs perfekt, aber liebevoll und fürsorglich ist. Sie mußte erst einmal die Störung ihres inneren Bildes von Liebe erkennen. Dann würde sie lernen können, Frustrationen auszuhalten. Als ich sie sah, fehlte es ihr an jeglicher Fähigkeit, Grenzen zu setzen und zu akzeptieren, selbst wenn diese Grenzen in ihrem eigenen Interesse waren. Jean konnte sich «Dinge» gönnen, aber sie wußte immer noch nicht, woran sie sich orientieren sollte. Um ihre eigene Gute Mutter zu werden, hätte Jean das Wort *nein* lernen müssen. Es war ihr Fehler, daß sie hundertprozentige fürsorgliche Liebe wollte und die Notwendigkeit von Grenzen nicht anerkannte.

Die ausreichend gute Mutter setzt ihrem Kind auf viele Arten Grenzen. Kinder, die von einer solchen Mutter geleitet werden, lernen etwas über die unvollkommene Natur des Lebens selbst. Sie werden lernen, die Enttäuschung darüber auszuhalten, daß sie nicht immer bekommen, was sie wollen. Auf diese Weise erwerben sie die Fähigkeit, sich selbst angemessene Grenzen zu setzen. Im Gegensatz dazu reagieren Kinder von ausgesprochen freigebigen oder strengen Müttern frustriert und ängstlich, wenn etwas nicht nach ihrem Willen geht. Grenzen gehören zu den Dingen, die unter der Rubrik rangieren «Was das Kind braucht» und weniger «Was das Kind will». Die meisten Kinder reagieren auf eine Grenze, die die Eltern setzen, mit einem gewissen Maß an Frustration oder Wut. Die Mutter, die hart bleiben kann, ohne auf dieselbe Art zu reagieren wie das Kind, wird ihm helfen zu reifen. Reife verlangt die Erfahrung und das Durchleben von Frustration, ohne das Gefühl zu verlieren, daß die Mutter das Kind trotzdem liebt und für es sorgt. Die Beziehung zwischen ihnen ist stärker. Von der ausreichend guten Mutter gesetzte Grenzen schützen das Kind vor körperlichem Schaden, lehren es angemessenes Sozialverhalten, demonstrieren die Fehlbarkeit der Menschen und zeigen, was man aushalten können muß, um hochgesteckte Ziele zu erreichen.

Dies zu verstehen ist die Voraussetzung, wenn wir im Erwachsenenalter unbewußtes Material entdecken wollen, das wir brauchen, um uns zu heilen. Ohne die Anerkennung von Grenzen kann niemand von uns einen Sinn im Prozeß des Alterns finden, denn in diesem Prozeß selbst werden die physischen und äußeren Grenzen, die uns gesetzt werden, immer zahlreicher und einschneidender, je älter wir werden.

Clarisse war eine junge Mutter, die mit den Konsequenzen einer unerkannten inneren Falle konfrontiert wurde. Ihre Mutter war eine strenge, wütende Frau gewesen, und als ihre Tochter Amanda geboren wurde, hatte sich Clarisse geschworen, eine fürsorgliche und liebevolle Mutter zu sein. Jedesmal, wenn Amanda schrie, reagierte Clarisse sofort. Alles war erlaubt, als das Baby krabbeln und später laufen lernte.

Im Kindergartenalter war Amanda ein anstrengendes, tyrannisches kleines Mädchen, das nicht gehorchen oder mit anderen

Kindern spielen konnte. Clarisse bemerkte, daß die anderen Amanda nicht mochten, und um die Wahrheit zu sagen, barg auch sie ein gutes Maß an Abneigung gegenüber dem Kind. Jeder Versuch von Clarisse, Amanda zu einem angepaßteren Verhalten in der Öffentlichkeit zu bewegen, endete in Schreien, Wutanfällen und Schlägen.

Clarisse arbeitete hart an der Sache und war bald imstande zu verstehen, was zwischen ihnen vorging. Es fing damit an, daß Amanda etwas Unangemessenes tat, etwa wenn sie mit schmutzigen Schuhen auf das Sofa im Wohnzimmer kletterte. Clarisse würde dann in freundlichem Ton sagen: «Amanda, Liebes, bitte ziehe deine Schuhe aus, wenn du auf dem Sofa spielen möchtest.»

«Nein!»

Hier würde Clarisse einen Rückzieher machen und wütend werden. Je schmutziger das Sofa würde, desto wütender wäre sie. Dann würde sie entweder explodieren, Amanda herunterreißen und anschreien, oder sie würde still vor Wut kochend das Zimmer verlassen. Was sie auch tat, sie fühlte sich furchtbar dabei. Clarisse war nicht geübt im Setzen von Grenzen, und das hatte zur Folge, daß Amanda sie immer besiegte. Sowohl sie wie auch Amanda wurden mit jedem mißglückten Bemutterungsversuch immer ärgerlicher.

Clarisses Verhalten gegenüber Amanda gleicht dem vieler Frauen gegenüber sich selbst. «Ich sollte wirklich mehr darauf achten, was ich esse», sagen sie, aber Jahr für Jahr wandert der Zeiger auf der Waage in die Höhe, da sie sich immer weiter falsch ernähren. Diese Frauen wissen, daß ihr Verhalten ihnen schadet, aber sie schaffen es nicht, wirkungsvolle Grenzen zu setzen. Grenzen erscheinen ihnen wie eine Strafe, denn ihr innerer Ausgangspunkt lautet: «Liebe heißt, alles zu haben, was ich mir wünsche.» Sie haben noch nicht verinnerlicht, daß eine gute Mutter eine wirkungsvolle Grenze setzt und diese Grenze dann ruhig und liebevoll aufrechterhält, während das innere Kind schimpft und wütet. Möglicherweise wird die Wut abnehmen, und dann wird das innere Kind verstehen, daß eine liebevolle Beziehung von Dauer ist. Die innere Mutter verstößt ihr Kind nicht.

Ein wichtiger Aspekt der ausreichend guten Mutter ist die Fähigkeit zu *zügeln*. Die Mutter muß die Spannung der Wut und der

Frustration des Kindes zügeln, ohne so zu tun, als wäre nichts geschehen, oder zu explodieren und ihre eigene Wut auf dem Rücken des Kindes auszutragen. Ebenso muß sie fähig sein, zu sich selbst oder dem inneren hungrigen Kind zu sagen: «Nein. Du brauchst jetzt keine Kekse. Du langweilst dich. Geh ein wenig nach draußen!» Wenn das innere Kind wütet und wettert, muß ihr Ego stark und entschieden genug sein, um den Spaziergang zu unternehmen und dabei das innere Kind fest, aber freundlich in ein Gespräch zu vertiefen. Die Botschaft, die sie sich selbst immer wieder vergegenwärtigen muß, ist die folgende: Es geht nicht darum, sich anzuklagen, sondern darum, neue Wege kennenzulernen.

Wer sich zügeln will, muß in einem ersten Schritt lernen, hart zu bleiben und sich das verbieten, was nicht richtig ist. Dies setzt voraus, daß die Frau wissen muß, was richtig ist. Der zweite Schritt ist, dem Kind dabei zu helfen, die Geschehnisse auseinanderzusortieren. Wütend zu werden ist nur der Anfang. Das Kind muß lernen, zu verstehen und sich zu ändern, sonst wird die Wut nur eine der inneren Fallen weiter vertiefen.

Nimmt man das Beispiel mit den Keksen, dann geht es beim Aussortieren zunächst einmal darum, die Quelle des Verlangens festzustellen. Bin ich gelangweilt oder hungrig oder wütend? Wenn wir eine Aktivität wie das Essen abblocken, dann werden andere Gefühle und Gedanken ins Bewußtsein dringen. In einem langen Prozeß entdeckte Janie, daß sie ständig aß, weil sie fett sein wollte, um Männer von sich fernzuhalten. Aufgrund einiger traumatischer Erlebnisse in ihrer Vergangenheit hatte sie Angst davor, Männer anzuziehen. Martha und ihre beherrschende Mutter hingegen kämpften darum, wer die Kontrolle über Martha hätte. Martha entdeckte, daß sie die Kontrolle ihrer Mutter wirkungslos machen konnte, wenn sie sich weigerte, eine bestimmte Menge zu essen. Lisa wiederum konzentrierte sich auf ihre Gefühle und fand so heraus, daß sie aß, um Angst zu vertreiben. Jede Frau hat ihre eigene Geschichte, und die Gefühle unterhalb der Aktivität können, wenn sie untersucht werden, breite Wege zur Sinnfindung werden.

Indem eine Mutter zügelt, bewahrt und umarmt sie, was zart, zerbrechlich und verletzlich ist, und schützt es vor der äußeren Welt. Opal begann im Alter von fünfzig Jahren zu malen. Schon immer hatte sie gern gezeichnet, aber ihr Talent nie gefördert. Jetzt war Zeit dazu. Sie glaubte schon, talentiert zu sein, aber sie war dennoch unsicher und ängstlich. Ein ganze Zeit lang zeigte sie niemandem ihre Zeichnungen. Erst nachdem sie zwei Jahre lang Unterricht genommen, ihre Technik entwickelt und eine gewisse Vorstellung von ihrer eigenen Richtung gewonnen hatte, zeigte sie etwas von ihrer Arbeit. Opal wußte, welche Form der Bemutterung sie brauchte, um sich selbst zu helfen.

Früher lebten die Menschen in Großfamilien zusammen. Wenn die Eltern alt und gebrechlich wurden, zogen sie bei den erwachsenen Kindern ein. Wenn es eine glückliche Familie war, so wie in mancher Fernsehserie beschrieben, dann war dies eine gute Lösung für alle. Aber auch wenn sicher nicht viele Familien so glücklich waren wie die «Waltons», so war diese Regelung doch für viele Generationen das kollektive soziale Ideal.

Wir leben in einer Zeit, in der sich ein wichtiges Modell wandelt. Große Familien leben nicht länger in unmittelbarer Nachbarschaft miteinander, ja meist sogar nicht einmal mehr in derselben Stadt. Der Wandel zu Mobilität und Desintegration, der in der äußeren Welt stattgefunden hat, hat auch einen inneren Wandel mit sich gebracht: Das kollektive Ideal ist durch Individualismus ersetzt worden, und jedes Familienmitglied oder jede kleine Familie übernimmt nur für ihr eigenes Leben Verantwortung. Wir erwarten nicht länger, daß eine Familie ihre alten Mitglieder bei sich aufnimmt. Alte Eltern, durch viele Kilometer von ihren erwachsenen Kindern getrennt, ziehen in Altersheime. Die meisten dieser Alten werden von Fremden Hilfe erfahren.

Wir können nicht mehr damit rechnen, in hohem Alter täglich in Verbindung mit unseren Kindern und Enkeln zu stehen. Sinn und Befriedigung müssen von innen kommen. Das heißt, daß wir in mittlerem Alter unsere inneren Ressourcen entwickeln müssen. Die innere Gute Mutter hilft uns dabei, so wie es in «Frau Holle», einem Märchen aus der Sammlung der Gebrüder Grimm, gezeigt wird.

Hier geht es um die Natur des Archetyps der Guten Mutter, und wir werden sehen, welche Einstellungen und Fertigkeiten erlernt und verinnerlicht werden müssen, um ihr zu begegnen. Unsere Protagonistin lebt wie viele junge Heldinnen in Märchen bei einer Stiefmutter, die als Symbol für die kritische, abweisende Mutter steht. Das Mädchen muß nun eine Gute Mutter kennenlernen, und die findet sie in Frau Holle.

FRAU HOLLE[1]

Es war einmal ein junges Mädchen, das lebte mit seiner Stiefmutter und seiner Stiefschwester. Die Stiefmutter ließ es alle Arbeit machen, während ihre rechte Tochter den ganzen Tag faul herumlag. Das Mädchen klagte nie und arbeitete oft bis tief in die Nacht hinein, um die Arbeiten zu erledigen, die ihm aufgetragen worden waren.

Eines Tages saß es bei einem Brunnen und mußte spinnen, da stach es sich an der Spindel. Als es sich in den Brunnen bückte, um die Spindel abzuwaschen, fiel diese in den Brunnen hinein. Das Mädchen lief heim und beichtete der Stiefmutter das Unglück.

«Geh zurück und hole sie heraus», sagte die Stiefmutter ärgerlich. «Und wenn du bis zum Grund des Brunnens hinabsteigen mußt, kehre nicht wieder ohne die Spindel.»

Das Mädchen ging zurück und sprang in den Brunnen. Es verlor die Besinnung, und als es wieder zu sich kam, stand es auf einer schönen Wiese. Auf einer Seite, bei einem Weg, stand ein Ofen. Das Mädchen ging dorthin, und als es zu dem Ofen kam, sprach dieser zu ihr: «Bitte nimm die Brote heraus, ehe sie verbrennen.»

Das Mädchen blieb stehen, holte die Brote heraus und machte sich weiter auf den Weg. Bald kam sie zu einem Apfelbaum, dessen Äste waren tief herabgebogen vom Gewicht der Äpfel. «Bitte schüttele mich, ehe die Äpfel meine Äste abbrechen», sagte der Baum. Das Mädchen hielt an und schüttelte sämtliche Äpfel vom Baum, ehe es auf seinem Weg weiterging.

[1] Die Autorin verwendet hier eine Fassung des ursprünglichen Grimmschen Märchens «Frau Holle», die sich in mancher Hinsicht von der uns im deutschen Sprachraum vertrauten Version unterscheidet, deren genaue Herkunft aber nicht näher ausgemacht werden konnte. (Anm. d. Ü.)

Dann kam es zu einer Kuh, deren Euter mit Milch gefüllt war. «Bitte melke mich», sagte die Kuh, und das Mädchen hielt an und molk die Kuh. Dann ging es weiter auf seinem Weg.

Bald kam es zu einem kleinen Haus. Als es eben klopfen wollte, öffnete sich die Tür, und eine häßliche alte Frau schaute heraus. Das Mädchen wollte schon davonlaufen, aber die Frau sagte: «Habe keine Angst. Mein Name ist Frau Holle, und ich werde dir nichts tun. Du kannst eine Weile bei mir bleiben, wenn du für mich arbeiten willst. Ich brauche jemanden, der jeden Tag mein Bett aufschüttelt, denn dann schneit es in der Welt.»

Das Mädchen war einverstanden, und es arbeitete viele Tage für Frau Holle. Es tat alles, was ihm aufgetragen wurde, und Frau Holle war zufrieden mit ihm. Am Ende wurde das Mädchen aber doch traurig und sehnte sich nach Hause zurück. Als es Frau Holle davon erzählte, holte diese eine Spindel aus ihrer Schürze und gab sie dem Mädchen. Dann führte sie es zu einer Tür, die es vorher nicht bemerkt hatte. Als das Mädchen durch die Tür ging, wurde es mit Gold überschüttet, das an seinen Kleidern haftenblieb.

Als es nach Hause zurückkehrte, war ihre Stiefmutter außer sich vor Aufregung wegen des Goldes und schickte sogleich auch ihre eigene Tochter zum Brunnen. Das Mädchen warf seine Spindel hinein, sprang hinterher und fand sich auf derselben Blumenwiese wieder. Aber als es den Ofen, den Apfelbaum und die Kuh traf, verweigerte es jede Hilfe und ging weiter auf seinem Weg.

Als es bei Frau Holle ankam, nahm es die Einladung ins Haus an, weigerte sich aber, irgendeine Arbeit zu tun. Nach einem Tag sagte Frau Holle: «Es ist wohl besser, du gehst wieder nach Hause zurück.» Das freute das faule Mädchen, und es nahm die Spindel und ging durch die Tür. Als es das tat, wurde es jedoch nicht wie erhofft mit Gold überschüttet, sondern mit Pech. Als es zu Hause ankam, versuchte es gemeinsam mit seiner Mutter das Pech abzuwaschen, aber es ließ sich mit Seife und Wasser nicht entfernen.

In «Frau Holle» verwendet die Märchenerzählerin vier verschiedene Charaktere, um vier Aspekte der Psyche einer Frau darzustellen. Zu Beginn des Märchens ist die Gute Mutter des Mädchens abwesend. An ihrer Stelle steht die negative Stiefmutter. Sie repräsentiert den unbewußten Aspekt jeder Frau, der anstrengend, gefühllos, kritisch und unbarmherzig ist.

Das Mädchen ist der zentrale Charakter oder der Repräsentant der Ego-Position. Diese Ego-Position ist die Art und Weise, in der jede von uns bewußt über sich denkt. Das Mädchen arbeitet hart und verhält sich fürsorglich, aber seine Fürsorge ist extrem. Es kann nicht unterscheiden, ob diese Reaktion angemessen ist oder nicht. Die Stiefschwester ist die Verbindung zum Schatten des Mädchens. Hier sind alle Charakterzüge, die das Mädchen hat, aber nicht bewußt akzeptieren kann: Selbstsucht, Faulheit, Neid. Das Mädchen und seine Schatten-Schwester sind Spiegelbilder der beiden Extreme in einer menschlichen Persönlichkeit.

Das Mädchen hat auch etwas von der Stiefmutter in sich. Die Stiefmutter treibt das Mädchen zur Arbeit an und erniedrigt es – hier zeigt das Märchen die getriebene Natur jenes Aspektes. Die Beziehung zwischen bewußten guten Vorsätzen und einer getriebenen, kontrollierenden Unterströmung sieht man bei Frauen, die jedes Ehrenamt oder jeden Hilferuf annehmen, egal, wie beschäftigt sie sind, um dann nach Hause zu gehen und sich Ehemann und Kindern gegenüber fordernd zu verhalten. Der Stiefmutter-Aspekt taucht auf, wenn eine Frau zuviel von sich gegeben hat.

Wenn sich die bewußte Persönlichkeit mit dem Mädchen im Märchen identifiziert, dann sieht die betreffende Person nicht, daß sie zu Teilen auch die Stiefmutter verinnerlicht hat. Statt dessen glaubt sie, daß sie von äußeren Anforderungen, denen sie nicht ausweichen kann, unter Druck gesetzt wird. Vor einigen Jahren wurde der Begriff «Superwoman» geprägt. So bezeichnete man Frauen, die versuchten, alles zu tun. Diese Frauen erlebten sich selbst als getrieben. Wie das Mädchen im Märchen hielten sie die Quelle ihrer Bedrängnis für ein äußerliches Problem. Heute hat ein solches Mädchen, getrieben von Arbeit, Verwandten und Zugeständnissen, immer eine innere Stiefmutter. Diese Mädchen behaupten von sich, nichts anderes tun zu können.

In einer Therapie-Sitzung frage ich dann manchmal: «Warum hören Sie nicht einfach auf, alle diese Dinge zu tun?» Die Antwort ist oft ein ungläubiger Blick. «Wer macht es dann?» fragen sie. «Vielleicht niemand. Wäre das so schlimm?» Wer sich unter der Knute der Stiefmutter befindet und ständig wie besessen arbeitet, dem scheint es unmöglich aufzuhören. Der Verhaltensweise solcher Frauen scheint zwar eine gewisse Logik zugrunde zu liegen – ich muß erst A, dann B, dann C tun, und dann kann ich mich ausruhen –, aber diese Logik beruht auf einer falschen Voraussetzung, nämlich auf einem überhöhten Anspruch an die eigene Schaffenskraft. Niemals wird es möglich sein, alle Verbindungen zu entwirren und alle Details zu vollenden.

Jane, inzwischen 56 Jahre alt, hatte dieses Problem. Sie lehrte an der Schule, war in der Gemeinde aktiv, fungierte oft als Babysitterin für ihre zahlreichen Enkelkinder und führte einen perfekten Haushalt. In die Therapie kam sie wegen Depressionen.

Als wir über ihre Kindheit sprachen, beschrieb sie ihre Mutter als streng. «Mein Vater war Pfarrer, und meine Mutter wollte immer, daß wir ein Vorbild für andere Kinder wären. Wir lebten in einem kleinen Ort, wo jeder jeden kannte. Mein Vater hatte immer viel zu tun. Er überließ die Erziehung der Kinder Mutter, und ihr entging nichts. Schulnoten, Auftreten, Benehmen und Tischsitten wurden genauestens beobachtet, und wo immer Verbesserung nötig war, wurde darüber vor dem Nachtgebet gesprochen. Mein Bruder rebellierte schon früh. Er hatte immer Schwierigkeiten. Ich versuchte zu tun, was sie verlangte.»

«Aber Sie hatten nie das Gefühl, ermutigt zu werden.»

«Eigentlich nicht.»

Es dauerte eine Weile, aber nach und nach begann Jane die Verbindung zwischen den Erwartungen und der ständigen Unzufriedenheit ihrer Mutter und dem, was sie selbst durch ihre übermäßige Arbeit tat, zu erkennen. Sie hatte die niemals befriedigte Mutter verinnerlicht.

Jane brauchte lange, um ihre Trauer darüber, daß sie von ihrer Mutter nie ein Wort der Anerkennung erfahren hatte, zu verdauen. Sie mußte erkennen, daß sie das, was ihre Mutter dem Kind angetan hatte, nun sich selbst antat. Und sie mußte begreifen, wie müde und traurig sie war angesichts der minimalen Erfolge, die sie durch ihr derzeitiges Verhalten errang. Wenn sie sich auf diese inneren Gefühle konzentrierte, würde sie wie das Mädchen im Märchen durch den Brunnen ins Unbewußte eintreten.

Als das Mädchen dort hinabsteigt, muß es wieder arbeiten, aber diesmal unter anderen Voraussetzungen. Zunächst wird es zu der Arbeit nicht getrieben. Diese Arbeit rührt von einem anderen Ort her, und sie erscheint unmittelbar sinnvoll. Eine so simple Bitte wie «Gib mir bitte das Salz» kann heißen, daß man das Salz haben möchte oder daß die andere Person so egoistisch und gedankenlos ist, daß sie nicht gemerkt hat, daß der andere das Salz braucht. Die Bitte zu arbeiten kann das Gefühl auslösen, getrieben zu sein, sie kann aber auch natürlich und instinktiv sein. Die Arbeit der Stiefmutter ist immer getrieben.

Zum anderen geht es bei allen Bitten hier um Nahrung. Verweigerte man diese Arbeiten, würde das bedeuten, daß etwas verkommen würde. Dieser Teil des Märchens erinnert an die Passage aus dem Prediger Salomo im Alten Testament:

Ein jegliches hat seine Zeit,
und alles Vornehmen unter dem Himmel hat seine Stunde.

Jede Herausforderung, der das Mädchen auf unbekanntem Gebiet begegnet, sagt uns, was es, ebenso wie wir, tun muß, um ein getriebenes Gefühl in eines zu verwandeln, das nicht getrieben ist.

Das Mädchen ging zunächst am Ofen vorbei und hörte: «Bitte hole die Brote heraus.» Brot ist ein Grundnahrungsmittel und dient in frühen wie in heutigen Religionen als wichtiges Symbol – es zeigt, daß wir es hier mit mehr als nur gewöhnlicher körperlicher Ernährung zu tun haben. Das Symbol Brot finden wir auch im Neuen Testament, wo Jesus das Brot brach, als Bild für seinen Körper. Der moderne Christ setzt diese Bildhaftigkeit fort, indem er Brot und Wein als die Symbole für den Leib und das Blut Christi zu sich nimmt.

Das ungesäuerte Brot bedeutet im jüdischen Glauben die Nahrung in der Wüste und ist ein Symbol für die Freiheit des Volkes Israel. Anläßlich des Passah-Festes wird es von den Feiernden gegessen. In der griechischen Mythologie ist es Demeter, die Göttin der Ernte, die die Verbindung von Korn und Brot zur Mutter Erde darstellt.

Um vom Getriebensein zu einem erfüllten Tätigsein zu gelangen, muß man nach geheiligter Nahrung suchen. Das ist nicht nur das einfache Verstehen auf der Ebene des Ego. Geheiligte

Nahrung finden wir im Unbewußten. Wenn wir entspannt sind und uns gestatten, das Unbewußte zu öffnen, dann wird uns diese Quelle der geheiligten Nahrung erreichen.

Als nächstes kommt das Mädchen am Apfelbaum vorbei. Äpfel haben eine doppelte Bedeutung. Sie sind ein Symbol für die Liebe, das vielen früheren Göttinnen heilig war. Der Apfel ist aber auch eine Metapher für die Entwicklung eines Bewußtseins. Es war der Apfel, der im Garten Eden das Wissen symbolisierte, das Bewußtsein von Gut und Böse im Gegensatz zur bis dahin vorherrschenden Unschuld. Spirituelle Nahrung und Bewußtheit sind notwendig, um sich von der Dominanz der psychologischen Stiefmutter zu befreien.

Auch Milch, das dritte Element im Märchen, ist ein Grundnahrungsmittel, aber mit ihr hat es noch eine weitere Bewandtnis: Wenn eine Kuh nicht gemolken wird, dann wird sie bald aufhören, Milch zu geben. So wie das Euter der Kuh keine Milch mehr produziert, wenn sie vernachlässigt wird, so verkümmern auch unsere Fähigkeiten, authentisch zu werden und zu reifen, wenn wir uns vernachlässigen.

Dieses Bild kann man besser verstehen, wenn man es vom praktischen Blickwinkel aus betrachtet. Stellen Sie sich einen Menschen vor, der als Kind bemerkt, daß er eine Begabung für Musik hat, dann aber mit diesem Talent nicht arbeitet. Seine Fähigkeit wird sich nie entwickeln.

Milch ist zudem ein spirituelles Symbol, und die Märchenerzählerin verwendet es hier, um uns zu sagen, daß man unbedingt eine spirituelle Verbindung herstellen muß, wenn man die Dominanz der getriebenen Energie durchbrechen will. Die Milch ist hier symbolisch gebraucht, wie in den Bildern von Jesus, die ihn als Schäfer zeigen, der einen Milchkrug trägt.

In anderen Glaubenssystemen gibt es die Vorstellung, daß die Götter selbst etwas von der Nahrung benötigen, mit der die Menschen sie versorgen können, womit der Gedanke des Gebens befördert wird. Die alten Griechen opferten den Göttern Milch, Honig, Öl und Wasser. In Sibirien schütteten die Menschen während eines Gewittersturmes Milch auf den Boden, um die wütenden Götter zu beschwichtigen.

Im Märchen stellt die Kuh als Quelle dieser Nahrung den Kontakt zu dem Mädchen her. Wie bei den alten Griechen und den

Sibirern wird das Mädchen gebeten, einen Dienst zu tun, aber es wird nicht eingeladen, auch zu essen. Es wäre ein Fehler, eine zu einfache Antwort, wenn man zu früh essen würde. Und obwohl einfache Antworten verlockend sind, müssen wir unseren Weg fortsetzen. Wir gehen aber in der Gewißheit weiter, daß es spirituelle Nahrung im Überfluß gibt. Doch bevor wir bereit sind für diese Nahrung, müssen wir noch mehr Arbeit erledigen. Bleib nicht stehen, suggeriert uns die Märchenerzählerin. Dies ist ein Vorgang, der dir viel Spirituelles geben wird, aber nur, wenn du selbst teilnimmst.

Diese Situation kennen wir bereits aus dem Märchen «Die alte Frau und der Reiskuchen». Auch hier mußte die alte Frau eine Zeitlang in der Höhle der Oni bleiben und arbeiten, um das Geschenk, das das Unbewußte zu geben hatte, auch zu erhalten. Es genügte nicht, die Höhle nur zu betreten und die Oni zu sehen, so wie es auch nicht genügt, in den Brunnen gesprungen zu sein und diese ersten drei Symbole gesehen zu haben. Die Dinge nur ansehen vermittelt uns eine Ahnung von ihrem göttlichen Wert oder ihren göttlichen Eigenschaften, aber eine Verbindung zu ihnen können wir erst herstellen, nachdem wir die erforderliche Arbeit geleistet haben.

Wenn wir versuchen, spiritueller zu werden, wenn wir lernen zu meditieren oder wenn wir uns mit Hilfe einer Therapie darum bemühen, uns selbst näher zu kommen, dann erfahren wir diese Wahrheit: Wer weise werden will, muß Hingabe zeigen.

Das Mädchen setzt seinen Weg fort und gelangt an das Haus von Frau Holle, die es anweist, mehr zu arbeiten. Ein Bett auszuschütteln, um Schnee zu erzeugen, bedeutet, die kalte, frostige, schlafende Jahreszeit zu rufen. Schnee kommt im Winter und ist ein Symbol dafür, daß das Leben ruht. Oft ist dies eine Zeit der Depression.

Viele Menschen reagieren auf die drohende Depression mit übermäßiger Geschäftigkeit. «Sei fröhlich!», «Geh einkaufen!», «Tu etwas!» – das können gute Ratschläge sein, jedoch nur in bestimmten Stadien der Entwicklung. Es gibt Zeiten im Leben, in denen es nicht ratsam ist, sich aufzumachen, um das Unbewußte zu erforschen. In diesen Zeiten werden höchst wichtige äußere Anforderungen an uns gestellt, denen wir genügen müssen. Wenn ein Haus in Flammen steht, dann ist das die Zeit, nach dem Feuerlöscher zu greifen. Wenn das Feuer gelöscht ist, können wir in Ruhe über den Sinn von Verlusten und Flammen nachdenken.

Zu Beginn des Märchens sehen wir das Problem dadurch symbolisiert, daß das Mädchen unter der Herrschaft seiner Stiefmutter steht. Ein Teil oder eine Eigenschaft seiner Persönlichkeit treibt sein Verhalten über das hinaus, was gesund oder vernünftig wäre. Was das Mädchen braucht, kann nicht äußerlich gewonnen werden, ist aber in ihrer Psyche präsent, denn das Unbewußte hat die Tendenz, was immer fehlt, auszugleichen, um ein Gleichgewicht herzustellen.

Das Mädchen braucht unbedingt den Archetyp der Guten Mutter. Obwohl auch Frau Holle es mit Arbeit versorgt, gibt es einen entscheidenden Unterschied zwischen dieser Arbeit und der, die die Stiefmutter verlangt. Die Arbeit bei der Stiefmutter, die das Mädchen zu Beginn des Märchens ableistet, geschieht unter Zwang. Die Arbeit, die es für Frau Holle erledigt, hat hingegen eine innere Verbindung. Die Energie des Mädchens beugt sich nicht länger dem äußeren Druck, sondern wird in Ausdauer verwandelt. Wenn das Mädchen in der inneren Verbindung bleibt, wird es lernen, die Vieldeutigkeit und die Spannung, die mit dieser Arbeit einhergeht, auszuhalten. Und Spannung wird auf jeden Fall auftreten, denn das Mädchen muß all seine alten Verhaltensweisen ablegen und Raum schaffen für seine Gefühle. Andernfalls kann ihm nicht klarwerden, was es für sich tun muß.

Jede Frau, die den Rückzug von der Rolle der Superfrau durchlebt hat, weiß, wie schwierig das ist. Da sind nicht nur die Forderungen und der Druck seitens der Umgebung, sondern auch ein ständiger innerer Druck, dem man widerstehen muß. Das ist eine Zeit des Wartens, so wie die Erde auf die Wärme des Frühlings und das Aufbrechen der Knospen wartet.

Es ist sehr schwer, diese notwendige Aufgabe des Wartens zu erfüllen. Es fällt uns schwer, darauf zu vertrauen, daß das Unbewußte uns ebenso leiten oder lehren wird, wie das Samenkorn in der Erde reift. Da ist es hilfreich, eine innere oder äußere Gute Mutter zu finden, die freundlich, sanft und fürsorglich sein kann und uns – wie Frau Holle das Mädchen – in ihr Haus einlädt. Die Aufgabe dieser Guten Mutter ist es, ermutigend zu wirken und die Entwicklung der Gefühle zu befördern, während wir auf eine Einsicht warten.

An diesem Punkt in einer Therapie sagt eine Klientin oft: «Aber was tue ich denn? Nichts verändert sich. Also habe ich nur das eine Gefühl – was bringt's?»

Als Jane in der Therapie arbeitete, begann sie zu verstehen, wie sehr sie eine Gute Mutter brauchte. Anfänglich reagierte sie auf diese Gefühle immer, indem sie einkaufen ging, ein Restaurant besuchte oder sich eine späte Mahlzeit gönnte. Sie legte ordentlich an Gewicht zu, und die Rechnungen ihrer Kreditkarten wurden immer länger, was sie sich eigentlich nicht leisten konnte. Es dauerte eine Weile, bis sie begriff, daß diese Art, sich zu bemuttern oder zu versorgen, nicht die einer Guten Mutter war. Sie war wie ein kleines Kind, das hungrig ist und sich mit Süßigkeiten vollstopft. Manchmal muß man darauf warten, daß einem klar wird, worauf man eigentlich Hunger hat oder was man braucht. Sie vergessen nicht, daß Sie Hunger haben, aber Sie reagieren nur einfach nicht darauf.

Das Wichtigste an der Guten Mutter ist, daß sie unsere Bedürfnisse versteht. Sie geleitet uns in die richtige Richtung, wenn wir nach Sinn und nicht nur nach Geschäftigkeit suchen. Jane wußte genau, daß sie hart gearbeitet hatte, aber sie fühlte sich immer noch leer. Sie konzentrierte sich auf das, wovon sie meinte, daß es die Wünsche der anderen seien. Die verinnerlichte Mutter, aus der Erfahrung mit ihrer richtigen Mutter entstanden, trieb sie an. Das ist die Stiefmutter. Sie kann treiben, aber sie ist nicht imstande, fürsorglich zu sein, denn sie hat keine Verbindung zu dem Individuum. Für die Stiefmutter ist das Individuum nur ein Objekt, das sie benutzt. Verbindung, Fürsorge und Verständnis können nur von unserer inneren Guten Mutter kommen.

Die Märchenerzählerin hat auch die Zahl Drei in «Frau Holle» eingearbeitet. Erinnern Sie sich an «Die Frau in der Essigflasche», die sich dreimal herumdrehen mußte? Wir haben in der Geschichte schon gesehen, daß die Zahl Drei mit Ganzheit und Vollkommenheit einhergeht. Wir müssen so lange unseren Weg fortsetzen, bis wir unser Ziel erkennen. Das Mädchen wird dreimal gebeten, Nahrung einzubringen. So beschreibt die Märchenerzählerin das Erlernen und Wiedererlernen von spiritueller und psychologischer Nahrung. Dieser Vorgang der Wiederholung ist typisch für wirkliches Lernen. Wir versuchen etwas, verstehen es, scheitern, versuchen es noch einmal, verstehen es, scheitern. Jedesmal reicht die

Erfahrung des «Verstehens» etwas tiefer und ist ein wenig stärker, bis wir schließlich die Einsicht verinnerlicht haben. Dieser Vorgang braucht Zeit.

Marianne suchte mich einen Monat, nachdem sie in den Ruhestand gegangen war, auf. «Ich weiß nicht, was ich mit mir anfangen soll», sagte sie. «Ich habe genug zu tun, aber ich fühle mich verloren. Nichts scheint wirklich befriedigend zu sein.» Marianne sprang in ihren Brunnen und begann zu suchen. Freunde und frühere Kolleginnen boten ihr manche Tätigkeit an, aber nichts schien das Richtige zu sein, bis sie die Meditation entdeckte. Die versorgte sie mit der Verbindung zu jenem tieferen Ort, an dem sie ihre Richtung finden konnte.

Zunächst war Marianne begeistert. «Ich hatte vom ersten Moment des Kurses an den Eindruck, nach Hause zu kommen. Das ist genau, was ich brauche, um herauszufinden, was ich tun muß.»

Während der folgenden Jahre hörte ich immer wieder einmal von Marianne, und jedesmal befand sie sich mit der Meditation in einer anderen Phase. Manchmal haßte sie es, dann wieder fühlte sie, daß es die einzig mögliche Richtung war, die sie einschlagen konnte. Sie griff danach, scheiterte, rappelte sich dann wieder auf, um erneut danach zu greifen. Das war ein langwieriger Prozeß, aber sie hatte den Eindruck, daß es sich lohne. Wieder einmal lernte sie, daß die Dinge, die wirklich wertvoll sind, Zeit brauchen.

In der Zeit, in der ich als Therapeutin gearbeitet habe, bin ich nur wenigen Frauen begegnet, die wie Jean gar keine Vorstellung davon hatten, wie man zumindest ein wenig nähren oder geben könnte. Selbst die wütendsten Frauen hatten irgend jemanden in ihrem Leben, für den sie sorgten, ein Kind, einen Ehemann, kränkliche Eltern, einen Hund oder eine Sammlung von afrikanischen Veilchen. Die Aufgabe lautet hier, die innere Gute Mutter zu finden. Von ihr werden wir lernen, wie wir dieses Nähren wirksam auf uns richten können.

«Das klingt selbstsüchtig», wird manche Frau sagen, wenn sie davon hört, aber für sich zu sorgen ist genau das Gegenteil. Nur wer Gefahr läuft zu verhungern, greift selbstsüchtig nach dem Essen. Der Wohlgenährte hingegen ist imstande, sich aufrichtig sowohl mit den Bedürfnissen anderer wie auch mit seinen eigenen zu befassen.

Frau Holle, der Archetyp der Guten Mutter, ist nicht schön.

Anstatt das Mädchen in den Arm zu nehmen und ihm Milch und Kuchen zu servieren, verlangt sie, daß es für sie arbeitet. Das Bild, das wir in unserer Kultur von der Guten Mutter haben, ist von unendlicher Freigebigkeit bestimmt. Sie ist von einer warmen, liebevollen und ansprechenden Erscheinung, die uns einlädt, auf ihrem Schoß zu sitzen. Wenn wir dort erst einmal sitzen, wird sie uns umarmen und zu singen beginnen. Das populäre Bild der Guten Mutter ist das eines weiblichen Weihnachtsmannes. Dieses Bild, das uns während unserer Kindheit vermittelt wird, ist die Phantasie der Mutter, die niemals enttäuscht. Der Archetyp der Guten Mutter aber ist keineswegs so einfach oder eindimensional. Ihre Fähigkeit, uns zu enttäuschen, mag sie einem ungeübten Beobachter häßlich erscheinen lassen, und doch ist es genau diese Eigenschaft, die uns lehrt, wie wir uns voranarbeiten müssen, wenn die Dinge nicht sofort nach unserem Willen gehen. Und wenn wir verstehen, wie wir mit den natürlichen Zyklen unseres Lebens arbeiten können, dann ist das wirklich Gold wert.

Francie kam an ihrem fünfzigsten Geburtstag in meine Sprechstunde. «Das ist ein Geburtstagsgeschenk, das ich mir selbst mache», erzählte sie mir. «Ich kann wirklich nicht klagen, abgesehen von einem ständigen Gefühl der Übelkeit.»

«Haben Sie schon einen Internisten aufgesucht?» fragte ich.

Sie lachte. «Es kommt mir vor, als hätte ich schon Hunderte besucht. An mir ist jeder Test vorgenommen worden, der je erfunden wurde. Am Ende sagen alle dasselbe zu mir. Körperlich gesehen, ist alles in Ordnung. Es ist nur eine Frage des Kopfes.»

«Was meinen Sie?» fragte ich

«Ich denke, vielleicht haben sie alle recht, obwohl mir wirklich schlecht ist, so daß ich mir nicht vorstellen kann, wie das nur Einbildung sein sollte.»

«Ich glaube auch nicht, daß es nur Einbildung ist», sagte ich. «Meiner Ansicht nach handelt es sich um eine wichtige Metapher. Ich glaube, Ihr Unterbewußtsein versucht mit allen Kräften, Ihnen etwas über Ihr Leben zu sagen, und es benutzt Ihren Körper, um sich auszudrücken. Die Aufgabe der Therapie ist es herauszufinden, wie die Botschaft lautet, damit Sie entscheiden können, wie Sie darauf antworten wollen. Haben Sie irgendeine Idee, was Ihnen Übelkeit verursachen könnte oder was in Ihrem Leben Sie buchstäblich zum Kotzen finden?»

Francie hatte keine Idee. Ihr Leben war von Freunden und Familienangehörigen erfüllt, die sie liebte und von denen sie geliebt wurde. Ihre Ehe war gut. Obwohl die Kinder nicht mehr im Haus waren, lebten sie doch in der Nähe, und sie sah den einen oder anderen davon oder ihre Enkelkinder täglich. Wenn sie ihr Leben beschrieb, machte es den Eindruck, als sei sie der geliebte Mittelpunkt der Familie.

Ihr früheres Leben stand in scharfem Kontrast dazu. Ihr Vater war Unteroffizier gewesen, und sie waren oft umgezogen. Ihre Mutter war Krankenschwester, sie arbeitete viel, um das Einkommen der Familie aufzubessern. Als Kind war Francie jeden Tag viele Stunden lang allein gelassen worden. Sie erinnerte sich an unzählige Male, wo sie sich unter ihrem Bett verkrochen hatte, aus Angst, die knackenden Geräusche im Haus könnten von Einbrechern stammen, die sie wegbringen wollten, während ihre Eltern noch nicht zu Hause waren.

Als sie Joe traf und ihn dann heiratete, war sie entschlossen, ein warmes und liebevolles Familienleben zu schaffen, und offensichtlich war ihr das auch gelungen. Vor einigen Jahren war ihr Vater gestorben, und ihre Mutter lebte nun bei ihnen. «Das ist gut», sagte sie. «Ich habe sie dadurch kennengelernt.»

«Wie lange ist sie schon hier?»

«Da muß ich überlegen.» Francie schien im stillen zu rechnen. «Ungefähr seit sieben Jahren.»

«Und wann begann Ihre Übelkeit?»

«Oh, nicht damals. Das geht erst seit» – wieder das stille Zählen – «erst seit zwei, vielleicht drei Jahren.»

«Was macht Ihre Mutter den ganzen Tag?»

«Zu Anfang war sie recht aktiv. Sie arbeitete freiwillig im Krankenhaus und engagierte sich im Kirchgemeinderat. Dann mußte sie sich nach und nach immer mehr einschränken. Sie wurde immer vergeßlicher und verwirrter. Habe ich Ihnen nicht erzählt, daß sie Alzheimer hat?»

Es brauchte eine Weile, bis Francie die Verbindung zur Bedeutung der Übelkeit herstellen konnte. Schließlich traten Gefühle der Wut hervor, die sie ins Unterbewußtsein verdrängt hatte. Wir wissen nicht genau, wie diese Verbindung zwischen Seele und Körper funktioniert. Wir wissen, daß Gefühle das chemische Gleichgewicht innerhalb unserer Körper beeinflussen und verändern können. Francie war wütend auf ihre Mutter, weil sie in ihrer Kindheit vernachlässigt worden war und so viele Stunden in Angst und Schrecken hatte verbringen müssen. Sie war außerdem wütend, weil die Alzheimer-Krankheit es ihrer Mutter erneut erlaubte, sich zu entfernen. Francie unterdrückte die Wut, denn sie war nicht mit ihrem Wertesystem von Freundlichkeit und Fürsorge vereinbar. «Sie kann ja nichts dafür, daß sie Alzheimer hat», pflegte Francie zu sagen, aber dieses intellektuelle Verstehen veränderte ihre Gefühle nicht. Sie waren real, sie schlugen ihr im wahrsten Sinne des Wortes auf den Magen, indem sie innere körperliche Veränderungen hervorriefen, die ihrerseits die Übelkeit verursachten.

«Was könnte ich tun?»

«Bleiben Sie bei den Gefühlen.»

«Ich möchte sie anschreien.»

«Das hieße, *etwas zu tun*. Bleiben Sie einfach bei den Gefühlen. Schreiben Sie Tagebuch. Gehen Sie in den Wald und schreien Sie. Schreien Sie mich an, aber tun Sie nichts, um die Gefühle zu vertreiben, und lassen Sie es nicht an Ihrer Mutter aus.»

Diese Vorstellung davon, daß es immer zwei Extreme gibt, die einander gegenüberstehen – ein Entweder-Oder –, ist ein wichtiges Prinzip. In Francies Fall hießen die beiden Extreme, daß sie entweder die Gefühle verneinen wollte und etwas unternahm, um sich besser zu fühlen, oder daß sie aufgeben und die Gefühle ausleben wollte, indem sie schrie oder sie an anderen ausließ. Beides aber zu unterlassen bedeutet, in der Mitte zu sitzen und die Spannung auszuhalten, die zwischen den beiden Alternativen besteht. Dort zu sein ist schrecklich, doch es ist gleichzeitig der beste Ort, an dem man sein kann, denn es ist der Weg zu Einsicht und Verständnis.

Um bei diesen Gefühlen bleiben zu können, brauchte Francie etwas Zeit für sich, ohne ständig ihre Mutter versorgen zu müssen. Sie fand ein Tagesheim, wohin sie die Mutter jeden Tag bringen konnte. Sowie sie sich auf ihre Gefühle konzentrieren konnte, schienen sie «schlimmer» zu werden. So empfand Francie es jedenfalls. «Ich hasse sie! Ich hasse es, sie zu hassen! Ich hasse es, daß ich all dieses Zeug ausgegraben habe. Ich kann nicht anders, als mich zu fragen, was mit ihr los war. Sie war nicht dumm. Wie konnte sie mich jeden Nachmittag allein lassen? Wie ist es möglich, daß sie nicht wußte, wie ich mich fürchtete? Ich war ein absolut mäuschengleiches kleines Kind, das sich vor seinem eigenen Schatten fürchtete! Warum hat sie sich nicht um mich gekümmert?» Immer weiter stürmte Francie vorwärts durch großen Schmerz. Wir forschten weiter, und ganz langsam nahm Francies Übelkeit ab, eben in dem Maß, in dem sie lernte, ihre eigenen Gefühle der Wut so zu respektieren, daß dadurch keine Schuldgefühle entstanden. Im Laufe unserer Arbeit konnte sie entdecken, was sie brauchte, und Möglichkeiten finden, ihre eigenen Bedürfnisse zu befriedigen. Im Laufe der folgenden Monate wich die Wut langsam einem Gefühl von Mitleid und Verständnis.

«Ich habe immer noch manchmal Tage, an denen ich die Übelkeit verspüre», sagte Francie. «Wenn das passiert, dann denke ich daran, daß Sie sagten, es sei eine Metapher. Und ich weiß, daß ich dagegen kämpfe, etwas hochkommen zu lassen, das ich unterdrücke. Ich bin richtig dankbar, daß ich dieses Symptom habe. Als ich seinen Sinn erst einmal begriffen hatte, ist es zu einem Signal dafür geworden, daß ich mich in irgendeiner Weise betrüge.»

Francies Übelkeit rührte von unterdrückter Angst und Wut her. Sie hielt sie unterdrückt, weil sie nicht mit ihrem Wertesystem vereinbar waren und weil sie ihre eigene kindliche Reaktion darauf fürchtete, die eintreten würde, wenn sie die Gefühle einmal herausließ. Wir alle haben das Potential zu einer kindlichen Reaktion, die herausknallt, wenn wir die Kontrolle über uns verlieren – ich nenne es eine erwachsene Trotzreaktion. Das sind die Zeiten, in denen Erwachsene herumschreien, Dinge sagen, die sie später bereuen, oder vom Gefühl des Augenblicks so überwältigt werden, daß sie jegliche Perspektive verlieren. Aus genau diesem Grund unterdrücken die meisten Menschen diese Form der Wut. Francie hatte Angst, daß sie, wenn sie grausame, schreckliche Dinge sagen würde, ihre Mutter mit Worten verletzen würde, die sie nie würde zurücknehmen können.

Diese schrecklichen Dinge müssen aber gefühlt werden, und sie müssen auch irgendwo ausgedrückt werden, sei es in einem Tagebuch, gegenüber einem neutralen Dritten oder bei einem Therapeuten. Manchmal beginnt eine Klientin bei mir die erste Sitzung, indem sie ankündigt: «Ich hatte eine schreckliche Kindheit, aber ich weiß, daß meine Eltern getan haben, was sie konnten.» Dann weiß ich, daß die Klientin und ich gerade wegen dieses Verständnisses härter als üblich werden arbeiten müssen. Diese Wahrheit intellektuell anzunehmen, bevor die Gefühle auftauchen, ist, als würde man ein psychisches Krebsgeschwür im Unterbewußtsein halten, wo es sich nur weiter ausbreiten wird. Das ist das Gegenteil davon, die Kontrolle zu verlieren.

Die Therapie war das Gefäß, das Francie mit den notwendigen Grenzen und der Fürsorge versah und das ihr die Richtung zu diesen inneren Orten der Einsicht und der Verwandlung wies. Ohne das Gefäß hätte Francie entweder ihre Wut gegen die Mutter ausagiert, oder sie wäre vor dieser Möglichkeit so zurückgeschreckt, daß sie die Wut wieder ins Unterbewußtsein abgedrängt hätte. Eine weitere Geschichte, diesmal von der Cherokee Nation of Native American People, verdeutlicht, wie wichtig es ist, ein Gefäß für seine Gefühle zu finden.

GROSSMUTTER SPINNE
STIEHLT DIE SONNE

Am Beginn der Zeit, da gab es dort, wo die Tiere lebten, kein Licht. Die Sonne mit all ihrem Licht wurde von selbstsüchtigen Menschen, die nicht teilen wollten, auf der anderen Seite der Welt gehalten. Die Tiere versammelten sich, um einen Plan zu machen, wie sie die Sonne stehlen könnten.

«Ich werde gehen», sagte das Opossum. «Ich habe einen dikken, buschigen Schwanz, und es wird ein leichtes sein, die Sonne darin zu verbergen, bis ich wieder hier bin.» Das Opossum machte sich auf den Weg, und alle Tiere warteten gespannt auf seine Rückkehr. Aber das Opossum hatte kein Glück.

Zwar fand es die Sonne ohne Schwierigkeiten und schaffte es auch, ein Stück davon unter den Pelz seines buschigen Schwanzes zu stecken. Die Sonne aber war so heiß, daß sie den ganzen Pelz verbrannte. Das Opossum brüllte und schrie vor Schmerz, und alle Menschen kamen und nahmen ihm das Stückchen Sonne wieder weg. Das Opossum mußte mit einem nackten und bloßen Schwanz und ohne Sonne zurückkehren.

«Das macht nichts», sagte der Geier. «Ich werde gehen. Ich kann schnell fliegen. Selbst wenn die Menschen sehen, wie ich das Sonnenlicht auf meinem Kopf balanciere, werden sie doch niemals imstande sein, mich zu fangen.» Und so machte sich der Geier ins Land der Sonne auf.

Der Plan des Geiers wäre sicher aufgegangen, hätte er nicht vergessen, wie heiß die Sonne war. Kaum hatte er ein Stück davon auf seinen Kopf getan, begann sie schon, seine Federn zu verbrennen. Der Geier ließ einen Schrei los, und die Menschen eilten herbei und konnten sich das Stückchen Sonne wieder greifen. Der arme Geier mußte mit einem böse schmerzenden, kahlen Schädel in sein Dorf zurückkehren.

Die Tiere waren entmutigt. Sie redeten und diskutierten miteinander, was sie tun könnten. Schließlich sagte eine ruhige Stimme: «Ich werde gehen.» Die Tiere schauten sich um und sahen, daß Großmutter Spinne gesprochen hatte. Sie war sehr klein, und sie waren sicher, daß sie eine derart schwere Aufgabe nicht würde lösen können, aber niemandem fiel etwas anderes ein, und so stimmten alle zu.

Zunächst fertigte Großmutter Spinne einen Topf aus Ton, in dem wollte sie das Stück Sonne transportieren, wenn sie es ergattert hatte, denn sie wollte sich nicht verbrennen. Dann begann sie ein Netz zur anderen Seite der Welt hinüber zu spinnen. Sie war so klein, und das Netz war so hauchdünn, daß keiner der Menschen es bemerkte.

Als sie einmal dort war, griff sie sich schnell ein Stückchen Sonne, warf es in ihr Gefäß und machte sich über das dünne Netz davon. Oh, wie alle Tiere jubelten, als in ihrem Teil der Welt Licht war!

Seit jenem Tag gibt es nicht nur Licht, sondern auch Feuer. Und seit jener Zeit gibt es auch das Wissen, wie man Gefäße herstellt.

―――――――――――

Dieses Cherokee-Märchen benutzt wie viele Geschichten, die aus bodenständigen Gesellschaften stammen, Tiere anstelle von Menschen. Die Ureinwohner Amerikas begreifen die Verwandtschaft zwischen Tieren und Menschen und erzählen oft Fabeln, um wertvolle menschliche Lektionen zu erteilen.

Durch alle Jahrhunderte sind Tiere benutzt worden, um die menschlichen Instinkte zu versinnbildlichen. Zum Beispiel verbinden wir Charakterzüge bedingungsloser Liebe und Loyalität mit Hunden. Eine Geschichte, in deren Mittelpunkt ein Hund steht, soll vielleicht die Bedeutung der Loyalität illustrieren. In «Großmutter Spinne stiehlt die Sonne» werden drei unterschiedliche Teile unseres Instinkts durch drei verschiedene Tiere repräsentiert – Opossum, Geier und Großmutter Spinne. Keines dieser Tiere ist unserer modernen städtischen Kultur so vertraut, wie sie es der Gesellschaft der Cherokee waren, die die Geschichte hervorbrachte.

Die Geschichte beginnt in völliger Dunkelheit. Dunkelheit beeinflußt die meisten Menschen, was man an der wachsenden Anzahl von Depressiven in den Wintermonaten erkennen kann. Auf Island und in anderen Ländern im hohen Norden, wo es im Winter jeden Tag nur ein paar Stunden trübes Licht gibt, haben die Menschen gelernt, in ihren Häusern eine besondere Lichtgebung einzurichten. Menschen brauchen Licht.

Psychologische Dunkelheit ist ein Symbol für fehlende bewußte Wahrnehmung oder Einsicht. Wir drücken das intuitiv in solchen Wendungen aus wie: «Ich tappte im dunkeln», «Das hat etwas Licht auf die Sache geworfen» oder «Da ging mir ein Licht auf». Auch die Zeit, die uns vom Standpunkt der Aufklärung wenig erleuchtet vorkommt, nennen wir das «dunkle Mittelalter».

Die Märchenerzählerin erinnert uns daran, daß es kein leichter Prozeß ist, Einsicht zu erlangen, hier versinnbildlicht durch das Ergreifen des Lichts oder der Sonne. Die Tiere mußten drei Versuche unternehmen. Inzwischen verstehen wir die Symbolik dieses «wieder und wieder», die uns an das Versuchen und Scheitern gemahnt, das notwendig geschehen muß, wenn man Verständnis erlangen will.

Als erstes Tier oder erster Aspekt der Persönlichkeit macht sich das Opossum auf den Weg. Das Opossum ist ein Nachttier, eine Kreatur der Dunkelheit. Gemeinsam mit anderen Nachttieren geht es nachts auf Nahrungssuche und schläft, wenn es hell ist.

Wir müssen mehr über Opossums wissen, um zu begreifen, warum das Tier scheiterte. Zunächst einmal ist das Opossum kein kluges Tier. Die Gehirnkapazität einer Hauskatze ist fünfmal größer als die des Opossums. Das Opossum geht jede Nacht denselben Weg, und anstatt sich eine bestimmte Nahrung als passend auszusuchen, ißt es alles, was es finden kann. Dieser Mangel an Unterscheidungsfähigkeit geht so weit, daß ein Opossum sogar einen Artgenossen fressen würde, wenn es diesen tot auf seinem Weg fände.

Diese Unfähigkeit, zu unterscheiden und auszuwählen, besteht auf einer psychologischen Ebene auch bei Menschen, die sich von jedem Psychologie-Trend, der gerade populär ist, gleich gefangennehmen lassen. Obwohl ihre Suche immer von einem legitimen Bedürfnis herrührt, gelingt es diesen Opossum-Menschen nicht, wertvolle Einsichten von Müll oder wertlosen Unwahrheiten zu unterscheiden. Ehe wir nicht etwas von Wert konsumiert haben, werden wir es wie das Opossum nicht schaffen, uns zu verwandeln.

Das Opossum hat noch eine andere Angewohnheit, die man im englischen Sprachraum «playing possum», also «sich dumm oder tot stellen» nennt. Das Opossum läßt sich auf die Seite fallen, hält das Maul geöffnet und sondert einen Verwesungsgeruch ab. Feindliche Tiere wenden sich daraufhin ab und zeigen ein verwirrtes Verhalten, da hier kein Kampf und keine Jagd stattfindet.

Wir imitieren diese Taktik des Opossums, wenn wir die Existenz einer Herausforderung leugnen, um uns zu verteidigen. Manche Menschen stellen sich dumm oder tot, indem sie einfach alles ignorieren, was um sie herum geschieht.

«Er war ein guter Ehemann», sagt Merle.

«Mutter, er schlug uns regelmäßig. Er war furchtbar!» könnte eine Tochter antworten.

Merle hat das entweder nicht bemerkt oder vergessen, so seltsam das einem Außenstehenden auch erscheinen mag.

Es gibt noch eine andere Art, Opossum zu spielen, und zwar indem man Entschuldigungen sucht. «Ja, er hat uns manchmal geschlagen, aber er meinte es nicht so. Er stand einfach unter großem Druck.»

Wenn man sich der Einsicht in bestimmte Wahrheiten verweigert oder ihre Existenz verleugnet, kann man vielleicht Konflikte und Konfrontationen vermeiden, aber mit diesem Verhalten wird man niemals untergründig schwelende Probleme lösen.

Prudence ist ein Beispiel für jemanden, der sich dieses ineffektive Verhalten zu eigen gemacht hat. Ihr Sohn wurde ständig von ihrem Mann gehänselt, und es gab eine feindselige Note in diesem Hänseln, wenngleich der Mann immer betonte, daß alles ja nur Spaß sei. Im Laufe der Jahre wurde der Junge immer wütender. Er konnte seine Wut nur auf passive Art zeigen, aber diese Methode war, was den Vater betraf, sehr wirkungsvoll. Der Vater war pünktlich, also kam der Sohn immer zu spät. Dad war erfolgreich, der Filius versagte. Der Vater war verantwortungsbewußt, der Sohn vergaß alles. Prudence verbrachte ihr Leben zerrissen zwischen dem Ehemann und dem Sohn, sie versuchte, den Jungen zu schützen, den Vater zu besänftigen und insgesamt Frieden zu schaffen. Sie stellte sich dem zugrunde liegenden Problem gegenüber dumm oder tot und erstarrte in dem Bestreben, eine verlogene Harmonie aufrechtzuerhalten.

Eine andere Frau, Wanda, spielte ebenfalls Opossum. Sie wuchs in einer Familie auf, wo Jungen vorgezogen wurden. Der Vater und ihre Brüder fanden sie, das jüngste Kind und einzige Mädchen, süß, aber dumm. Wanda hat sich mit ihren Gefühlen gegenüber der Familie nie auseinandergesetzt. Darüber hinaus heiratete sie einen Mann, der sie jahrelang genau so behandelte. Mit fünfzig fand Wanda sich versteinert und völlig unbeweglich mit ihrer drohenden Scheidung konfrontiert. Außer ihrer Angst, allein zu sein, war sie sich keines Gefühls bewußt.

Ein weiterer interessanter Aspekt am Opossum ist, daß es schon zu Zeiten der Dinosaurier lebte. Es ist eine alte Tierart aus der Frühzeit der Erde. Auch wir besitzen alte und urzeitliche Instinkte. Jede Frau, die ein Kind geboren hat, hat diese rohen Instinkte durchlebt, die unter unserem zivilisierten Äußeren immer noch lebendig sind. Wir rüsten unsere Krankenhäuser mit technologisch höchst anspruchsvollen Gerätschaften aus, um gesundes neues Leben zu beobachten, zu diagnostizieren und zu fördern. Im Moment der Geburt aber ist es der primitive Instinkt, dieses neue Leben in seine selbständige Existenz zu schieben, der die Geburt herbeiführt.

Obwohl das Opossum von mangelnder Intelligenz und primitiver Natur ist, müssen wir ihm dankbar sein. Etwas Neues zu lernen ist ein Prozeß, und das Opossum markiert den Beginn dieses Prozesses. Wir fangen langsam und schwankend an, vielleicht bewegen wir uns den ganzen Weg lang wie das Opossum. Wir beginnen unsere Reise zur Einsicht mit zögernden Schritten. Aber wir können auch wie das Opossum immer weitermachen, Nacht um Nacht. Wir können zurückkehren und noch einmal über denselben Boden gehen und alles aufsammeln, was wir finden können. Das Opossum ist ein ursprüngliches Ziel, das uns als guter Anfang dient.

Es verbrennt seinen Schwanz, weil es versucht, die Sonne damit zu tragen. Seither hat das Opossum einen nackten Schwanz. Der Schwanz ist eine Ausformung des Rückgrats, die wir Menschen im Laufe der Evolution abgeworfen haben. Diese primitive Entwicklungsstufe ist zwar ein notwendiger Anfang, aber wir können sie hinter uns lassen, wenn wir die erforderlichen Fähigkeiten erworben haben, um weiterzugehen, um mehr zu erreichen.

Die primitiven Nestpflege-Reaktionen des Opossums zeigen, warum es für einen Menschen zerstörerisch ist, auf der Ebene des Opossums zu verbleiben. Das Opossum hat zwei oder drei Würfe Junge im Jahr. Wenn sie geboren werden, ist es die Aufgabe der Kleinen, sich in die Tasche der Mutter vorzuarbeiten, wo sie dann an einer Brustwarze saugen. Diese verbindet sie wieder mit dem Körper der Mutter, und das Kleine bleibt dort, bis es größer ist. Später, wenn das Kind diese Verbindung nicht mehr hat, muß es für sich selbst sorgen. So wie die Mutter jede Nacht denselben Weg entlangschwankt, tut es auch das kleine Opossum, indem es auf den Rücken der Mutter klettert und sich an ihrem Schwanz festhält. Mutter Opossum trägt ihre Kleinen nicht herum, hält sie nicht bei sich und sorgt nicht für sie, wie andere Säugetiere das tun. Für kleine Opossums gilt die Regel, daß nur der Stärkste überlebt.

Diese nachlässige Fürsorge ist etwas, das wir alle betreiben. Wir erleben es, wenn wir nur das Nötigste für uns tun. Wenn ich aufwache und mich an einen Traum erinnere, aber mir nicht die Mühe mache, ihn aufzuschreiben oder daran zu arbeiten, um mein Selbstverständnis zu verbessern, dann wende ich die Mutter-Energie des Opossums an. Unsere neuen, embryo-ähnlichen Einsichten brauchen schließlich mehr als diese minimale Form mütterlicher Zuwendung.

Viele ältere Frauen von heute sind mit minimaler mütterlicher Zuwendung aufgewachsen. Sie lebten auf Bauernhöfen oder in kleinen Dörfern, wo alle arbeiteten. Ihre Mütter hatten nur wenig Zeit oder Kraft für die Fürsorge übrig. Für einige dieser Frauen war die Form der minimalen mütterlichen Zuwendung ausreichend, weil es um sie herum noch viele andere Menschen gab. Tanten, Großeltern, ältere Geschwister oder Cousins waren da, um Fürsorge zu spenden, wenn das nötig war. Die Erfahrung, daß etwas schiefging und es niemanden in der Gemeinschaft gab, der damit umgehen konnte, gab es nicht.

In einem anderen Fall hat eine Mutter vom Opossum-Typ eine Tochter, die kreativ oder auf irgendeine Weise besonders ist. Diese Tochter braucht mehr als das Minimum, das die Opossum-Mutter bieten kann. Wenn keine anderen Quellen der Zuwendung zur Verfügung stehen, dann wird das zum Problem für die Tochter.

Bei vielen der jungen Mädchen, die heutzutage Mütter werden, können wir erhebliche Anteile von Opossum-Zuwendung feststellen. Wenn diese Mädchen nicht selbst Hilfe bekommen, dann wird es eine neue Generation von jungen Erwachsenen geben – ihre Kinder nämlich –, die wiederum nicht genug mütterliche Fürsorge erhalten, um zu gesunden Erwachsenen zu werden. In unserer modernen Welt gibt es viele Kinder wie Nona.

Nachdem wir unsere ersten schwankenden Schritte zur Einsicht unternommen haben, die hier durch das Opossum dargestellt werden, vermittelt uns die Geschichtenerzählerin, daß die Energie des Geiers als nächstes kommt. Der Geier kann wie alle Vögel einen intuitiven Gedanken, der vorüberfliegt, symbolisieren.

Das Sehvermögen des Geiers unterscheidet sich stark von unserem. Wenn sie auf starken Schwingen hoch über der Erde schweben, können Geier weiter sehen und eine Perspektive von dem gewinnen, was unten geschieht. Aus größter Entfernung identifizieren sie ihre Nahrung. Der Geier dient als Metapher für die innere Stärke, dank deren wir zu unseren Gedanken hinab- und unseren Gefühlen hinaufschweben können. Er ist ein Symbol für unsere Fähigkeit, etwas Bedeutsames zu entdecken und es uns auch zu erschließen.

Wenn ein Geier einmal zu einem toten Tier, das er entdeckt hat, hinunterstößt, dann dient ihm sein gekreuzter Schnabel dazu, das, was er fressen will, auseinanderzureißen. Diese Vorstellung vom Reißen und Zerreißen ist ein Bild für den mühsamen Prozeß des Analysierens, den wir alle bei der Selbstbetrachtung bewältigen müssen. Allerdings ist das, woran der Geier reißt und rupft, Aas – etwas Totes –, und dieser Aspekt des Symbols soll eine Warnung sein. Wir müssen unsere Fähigkeit zu analysieren – die Fähigkeit, die äußere zähe Hülle von etwas zu zerreißen, um zu einem intellektuellen Verständnis vorzudringen – mit den angemessenen Gefühlen verbinden. Reine Vernunft oder Denken ohne den vermenschlichenden Einfluß unserer Gefühle wird nur Aas hervorbringen.

Als Prudence erst einmal eine Therapie angefangen hatte, wurde ihr schnell klar, daß sie sich wie ein Opossum verhalten hatte. Daraufhin fragte sie sich, warum sie so lange zugelassen hatte, daß sie in der Mitte stand. «Ich wollte meinen Sohn beschützen… oder vielleicht liebte und verstand ich meinen Ehemann… oder vielleicht war es beides.» Nun konnte sie klarsehen, und indem sie ihren scharfen Schnabel, also ihre Fähigkeit, die Dinge zu durchdenken und zu analysieren, benutzte, war sie imstande, die Möglichkeiten auseinanderzureißen. Dennoch fehlte bei ihrer Arbeit etwas. Sie drehte sich im Kreis und machte keine Fortschritte.

«Was für ein Gefühl haben Sie bei dieser ganzen Sache?» fragte ich.

«Das ist lange her. Ich fühle wirklich gar nichts mehr.»

Sie kaute auf totem Fleisch und konnte keine Nahrung finden. Dem, was sie verfolgte, fehlte die lebensnotwendige Kraft des Gefühls, und deshalb konnte es nicht verwandelt werden.

Der Geier hat einen häßlichen, bedrohlichen Blick. Als ich in Südamerika lebte, pflegte ich die Geier zu beobachten, die sich am Ufer des Flusses sammelten und dort auf die Fischer oder die Fleischer warteten, die die nichtverkauften toten Fische oder Fleischreste und Knochen wegwarfen. Kleinere Vögel hüpften umher, zwitscherten und flogen hin und her, um Samen, Krumen oder was immer sie finden konnten aufzupicken. Die Geier hingegen warteten, ihre mächtigen, langen und kahlen Hälse eingezogen und die kahlen Köpfe bedrohlich nach vorn gereckt. Es fiel mir schwer zu glauben, daß diese häßlichen Geschöpfe dieselben waren wie die wunderbar schwebenden Vögel, die ich am Himmel sehen konnte.

Während Prudence kämpfte, schien ihre Stimmung immer häßlicher zu werden. Sie verfluchte ihren Mann für wirkliche und eingebildete, gegenwärtige und vergangene Fehler. Mit ihrem Sohn war sie ungeduldig, sie warf ihm alle möglichen Vergehen vor, egal, ob er sie nun begangen hatte oder nicht. Sie klagte mich an, weil ich diesen unangenehmen Zustand provoziert hatte. Dies ist oft der Hauptgrund, der mir genannt wird, warum jemand nicht erforschen will, was unter der Oberfläche ruht. Prudence beklagte sich über eine Freundin, die eine Therapie gemacht hatte: «Meine Freundin hat sich wirklich verändert. Sie wurde mürrisch, unangenehm, depressiv, egoistisch. Sie war völlig verändert, und es machte keinen Spaß mehr, mit ihr zusammenzusein. Ich fürchte, daß, wenn ich selbst einmal die Wut oder die Trauer loslasse, ich nie mehr aufhören kann zu weinen.» Die Geier-Häßlichkeit von Prudence trat als Ungeduld auf.

Die Erzählerin dieser Geschichte weiß, daß wir, wenn wir große Zeiten der Veränderung durchmachen, uns wie der Geier fühlen. Sie sagt uns auch, daß es zu früh wäre, hier schon anzuhalten. Es gibt noch eine dritte Figur. Geier müssen scheitern, aber ihre Fähigkeit, über den Dingen zu schweben, das gewünschte Ziel auszumachen und in Ruhe darauf zu warten, daß etwas auf sie zukommt, ist ein wertvoller Teil des Prozesses.

Nachdem das Opossum und der Geier in der Geschichte gescheitert sind, meldet sich Großmutter Spinne als nächste Freiwillige. Ihre erste Tat ist es, einen dickwandigen Tontopf herzustellen, in den sie die Sonne hineintun wird. Sie weiß, wie wichtig es ist, sich die Zeit zu nehmen, um die Hitze tragen zu können und nicht verbrannt zu werden. So ist es auch in unserem persönlichen Prozeß hin zur Selbst-Bewußtheit.

Großmutter Spinne ist uns Menschen hierin ähnlich. Wir besitzen Fässer und Vasen, Teekannen und Krüge von jeder vorstellbaren Form und Größe. In unserer äußeren Welt wissen wir sehr wohl, wie wichtig es ist, ein Gefäß für die Dinge zu haben. Als Frauen wissen wir auf einer sehr tiefen Ebene auch etwas von innerem Fassen. Unsere Körper selbst sind die Gefäße neuen Lebens, die jeden Fötus sicher umfassen, bis er zu einem Kind heranwächst, das allein leben kann.

Dieses Wissen müssen wir erweitern, wenn wir damit beginnen wollen, unsere Einsichten zu fassen. Kleine Kinder sind hervorragende Beispiele für Menschen, die noch nicht viel darüber gelernt haben, wie man Erkenntnisse faßt. «Schau mal, Mami», sagt ein Kind, «der Mann da kann nicht laufen.»

Kleine Kinder sind auch nicht imstande, ihre Gefühle zu fassen. Das kann man besonders gut bei Kleinkindern sehen. Wütende Kleine schreien, treten, werden rot, beißen und schlagen. Ihr Zorn kennt keine Grenzen, und sie laufen Gefahr, Porzellan zu zerbrechen oder sich zu Boden zu werfen und ihren eigenen Kopf anzuschlagen. Es ist ihnen völlig egal, ob dies im Lebensmittelladen oder am Sonntag morgen auf den Eingangsstufen zur Kirche passiert. Was sie fühlen, das bricht heraus. Jegliches Fassen, das notwendig ist, um das Kind, das Porzellan oder die Ohren der anderen zu schützen, ist Aufgabe der Guten Mutter.

Aber auch Erwachsene beherrschen das Fassen nicht immer. Sogar etwas so Positives wie Einsicht kann das Bewußtsein ertränken. Ein Beispiel dafür ist der Fanatiker, der, nachdem er irgendein wundervolles Licht gesehen hat, dieser neuen Wahrheit oder Erkenntnis gestattet, von seiner ganzen Persönlichkeit Besitz zu ergreifen. Aus diesem Grund haben wir viele junge Menschen an Sekten verloren. Etwas Ähnliches passiert auch bei den Menschen, die ich «Gruppen-Süchtige» nenne. Diese sind so von ihren schnellen Einsichten beeindruckt, daß sie eine Gruppe nach der anderen besuchen, weil sie dort jeden Tag oder jede Woche einmal «high» sein können.

Wenn es uns nicht gelingt, unseren Platz in einem Kontext oder einem Glauben oder einer Einsicht zu finden, dann werden wir besessen und intolerant gegenüber den Ansichten von anderen oder ihrer Art des Lernens. Wir verbrennen uns selbst, wenn unsere Gefühle explosiv werden. Gefühle scheinen von nirgendwo zu kommen, es sind emotionale Marschflugkörper. «Du kommst zu spät!» schreien wir, ohne danach zu fragen, warum. Mit «Verdammt noch mal, ich habe hier gerade gewischt!» reagieren wir auf ein versehentliches Mißgeschick.

Manchmal muß nur jemand etwas zu uns sagen, und wir brechen in Tränen aus. In dem Kinofilm «Sinn und Sinnlichkeit» gibt es eine wundervolle Szene, in der der junge Mann schließlich der Figur, die von Emma Thompson gespielt wird, seine Liebe erklärt. Emma bricht in lautes und unkontrolliertes Schluchzen aus. Sie war überbordenden Gefühlen ausgesetzt, die sie nicht mehr fassen konnte. Wenn wir vor lauter Gefühl die Fassung verlieren, verlieren wir auch den Bezug zu unseren Gefühlen.

Es gibt verschiedene Arten von psychologischen Gefäßen. Eines ist die Fähigkeit, das Gefühl festzuhalten und sich darauf zu konzentrieren. «Gestatten Sie sich, nur zu fühlen, ohne etwas zu tun», sage ich zu Klientinnen. «Wir müssen sehen können, worum es bei dem Gefühl eigentlich geht.»

Für gewöhnlich vermeiden wir, das zu tun, denn das Gefühl ist natürlich wie eine heiße Kartoffel meist nicht angenehm, und es fällt schwer, es festzuhalten. Wenn wir es auf irgendeine Weise ausagieren, dann gelingt es uns, etwas von der inneren Spannung, die wir fühlen, zu lösen. Das ist genau so, als würden wir die heiße Kartoffel fallen lassen. Unserer Hand wird es besser gehen, aber die Kartoffel wird zerplatzen und den Boden schmutzig machen.

Eine Alternative ist es, ein Gefäß für das Gefühl zu finden. Viele Frauen schreiben Tagebuch und schaffen sich damit ein Gefäß für ihre Gefühle. Auf diesen Seiten, in dieser Zeit fühlen sie sich sicher genug, um etwas erforschen, fühlen und sagen zu können. Da Tagebücher Privatsache sind, besteht relativ wenig Gefahr, sich oder jemand anderen zu verbrennen.

Eine andere Form des Gefäßes ist Therapie. Ein Therapeut hilft dabei, die Gefühle auszuhalten, indem er sie, ohne sie zu verurteilen, akzeptiert. Wir brauchen andere, um zu hören, was wir fühlen. Allerdings sind Freunde und Familienmitglieder nicht unbedingt die besten Zuhörer. Den Menschen, die uns lieben, fehlt oft die nötige Objektivität.

Auf der anderen Seite kann ein Therapeut dabei helfen, den Informationsfluß zu regulieren und die Einsichten beherrschbar zu machen, indem man den Prozeß verlangsamt. Er wird vorschlagen, eine Weile auf einem Gefühl oder einer Idee zu sitzen und sie weiter zu erforschen, ehe man zum nächsten Gedanken übergeht. Außerdem können Therapeuten noch weitere Informationen bieten und alternative Perspektiven ins Gespräch bringen.

Eine Therapie hilft auch dabei, ein Gefühl zu beherrschen, weil sie Grenzen setzt. Im Extremfall wird ein Therapeut einer Klientin das Versprechen abnehmen, daß sie sich selbst nichts antun wird, oder er wird die Klientin sogar zu ihrer eigenen Sicherheit stationär aufnehmen lassen. Das geschieht aber nur selten. Eine häufigere Form der Grenzsetzung geschieht dadurch, daß der Therapeut einer Klientin hilft, ihre Gefühle von ihrem Verhalten zu trennen.

Diese Art der Beherrschung mußte Francie lernen, als sie mit der Wut über ihre Mutter kämpfte. Francie mußte wie die meisten von uns den Unterschied zwischen Fühlen und Handeln durchleben.

Wenn ein Therapeut und eine Klientin sich darauf verständigen, an den Gefühlen der Klientin zu arbeiten, dann einigen sie sich darauf, mit den Emotionen anders umzugehen. Unsere Kultur lehrt uns, Gefühle zu verachten und nach außen zu verlagern. «Du hast mich dazu gedrängt, es ist deine Schuld!» ist ein vertrauter Ausruf. In diesem Stadium betätigt sich der Therapeut als Wegweiser, der immer wieder zurück auf die innere Welt der Klientin zeigt.

Ein anderes Gefäß, das uns zur Verfügung steht, besteht darin, eine Auszeit zu nehmen, sich Ruhe zu gönnen. Wenn wir ruhig werden, dann erlauben wir dem psychischen Material, zu kochen und zu schmoren, bis etwas Bedenkenswertes in das Bewußtsein vordringt. Viele Menschen haben es in unserer lauten Zeit verlernt, zur Ruhe zu kommen. Eine Frau in meinem Fitness-Studio erinnert mich daran, wann immer ich sie dort treffe. Mein Studio ist, wie wahrscheinlich alle Fitness-Studios, ein lauter Ort. Überall sind Fernseher, und es wird Musik gespielt. Vor dem Eingang zu den Damen-Umkleideräumen befindet sich eine kleine Sitzecke. Wenn ich beim Radfahren oder beim Walking eine Idee bekommen habe, dann setze ich mich vor dem Duschen gewöhnlich mit einer Tasse Tee in diese Sitzecke, um ein paar Minuten zu schreiben.

In diesem Raum läuft immer ein Fernseher, ob nun jemand hinsieht oder nicht. Wenn der Raum leer ist, wenn ich komme, dann mache ich den Fernseher aus. Wann immer diese Frau im Umkleideraum ist, kommt sie heraus und stellt den Fernseher wieder an. «Ich möchte hören», sagt sie dann. Dann geht sie in den Umkleideraum und beginnt eine Unterhaltung, die laut genug ist, um jede Information des Fernsehers unhörbar zu machen. Ich kann daraus nur schließen, daß Stille ihr angst macht. Unglücklicherweise erziehen wir eine ganze Generation dazu, von Lärm abhängig zu sein.

Diese Idee, sich durch Ruhe einen Weg zum Inneren zu bahnen, durch Ruhe das Wachstum von etwas Neuem zu fördern, ist unter Frauen eine sehr alte Methode. Im Neuen Testament gingen die Hirten, nachdem sie das Jesuskind gesehen hatten, in alle Lande und erzählten, was sie gesehen hatten. Sie waren die äußeren Boten. Maria hingegen verkörpert eher das weibliche Verinnerlichen. Es heißt: «Maria aber behielt alle diese Worte und bewegte sie in ihrem Herzen.» Nur wenn wir uns nach innen wenden und die Dinge in uns bewegen, werden wir imstande sein, zunächst die Gefühle und dann den Sinn dieser Gefühle für unser Leben zu erschließen.

Das Netz, das Großmutter Spinne gesponnen hatte, um auf die andere Seite der Welt zu gelangen, war fein, aber es reichte aus, um ihr einen klar definierten Weg zu schaffen. Das hervorstechende Merkmal eines Spinnennetzes ist, daß es der Spinne gehört, die es gesponnen hat. Auch wenn die neue Generation der Computerfreaks es nicht glauben mag, kann man auch vernetzt sein, ohne auf einer Datenautobahn umherzurasen. Ein Netz ist eine Verbindung zwischen Dingen. Ein Netz verbindet einen Punkt mit dem nächsten. Eine Spinne kann aus ihrem Innern eine Substanz, einen Faden hervorbringen, der es ihr ermöglicht, sich von hier nach dort zu bewegen. Sie ist also nicht nur imstande, ihren eigenen Weg zu gehen, sie kann ihn sich sogar selbst bauen.

Jedes Netz kommt von innen, und damit ist es der Weg, der unserer eigenen Natur gemäß ist, den wir gehen sollen. Frauen, deren Persönlichkeit für die Geschäftswelt taugt, in die sie jedoch nie eingetreten sind, Künstlerinnen, die nie etwas geschaffen haben, oder Forscherinnen, die nie etwas erforscht haben, sind sämtlich Frauen, die nicht von ihrem inneren Netz her funktionieren. Sie müßten ihre eigenen Netze spinnen.

Ein Geschenk, das das fortschreitende Alter mit sich bringt, ist die Freiheit, seine eigenen inneren und äußeren Wege zu entdecken. Es ist nicht mehr so wichtig wie früher, die Erwartungen von Familie, Freunden oder Gemeinschaften zu erfüllen. Dies ist die Zeit, in der wir Frauen die Freiheit haben zu entdecken, daß wir liebevoller, reizbarer und selbstbezogener sind, weniger für andere da, weniger großzügig oder höflich und weniger mit unserer Erscheinung beschäftigt. Hilda sagte eines Tages etwas zu mir, das viele Frauen gedacht oder gesagt haben:

«Ich weiß nicht, wie viele Jahre mir noch bleiben, aber ich weiß, daß sie gezählt sind. Ich habe vor, sie darauf zu verwenden herauszubekommen, wer ich bin, und es dann auch zu sein, ganz egal, ob das Horace oder den Kindern oder den Enkeln gefällt. Wenn sie einigermaßen bei Verstand sind, dann werden sie dasselbe für sich tun, aber ich kann mich nicht darum kümmern. Dieser Herzanfall hat mir angst gemacht, und ich beabsichtige keineswegs, vor meinen Schöpfer zu treten und sagen zu müssen, daß ich mein ganzes Leben darauf verwandt habe, so zu sein, wie andere mich haben wollten, und daß ich nicht die kleinste Ahnung habe, wer ich wirklich bin.»

«Amen», war das einzige, was mir dazu im stillen zu sagen blieb.

Die Geschichte von Großmutter Spinne erinnert uns daran, daß es ein langwieriger und schwieriger Prozeß ist, das Bewußtsein, die Sonne, zu erlangen. Er verlangt, daß man eine Zeitlang im Dunkel herumsucht. Wir müssen bereit sein, in andere Teile der Erde vorzustoßen und an unbekannte Orte zu gehen. Wenn wir unserem eigenen Weg folgen, werden wir zur nötigen Einsicht gelangen. Dafür müssen wir uns Zeit nehmen, sie ist notwendig, um aus unserem Inneren heraus etwas zu spinnen und dann zu beherrschen, was wir finden. In uns müssen wir die nährende und die Grenzen setzende Mutter entstehen lassen. Sie ist es, die uns leiten wird, wenn wir unsere Fähigkeit zu Beharrlichkeit, Objektivität und Beherrschung entwickeln.

Einen anderen Aspekt, mit Gefühlen umzugehen, beleuchtet die folgende Geschichte aus dem Alten Testament. Sie handelt von «Rizpah», einer Guten Mutter, die über ein ungeheures Maß an Geduld und Beharrlichkeit verfügt. Jede Frau, die Kinder großgezogen hat, weiß, wie wichtig es ist, geduldig zu sein und darauf zu warten, daß sich etwas entwickelt.

RIZPAH

Es war einmal eine Frau, die hieß Rizpah, und sie war eine Konkubine des Königs Saul. Über die Jahre hatte sie diesem Herrscher zwei Söhne geboren. Viele Jahre lang war die Herrschaft Sauls voller Friede, aber es kam eine Zeit, da verlor er die Gunst Jahwes. Sein Herrschaftsrecht wurde von einem Hirten namens David angefochten. David und Saul kämpften, und schließlich war David siegreich. Er ließ daraufhin Saul und einen seiner Söhne töten.

Das Land wurde von einer Hungersnot heimgesucht, die drei Jahre lang währte. David betete. Er erhielt die Botschaft, daß Jahwe die Hungersnot geschickt habe als Strafe für ungerechte Taten, die Saul begangen hatte. Daraufhin ließ David nach den noch lebenden sieben Söhnen Sauls suchen. Als man sie gefunden hatte, gab er Befehl, daß sie alle gehängt würden, als Wiedergutmachung für Sauls Taten. Zwei von denen, die gehängt wurden, waren die Söhne von Rizpah. Als zusätzliche Strafe befahl David, daß die Leichen der Söhne nicht begraben werden durften.

Dies geschah zur Zeit der Gerstenernte im Frühjahr. Als Rizpah sah, daß die Leichen nicht begraben wurden, saß sie Tag und Nacht an dem Stein, wo die Leichen lagen, um Geier und Raubtiere fernzuhalten. Schließlich, im Oktober, als der Regen kam, hörte David von ihrer langen Wache. Aus Mitleid für die Gefühle der Mutter ließ er die Knochen von Saul und seinem Sohn Jonathan zu der Stelle bringen, wo die Leichname der anderen Söhne lagen, und ließ sie alle in einem gemeinsamen Familiengrab begraben.

-----------------------▲-----------------------

Rizpah ist ein Symbol für die archetypische Gute Mutter, die gelobt, niemals diese verwundeten oder toten inneren Aspekte preiszugeben. Sie ist die Mutter, die sagt: «Ich werde immer bei dir wachen.»

Es ist schwer, dieses Maß an Ergebenheit zu verstehen. Wir können uns kaum vorstellen, es auf uns selbst anzuwenden. Wahrscheinlich können wir uns Aspekte von uns selbst ins Gedächtnis rufen, die verletzt oder sogar getötet wurden. Wir erinnern uns an einen Lehrer in der Schule, der entmutigende Worte gebrauchte, die bewirkten, daß wir uns unserer selbst schämten. Wir erinnern uns an den Moment, wo Mutter oder Vater etwas sagten, das uns verletzte oder entmutigte. Doch haben wir vor langer Zeit öffentliche Bilder geformt, um diese Wunden zu überdecken. Wir haben so viele Jahre mit unseren «Schutzdecken» gelebt, daß wir uns selbst davon überzeugt haben, die Wunde habe keine Kraft mehr. Sie existiert nur mehr als eine ferne Erinnerung.

Sicher hätte Gertrude dies gesagt, wenn jemand daran gedacht hätte, sie zu fragen. Gertrudes Leben war erfüllt. Ihr Freunde sahen in ihr eine glückliche Frau, und Gertrude war derselben Ansicht. Niemand hätte sie als verwundet oder neurotisch bezeichnet. Dann, im Alter von sechsundsechzig Jahren, erkrankte Gertrude an Krebs. Ihre Familie wünschte, daß sie so lange wie möglich leben sollte, aber die Ärzte gaben ihr nicht mehr als ein paar Monate.

Um ihrem Körper alle Möglichkeit zu geben, gegen den Krebs zu kämpfen, hätte Gertrude jeden Tag viele Tabletten schlucken und eine ausgewogene Ernährung zu sich nehmen müssen. Sie verweigerte beides. Wenn die Krankenschwester ihr die Tabletten brachte, tat sie so, als würde sie diese schlucken, nahm sie aber wieder aus dem Mund, wenn sie allein war. Das Essen blieb oft unberührt auf ihrem Tablett.

Die Freunde, die Familie und das Pflegepersonal erklärten, baten, drohten und flehten. Gertrude sagte immer, was sie von ihr hören wollten, aber wenn die Tabletten und das Essen kamen, war sie außerstande zu kooperieren. Manchmal, wenn ihre Familie an ihrem Krankenhausbett stand und sie mit Drohungen dazu brachte mitzumachen, schluckte sie ein paar Happen. Fast augenblicklich kam das Essen in einem unfreiwilligen Erbrechen zurück. Alle waren verärgert. Der Arzt hatte schließlich das Gefühl, es lägen psychologische Ursachen vor, und rief eine Therapeutin hinzu.

Wenn jemand derart körperlich verletzlich ist, dann empfinden diejenigen, die außerhalb der Situation stehen, immer eine besondere Dringlichkeit. Als erstes mußte Gertrude vor dem starken Druck geschützt werden, den sie von denen, die sie retten wollten, empfand. Sie brauchte die Hilfe der Therapeutin, um ein Gefäß um sich herum schaffen zu können, das sie vor der von außen kommenden Fürsorge schützen würde, die alle ihre verfügbare Energie in Ablehnung verwandelte.

Die Therapie-Sitzungen fanden während des Essens statt. Wenn Gertrude auf ihr Tablett schaute, begann sie zu weinen. Die Erinnerungen, die auftauchten und von Angst und Wut aus ihrer Kindheit begleitet waren, rührten daher, daß sie als Kind von einer wütenden Aufseherin in einem Waisenhaus zum Essen gezwungen worden war. Ihre Mutter hatte sie dorthin gebracht, während sie mit ihrem Ehemann über Scheidungsmodalitäten und Sorgerecht kämpfte.

Ihre Großmutter, eine alte irische Matriarchin, errettete Gertrude schließlich aus dem Waisenhaus. Das Ziel dieser Frau war es, das Kind so zu erziehen, daß es auf keinen Fall so würde wie seine Mutter. Die alte Frau hatte diesem verängstigten Kind nur wenig Nährendes oder Sanftes zu bieten. Die Mahlzeiten waren die schlimmsten Stunden des Tages. Jeden Abend pflegte die Großmutter eine Litanei von Gertrudes Fehlern vorzutragen, ebenso wie eine Aufzählung der Fehler ihrer Eltern. «Sie endete jedesmal mit: ‹Sitz gerade, mach beim Kauen den Mund zu, iß deinen Teller leer. Du hast Glück, daß dich jemand ernährt.›»

«Nacht für Nacht wollte ich sterben», schluchzte Gertrude. «Ich schluckte das Essen herunter, aber in der Hälfte der Fälle mußte ich mich hinterher erbrechen.»

Die Therapeutin und Gertrude waren Rizpah, die über das kleine verängstigte Kind wachte. Schließlich war das Kind bereit, eine Suppe zu versuchen. Die Therapeutin machte eine Hühnersuppe. Das kleine Kind mochte die Nudeln. Sie bestellten Eiscreme und aßen sie gemeinsam. Gertrude war zu schwach, um zu schreiben, deshalb brachte die Therapeutin einen Kassettenrecorder mit, und Gertrude redete und redete und weinte und fluchte und sprach zu dem Kind und begann, es zu lieben.

Es war eine Heilung der Seele, die der Körper nicht mitmachen konnte. Gertrude starb im Frieden mit sich selbst und ihrer Familie und auch mit der alten Matriarchin und den Eltern. Sie war zu schwach, um allein zu stehen, aber sie und die Therapeutin zusammen konnten Rizpah sein. Sie wurden zu einem inneren Aspekt der Guten Mutter, die da ist, um zu wachen. Zusammen konnten sie die wohlmeinenden verwandten Raubtiere fernhalten, die die Gefühle stehlen wollten, ehe deren Sinn deutlich war.

Nur wenige von uns müssen mitmachen, was Gertrude passierte. Dennoch haben wir alle Menschen in unserem Leben, die unsere Gefühle stehlen wollen. Die Menschen, die uns lieben, sind oft am aggressivsten, wenn es darum geht, uns von negativen Gefühlen zu entfremden. Für die meisten von uns begann diese Entfremdung in der Kindheit. Ich erinnere mich an Onkel John – vielleicht gab es auch in Ihrem Leben einen Onkel John. Ich denke, daß es mehr als einen davon gab. Wann immer Onkel John sah, daß ich weinte oder schmollte, begann er, mich zu bestürmen: «Da ist doch ein Lächeln», pflegte er zu sagen. «Ich sehe es! Ja, da ist es. Deine Mundwinkel fangen schon an zu zucken. Du kannst das Lächeln jetzt nicht mehr lange zurückhalten.» Und so machte er immer weiter, bis die Absurdität der Situation das Lächeln hervorbrachte. Und das ursprüngliche Gefühl? Das war weg, irgendwo begraben.

Heute sind wir so zu uns selbst. «Keine Zeit», denken wir. «Ich muß zur Arbeit. Das Essen muß vorbereitet werden. Die Wäsche muß gemacht werden. Sei fröhlich.» Wir haben das Gefühl verloren. Es gab die Möglichkeit zu einer Einsicht, aber der einzige Weg zu wirklicher Einsicht ist das Gefühl, und das ist nicht mehr da. Wir brauchen die innere Rizpah, den Archetyp der Guten Mutter, um diese ursprünglichen, zerbrechlichen und oft unklaren Gefühle zu schützen.

Manchmal geraten wir in die Falle, daß wir denken, wir müßten nur wichtigen Gefühlen Aufmerksamkeit schenken. Wir sind bereit, für Wut oder Trauer oder Leid innezuhalten, aber nicht für etwas so Simples wie verletzte Gefühle oder eine Laune. Wir verstehen vielleicht, daß die Vergangenheit wichtig ist, aber es fällt uns schwer, die Gefühle zu lokalisieren, die zu vergangenen Ereignissen gehören. Sie fühlen sich tot an. Rizpah erinnert uns daran, daß auch die Dinge, die wie ein «totes Problem» aussehen, genauso wie auch Gefühle von geringerer Wichtigkeit dennoch gewürdigt werden müssen. Wir müssen, wenn nötig bis zu den Regenfällen des Oktobers, ohne zu unterbrechen oder zu scheitern, Wache halten. Wir müssen die Launen und die täglichen Verletzungen spüren. Dann werden wir sie – wie Rizpah, Maria und Gertrude – in unserem Herzen bewegen.

Die zweite Lebenshälfte ist eine innere Reise, um den Ursprung und den Sinn unseres Lebens zu finden, und um zu entdecken, in welcher Weise unser eigenes Leben oder unser Kern in Verbindung mit dem Universum steht. Um diese Reise anzutreten – davon haben wir bereits gesprochen –, müssen wir zunächst unsere eigene Sterblichkeit akzeptieren. In einem zweiten Schritt müssen wir feststellen, inwieweit die Verluste, die wir im Laufe unseres Lebens erlitten haben, unser jetziges Leben bestimmen. Ferner haben wir

festgestellt, daß wir uns sowohl die Eigenschaften, die wir unterdrückt und in unseren Schatten verdrängt haben, als auch die
Aspekte des Dunklen Weiblichen bewußtmachen müssen. Und
jetzt sehen wir, daß wir den Archetyp einer Guten Mutter besitzen, die wir anrufen können, damit sie mit uns auf diese Reise
zur Ganzheit geht.

Die Gute Mutter ist, wie alle archetypischen Energien, im Innern. Wir können sie mit unserem Instinkt aufspüren oder auch
erfühlen. Wir wissen, daß sie uns zunächst als Opossum-Energie
erscheinen mag, die zu uns kommt, wenn wir im dunkeln umher-
irren und versuchen, unsere Bedürfnisse zu befriedigen. Sie wird
mit der Energie des Geiers zu uns kommen und uns helfen, Abstand zu gewinnen und eine Perspektive zu erarbeiten. Sie wird
uns zeigen, wie wir die Dinge beherrschen und kontrollieren können, bis wir sie verstanden haben und ihnen gewachsen sind. Sie
wird uns helfen zu reflektieren und uns durch unsere Träume,
unsere Gefühle oder unsere Fehler Botschaften senden, die wir
nicht hören wollen. Die innere Gute Mutter versteht sich auf
Fürsorge und das Setzen von Grenzen, und durch sie sind wir
fähig, unser inneres Gleichgewicht zu finden. Sie verspricht uns
außerdem spirituelle Nahrung, verlangt aber, daß wir die nötige
Arbeit erledigen, um zu gewinnen, was wir brauchen. Dies ist
innere Arbeit, und wir müssen dazu Energie von äußeren Zielen
abziehen und unseren Gefühlen zu ihrer inneren Quelle folgen.

6

Inseln und Falken

Das Männliche in uns

Die Nachtluft hatte die sanfte Wärme des späten Frühlings, die Regenzeit war vorüber, und die Sonne drang mit ihrer Wärme jeden Tag tiefer in die Erde. Cerina war vor einigen Wochen gestorben. An der Stelle, wo ihr Körper begraben lag, trug eine frisch gepflanzte gelbe Rose zum ersten Mal Knospen. Überall im Dorf hatten Apfel- und Birnbäume ihre Blüte vollendet, und an den Dorfbäumen hatte sich, was vor einer Woche noch winzige Blätter gewesen waren, zu einem grünen Baldachin entfaltet.

Seit über einer Stunde war es schon dunkel. Die Menschen versammelten sich unter den blaugrauen Blättern der alten knorrigen Eiche. Die alte Frau schaute sich um und versuchte zu spüren, in welche Richtung der Geist der Menschen ging. Ihr Blick blieb an ihrem Enkel hängen – oder war es ihr Urenkel? Sie konnte sich nicht erinnern. Er lehnte an einem Baum, seine Augen waren halb geschlossen, seine Lippen geöffnet, um den Atem hereinzulassen. Sie folgte seinem Blick und sah, daß er Meda anstarrte, ein Mädchen, das vor drei Monden in seine weibliche Natur eingetreten war. Ein halbes Lächeln spielte um Medas Lippen, als sie den Blick des Jungen erwiderte. Die Witterung des Moschus war zwischen ihnen. Die alte Frau seufzte einen Seufzer der Erinnerung.

Ihr Blick strich weiter über die Versammlung von Dorfbewohnern hin. Ehepaare, die lange zusammen waren, saßen in dieser Nacht dichter beisammen. Sie beobachtete das Ausstrecken von Händen und das Berühren, das sich durch die Gruppe hin und her bewegte. Das warme, sanfte Gefühl der Nacht wurde von einem Paar nach dem anderen widergespiegelt.

Aber nicht von allen. Gwenlyn saß neben ihrem Mann, aber eigentlich befand sie sich auf der anderen Seite der Lichtung bei Sean. Gwenlyn war seit mehr als hundert Monden verheiratet. Als Sean vor ein paar Monden in die Stadt kam, wandten ihre Augen sich von ihrem Zuhause ab. Tatsächlich war sie nicht die einzige. Auch Nona war von Sean fasziniert, und die alte Frau hatte gesehen, daß verschiedene andere Frauen des Dorfes ihn hoffnungsvoll beobachteten. Sean besaß eine Art Zauber. Seine dunklen Augen suchten Frauen und versprachen ihnen, was sie niemals vorher zu träumen gewagt hatten. Ohne ein Wort zu sagen, lud er zum Abenteuer ein.

Die alte Frau erinnerte sich an diesen Mann. Als er in ihr Leben getreten war, waren seine Augen grau gewesen, sein Schritt größer, und sein Name war nicht Sean gewesen. Und doch war er derselbe. Der Blick, die Anziehungskraft, die Art und Weise, in der er Sauerstoff einsog, so daß man fühlte, wie einem der Atem aus dem Körper gezogen wurde – all das war dasselbe. Ein Abenteurer war immer zur Stelle, wenn etwas in der Frau nach ihm rief.

Als die alte Frau Sean anschaute, konnte sie an der Oberfläche nur wenig Anziehendes erkennen. Aber als sie unter die äußere Schale seiner Erscheinung schaute, war alles da. Sie beobachtete ihn jetzt, als ob sie den Mann und sein Spiegelbild auf blauem Seewasser betrachtete – ein Bild war fest, das andere fließend und schwer zu fassen. Im Auge ihres Verstandes brachte sie die beiden Bilder zusammen, als sie sich auf den Sinn konzentrierte, den sie aus ihrer Vergangenheit geschöpft hatte. Ihre Beziehung war zu Ende gegangen, ebenso wie Gwenlyns Beziehung zu Sean zu Ende gehen würde. Aber der wichtige innere Zweck einer solchen Art von Beziehung liegt nicht im «und wenn sie nicht gestorben sind…»

Als die ursprüngliche Energie an diesem Abend umher- und durch sie hindurchging, wußte sie, welche Geschichte sie erzählen würde. Sie wußte auch, daß Gwenlyn zuhören, aber wahrscheinlich nicht hören würde. Manchmal muß die Geschichte einfach in der Hoffnung erzählt werden, daß man sich an sie erinnern wird, wenn sie gebraucht wird.

ARIADNE

In einem Land weit weg von hier und vor langer, langer Zeit lebte ein König namens Minos. Dieser König hatte einen Sohn, der ums Leben gekommen war, als er ein benachbartes Land besucht hatte. Minos hatte immer den König dieses anderen Landes für den Tod seines Sohnes verantwortlich gemacht. Als Sühne verlangte er, daß ihm alle neun Jahre sieben junge Männer und sieben junge Mädchen gesandt würden.

Minos hatte auch einen Stiefsohn, der zur Hälfte Mensch und zur Hälfte Stier war – ein schreckliches Monster, das man Minotaurus nannte. Die jungen Männer und Mädchen, die von dem benachbarten Land gesandt wurden, opferte man dem fleischfressenden Minotaurus.

Weil der Minotaurus so gefährlich war, daß er nicht unter Menschen leben konnte, hatte König Minos den Architekten Dädalus ein Labyrinth bauen lassen, aus dem niemand entkommen konnte. Hier setzte man den Minotaurus hinein, und in ebendieses Labyrinth wurden die jungen Opfer geschickt.

König Minos hatte auch eine Tochter – ein wunderschönes junges Mädchen namens Ariadne. In jungen Jahren war sie ihrem Vater sehr ergeben gewesen, aber nun, da sie erwachsen wurde, stellte sie fest, daß ihre Gefühle sich veränderten. Eines

Tages, als sie aus ihrem Fenster schaute, sah sie wieder eine Gruppe von jungen Menschen, die geopfert werden sollten, von dem benachbarten Land herkommen. Unter ihnen war ein junger Mann, der ihr der schönste Jüngling zu sein schien, den sie je gesehen hatte. Sein Name war Theseus, und sie verliebte sich auf den ersten Blick in ihn.

Da dies ohne Frage eine Beziehung war, die König Minos verbieten würde, wußte Ariadne, daß sie im geheimen vorgehen mußte. Sie mußte irgendwie das Leben von Theseus retten und ihn für sich gewinnen. Um dies zu bewerkstelligen, wartete sie auf die Dunkelheit und ging dann zu Dädalus, um das Geheimnis zu erlernen, wie man dem schrecklichen Gewirr des Labyrinths entkommen konnte. Sowie sie es kannte, schickte sie nach Theseus.

«Ich werde dir das Geheimnis verraten, wie man entkommen kann», sagte sie zu ihm, «wenn du mich dann mit dir nimmst. Denn ich möchte nichts anderes mehr, als mit dir zusammensein.»

Theseus versprach es, und sie gab ihm ein Knäuel Garn.

«Mache ein Ende des Garnes an der Tür fest, wenn du hineingehst», sagte sie zu ihm, «und wickele das Knäuel ab, während du weitergehst. Wenn du wieder hinauswillst, mußt du nur dem Faden folgen.»

Theseus nahm das Garn und tat, wie Ariadne ihm gesagt hatte. Er fand den Minotaurus schlafend am Ende eines der Wege und stürzte sich auf das Monster, um es zu töten. Ein schrecklicher Kampf entspann sich, an dessen Ende der Minotaurus getötet wurde. Danach nahm Theseus das Garnknäuel auf, das zu Boden gefallen war, und indem er es aufwickelte, ging er zum Eingang zurück.

Ariadne wartete auf ihn, und zusammen mit den anderen jungen Männern und Mädchen, die durch den Mut des Theseus dem Tod entkommen waren, liefen die beiden zum Schiff und setzten Segel. Sie segelten den ganzen Tag. Bei Einbruch der Dunkelheit war die See stürmisch geworden, und sie gingen in einem Hafen vor Anker. Die beiden Verliebten gingen an Land, wo sie sich fast die ganze Nacht lang liebten. Schließlich schlief Ariadne ein und erwachte erst, als die Morgensonne ihr Gesicht streifte. Sie streckte ihre Hand nach Theseus aus und öffnete dann ihre Augen. Die weichen Blätter neben ihr zeigten die Vertiefung, wo sein Körper gelegen hatte, aber er war fort. Ariadne schaute auf das Meer hinaus. Am Horizont konnte sie eben noch die Segel vom Schiff des Theseus ausmachen, das dort ohne sie fortsegelte.

Es gibt verschiedene Versuche zu erklären, warum Theseus ging und nie zurückkehrte. Einige sagen, er hätte zu ihr zurück-kommen wollen, sei aber von den Göttern daran gehindert wor-den. Andere sagen, er hätte sie vergessen, sowie er fortgegangen sei. Auf jeden Fall wartete und trauerte Ariadne viele Monate lang und hoffte auf das, was nicht geschehen sollte. Sie meinte sicher zu sein, daß ihr Leben vorüber sei – sie konnte nicht zu ihrem Vater zurückkehren, den sie betrogen hatte, und sie war von ihrem Geliebten verlassen worden. Gerade in dem Augen-blick aber, als sie alle Hoffnung aufgeben wollte, noch einen Weg zu finden, wie sie ihr Leben fortführen könnte, entdeckte ein junger Mann, ein griechischer Gott, sie auf der Insel, und sie verliebten sich ineinander. Er nahm sie mit sich fort. Wie sie zusammenlebten, das ist eine andere Geschichte, aber ich will euch das eine verraten: Seine Liebe zu ihr war bis ans Ende ihrer Tage wahrhaftig.

Dieser alte Mythos stammt aus Griechenland. Er erzählt uns von den Erfahrungen einer Frau mit einem Vater, einem Monster und einem Sean-ähnlichen Mann namens Theseus. Die Männer in die-sen Geschichten könnten tatsächliche Männer in unserem Leben sein, aber sie symbolisieren auch Energien, zu denen Frauen inner-lich Zugang haben. Es ist eine weitere notwendige Aufgabe, wenn wir altern, eine bewußte Verbindung zu unserer inneren männ-lichen Natur zu entwickeln. Die Psychologie C. G. Jungs nennt diese männliche Energie *Animus* oder «den Mann im Innern». Wer mit asiatischem Denken vertraut ist, nennt diese Energie Yang.

Alle Menschen werden mit einer inneren, *gegensätzlichen se-xuellen Energie* geboren, also einer Energie, die das Gegenteil der dominanten Orientierung darstellt. Für uns Frauen ist die domi-nante Orientierung unsere weibliche Natur, und das Maskuline ist unser gegensätzlicher sexueller Aspekt. Wir müssen uns unserer männlichen Energie ganz klar bewußt sein, nicht nur weil sie einen großen Teil dessen repräsentiert, was wir sind, sondern auch weil sie vor allem für Frauen von mittleren und älteren Jahren ein Reservoir der Stärke und der Geschicklichkeit bedeutet.

Es ist wichtig, damit zu beginnen, einmal die Eigenschaften zu identifizieren, die männlich genannt werden. Die chinesische Vorstellung von Yin und Yang hilft dabei, das Männliche zu definieren und den Unterschied zwischen dem männlichen und dem weiblichen Aspekt zu verbildlichen. Die Chinesen beschreiben das Männliche als Yang-Energie (die weiße Seite des Yin/Yang-Symbols); es ist aktiv, befehlend, vernünftig und mit den Bildern der Sonne, des Tageslichtes und des Helden, der Ordnung ins Chaos bringt, verbunden. Weibliche oder Yin-Energie (die schwarze Seite des Symbols) ist passiv, chaotisch und nicht rational. Der Mond, die Nacht und die ursprüngliche Dunkelheit des Waldes sind Bilder des Yin.

Es gibt zwei wesentliche Schwierigkeiten, die vielen von uns das Verständnis dieser Idee erschweren. Zunächst einmal, daß man uns beigebracht hat, daß weibliche und männliche Eigenschaften jeweils alleiniger Besitz des einen oder des anderen Geschlechts sind. Obgleich diese Exklusivität unmöglich ist, da das Weibliche beziehungsweise das Männliche mit dem anderen verbunden ist wie zwei Seiten einer Münze, hören wir immer noch Behauptungen wie: «Frauen sind emotional und Männer sind logisch veranlagt.» Dieses Mißverständnis hat beiden Geschlechtern geschadet.

Die zweite Schwierigkeit liegt darin zu erkennen, wie wichtig es ist, manche unserer Eigenschaften als weiblich und andere als männlich zu identifizieren. Es ist eine gewisse Wertigkeit bei den Eigenschaften der verschiedenen Kategorien vorgenommen worden. Was charakteristisch für das Männliche ist, ist als übergeordnet bezeichnet worden, während weibliche Attribute eher als untergeordnet gelten. Viele von uns erinnern sich daran, daß man sich über Frauen lustig machte, weil sie «zu emotional» seien, oder daß man eine Ansicht verachtete, weil sie eher emotional als rational begründet war. Diejenigen von uns, die in einer Gesellschaft aufwuchsen, die die weiblichen und die männlichen Attribute künstlich voneinander trennte, indem sie sie einem Entweder-Oder-Modus zuordnete – weibliche Attribute ausschließlich den Frauen und männliche ausschließlich den Männern –, müssen daran arbeiten, ihr Verständnis davon zu wandeln. Diejenigen von uns, die die Unterlegenheit weiblicher Attribute verinnerlicht haben, müssen einsehen, daß es auch zu unserer Aufgabe gehört, diese Wunde zu heilen.

In der Geschichte unserer Kultur sind Frauen, die sich ohne männliche Erlaubnis zu weit von der traditionellen Rolle der Frau entfernten, mißbilligt worden. Julia Morgan, die wunderbare Architektin des frühen zwanzigsten Jahrhunderts, die viel der großen Architektur in Kalifornien entwarf, mußte in Europa studieren, da keine amerikanische Schule eine Frau aufnehmen wollte. Die Frau des Schriftstellers Scott Fitzgerald, Zelda, konnte niemanden dazu bewegen, ihr Schreiben ernst zu nehmen. Diejenigen von uns, die früh auf dieselbe Weise konditioniert wurden und erst später die ganzen Veränderungen miterlebten, die die Frauenbewegung brachte, müssen noch vieles verarbeiten.

Wenn wir unsere männlichen Eigenschaften als einen inhärenten Aspekt dessen, was wir sind, erkennen und akzeptieren wollen, gehört es zu unseren Aufgaben zu begreifen, daß weibliche und männliche Attribute in einer Beziehung zueinander existieren, sowohl als Ergänzung wie als Gegensatz. Atem ist ein Beispiel für diese Art des ergänzenden Gegensatzes. Jedes Einatmen wird von seinem gegensätzlichen Ausatmen ergänzt. Tag und Nacht, heiß und kalt, süß und sauer – sie alle ergänzen einander. Automatisch wenden wir uns an kalten Tagen der heißen Suppe zu und im Sommer eher den frischen, kühlen Salaten.

Weiblich und männlich sind Gegensätze, und Gegensätze erzeugen Spannung. Zum Beispiel fällt es uns, wenn wir uns passiv fühlen, schwer, uns daran zu erinnern, daß wir auch aktiv sind. Es ist schwer zu lernen, wie man eine Entscheidung sowohl mit dem Herzen als auch mit dem Kopf trifft. Leichter ist es, sich als das eine oder das andere anzusehen. Doch wenn wir versuchen, nur ein Teil eines Ganzen zu sein, dann finden wir uns immer wieder mitten in einer unangenehmen Situation wieder. So war es bei Gina.

«Ich habe so schwer gearbeitet», erzählte sie mir. «Ich wollte wirklich eine süße, nette, liebevolle Ehefrau sein, wahrscheinlich, weil meine Mutter das nicht war. Ich weiß jedenfalls ganz sicher, daß sie meinen Vater nicht respektierte. Er war ein Workaholic, und sie war eine Nörglerin. Sie kritisierte ihn, weil er nicht genügend Zeit mit uns verbrachte. ‹Benimm dich wie ein Vater›, pflegte sie zu sagen. Sie beklagte sich, weil er nicht die Sachen am Haus reparierte. Sie glaubte natürlich, daß sie nörgelte, weil er so selten nach Hause kam, aber ich meine, er blieb fort, weil sie so nörgelte. Ich gelobte, nett und liebevoll zu meinem Ehemann zu sein, so daß er gern zu Hause sein und etwas mit mir und den Kindern unternehmen würde. Und dann?

Ich war zweimal verheiratet. Keiner meiner Ehemänner wollte am Familienleben teilnehmen. Mein erster Mann war Alkoholiker – o nein, natürlich nicht, als ich ihn heiratete, aber er wurde einer. Er war körperlich zu Hause anwesend, aber hätte genausogut nicht dasein können, denn eigentlich war er doch woanders. Mein derzeitiger Ehemann trinkt nicht, aber er ist auch nicht anwesend. Er sieht fern, spielt Golf, geht angeln. Er weiß, daß ich alle diese drei Beschäftigungen hasse, aber das scheint ihm nichts auszumachen. Ich nörgele nie an ihm herum, aber auch wenn ich ihn sehr freundlich bitte, etwas zu tun, ignoriert er mich.»

Gina meinte, daß Rollen und akzeptable Verhaltensweisen zwischen Ehemann und Ehefrau streng geteilt sein sollten. Sie wollte auf eine märchenhafte Weise ganz sanft und weiblich sein, während ihr Ehemann der Vater/König sein sollte, der immer bereit wäre.

Bei ihrer ersten gemeinsamen Sitzung in der folgenden Woche sagte der Ehemann: «Ich finde, Gina sollte sich mal im Spiegel anschauen. Sie ist eine Nörglerin, genau so wie ihre Mutter. ‹Tu dies, tu das. Warum hast du die Schranktüren nicht gestrichen? Warum ist das Auto nicht aufgetankt?› Und immer so weiter. All das sagt sie mit ihrer weinerlichen Kleinmädchenstimme – wahrscheinlich meint sie, ich würde mich besser fühlen, wenn sie nicht schreit.»

Gina unterbrach ihn: «Aber, Liebling, du weißt, wie viele Dinge erledigt werden müssen, und ich schaffe es einfach nicht, all das zu tun, obwohl ich wirklich versuche, dich nicht damit zu belasten. Manches ist einfach zu schwer für mich. Ich glaube nicht, daß es zuviel verlangt ist, wenn ich dich bitte, ein paar kleine Dinge zu tun, um uns zu helfen.»

Und so sprach sie immer weiter mit einer weinerlichen Stimme, die nur notdürftig ihre Wut überdeckte. Gina sah sich als diejenige, die ihre weibliche Maske gegen große Widerstände bewahrte. Es war auf jeden Fall deutlich, daß das Beispiel ihrer Eltern sie beeinflußt hatte. Die Vorstellung ihrer Mutter von getrennten rein weiblichen und rein männlichen Rollen war auf sie übergegangen.

Erst ihre Mutter und dann auch Gina hatten Männer geheiratet, die gegensätzlich zu sein schienen. Ihre Ehemänner schienen Männer zu sein, die wenig oder nichts Feminines besaßen, aber hingegen genug Maskulines, um für alle zu sorgen. Als die Männer dann außerstande waren, diese Rolle zu erfüllen, wurden Ginas Mutter und Gina selbst zum Minotaurus. Sie verfügten nicht über die Fähigkeit, von einer entschieden emotionalen Entscheidung zurückzutreten, um den Gefühlen Logik hinzuzufügen. Sie hatten diese Fähigkeit nicht. Einmal in Schwierigkeiten mit ihren Partnern geraten, entwickelten sie ihre eigene Art der Problemlösung, indem sie sich anmaßend verhielten oder indem sie neue Denkungsarten erprobten, die unentwickelt oder verformt waren.

Die Trennung zwischen einem angemessenen Verhalten für Mädchen und Jungen beginnt für Kinder in allen Kulturen bei der Geburt. Obwohl wir die Werte sich ständig verschieben sehen, existieren immer noch Bestandteile der Vergangenheit. Wir sehen kleine Mädchen immer noch als süß und unschuldig an, und ihre Brüder als rauh und wild, wir sprechen zu Mädchen mit weicherer Stimme und berühren sie mit größerer Sanftheit. Hier entsteht die untergründige Botschaft, daß kleine Mädchen ein wenig zerbrechlicher sind. In England gibt es einen Kinderreim, der lautet:

Woraus sind kleine Mädchen gemacht?
Woraus sind kleine Mädchen gemacht?
Zucker und Würze und alles, was schön ist,
Daraus sind kleine Mädchen gemacht.

Mit Würze ist wahrscheinlich so etwas wie Zimt gemeint – keinesfalls Cayennepfeffer.

Als Kinder bekommen wir widerstreitende Botschaften vermittelt. Einerseits sind wir angehalten zu sein, was immer wir sein wollen, während wir auf der anderen Seite Aspekte dessen, was wir sind, unterdrücken sollen. So kann es kaum überraschen, daß unsere männliche Seite ungesund oder negativ besetzt ist. Durch die widersprüchlichen Botschaften ist zwar das ganze männliche Potential nach wie vor vorhanden, aber es wird verzerrt. Anstatt vernünftig zu sein, wird die betreffende Person rigide, sie vertritt Meinungen, ist aber unfähig, neue Ideen zu bilden. Sie fährt sich fest. Wie Gina glaubt sie ehrlich, daß ihre Version der Situation die Wahrheit sei. Auf jeden Fall fühlen sich die Menschen um sie herum angegriffen und besiegt. Was als ein Gespräch beginnt, wird in dem Gefühl enden, gegen eine Mauer gerannt zu sein. Keine Information, keine Logik kann die Überzeugung einer Frau erschüttern, die keine bewußte Beziehung zu ihrer eigenen inneren Männlichkeit hat. Diese Frau glaubt, daß sie alles weiß und versteht.

Der Mythos von Ariadne hilft unserem Verständnis vom negativen inneren Männlichen. Als die Geschichte beginnt, befindet sich Ariadne an einem Wendepunkt ihres Lebens. Sie muß sich verändern und gehen. Obwohl dies eine normale Entwicklung ist, bedeutet uns der Geschichtenerzähler, daß Ariadne die Fähigkeit zur Wandlung nicht auf gesunde Weise verinnerlicht hat, weil sie eine List anwendet.

Alles im Leben erreicht einen Punkt, an dem es sich selbst erneuern muß. Eine Sommerblume wird nur soundso viele Male blühen. Dann muß sie Samen produzieren, sterben und wieder beginnen. Als ich in Neuengland lebte, ging ich immer davon aus, daß es der Frost, die Kälte von außen sei, die die Pflanze veranlaßte, nicht weiterzublühen und zu sterben. Als ich in ein wärmeres Klima zog, mußte ich feststellen, daß dieselben Blumen auch hier nach einiger Zeit zu blühen aufhörten, obwohl kein Frost sie abtötete. Das Bedürfnis und die Fähigkeit zur Erneuerung liegen im Innern. Es ist die Natur des Lebens.

Die Vater/König-Energie muß ebenfalls erneuert werden, aber Minos hat diese Fähigkeit verloren. Der Erbe des Thrones, die nächste Generation, der Sohn des Minos, ist tot. Nur ein deformierter Stiefsohn ist noch am Leben, aber dieser kann das Königreich niemals regieren. König Minos ist voller Bitterkeit und fordert Opfer für seine Rache. Er holt junge Männer und Mädchen aus einem benachbarten Königreich. Sowie sie ankommen, tötet er sie. Jugend, einst positiv besetzt, ist nun eine schmerzvolle Erinnerung an das, was er nicht haben kann.

Jeder, der diese Geschichte liest, ohne zu begreifen, daß es sich dabei um eine Metapher handelt, wird nur verstehen, daß Ariadne eine Heranwachsende ist, die sich von ihrer Ursprungsfamilie loslösen muß. Wenn wir uns aber auf die Symbolik konzentrieren, können wir einen König-Minos-Aspekt der weiblichen Psyche erkennen. Dieser König-Aspekt symbolisiert unsere innere männliche Energie. Unglücklicherweise ist es in dieser Geschichte männliche Energie, die starr geworden ist und einer Erneuerung bedarf.

Es gibt keine Altersgrenze dafür, wann man entdecken kann, daß ein innerer Aspekt unserer männlichen Energie starr, verbittert und von Rachegefühlen bestimmt worden ist. König Minos ist oft zugegen, wenn wir mit einer großen Veränderung konfrontiert werden. Wir halten an alten Wegen fest und wollen alles töten, was mit der Veränderung zu tun hat. Ein Sohn heiratet, ehe wir bereit sind, ihn loszulassen, und wir mögen die neue Art nicht, in der er und seine Frau alles tun. Wir müssen an einen anderen Ort im Land ziehen, und wir bemerken die Unzulänglichkeiten dieses neuen Ortes. Wir erleiden einen Verlust und suchen jemanden, den wir dafür verantwortlich machen können. Die Energie von König Minos, die zu Zeiten von «es war einmal» ein weiser Herrscher war, hat sich in etwas völlig anderes verwandelt.

Wir sehen diese Erstarrung männlicher Energie bei Frauen, die zu lange an demselben Arbeitsplatz geblieben sind. Sie klammern sich unflexibel an immer wiederkehrende Arbeitsroutinen. Wir sehen König Minos hinter der Maske der übermäßig kontrollierenden Mutter. Sie sperrt den Geist ihres Kindes in ein Labyrinth ein, das ihre Vorstellung davon, was das Leben sein sollte, widerspiegelt. Wir begegnen diesem verbitterten König in Frauen, die nur in der Vergangenheit leben, ohne Verantwortungsgefühl und Dankbarkeit für das Neue und die Erneuerung des Lebens.

Wir sehen diese Art negativer männlicher Energie im Verhalten von anderen Frauen. Ebenso erleben wir, daß uns diese Energie von innen her angreift. Wir nennen es Schuldgefühl, Angst oder Furcht. Die Energie scheint hervorzutreten, wann immer wir eine altbewährte Tradition gefährden. Die Frau, die außerhalb ihrer Familientradition heiratet oder die eine andere Art ihrer Spiritualität praktiziert oder die irgend etwas auf eine Art tut, die sich von dem, was ihre Ursprungsfamilie für richtig hält, unterscheidet, betrügt diesen Vater/König-Herrscher und läuft Gefahr, von den Gefühlen angegriffen zu werden. Der Vater/König verlangt Gesetz und Ordnung und Tradition.

Die Geschichte macht deutlich, wie die Loslösung von der negativen Energie geschehen muß. Minotaurus muß getötet werden. Das können wir nicht mit Logik, Vernunft oder Macht bewerkstelligen, denn das sind Aspekte des Vater-Männlichen. Wir brauchen mehr als Rationalität, intellektuelle Einsicht oder Macht. Wann immer wir versuchen, Vater-Energie zu benutzen, werden wir vielleicht damit enden, daß wir uns befehlen, nicht zu fühlen, was immer wir empfinden. Oder wir stellen fest, daß wir vielleicht imstande sind, die Situation zu analysieren, daß wir aber trotz dieser Einsicht nichts anderes tun können. Immer wieder entdecken wir, daß unsere Vater/König-Energie, hat sie sich erst einmal gefestigt, sich nicht selbst verändern kann. Es war Minos, der Dädalus mit dem Bau des Labyrinths beauftragte, um so einen Weg zu finden, den monsterhaften Sohn am Leben zu erhalten. Ist die König-Energie einmal negativ besetzt, nährt und schützt sie unsere inneren Monster.

Unser Inneres hält andere Möglichkeiten bereit. Die Psyche umfaßt eine andere Art von Energie, die in dieser Geschichte die Energie des Helden ist. Helden sind imstande, einer Situation eine neue Perspektive zu verleihen. Theseus ist die Energie des Helden – kühn, mutig und risikofreudig. Bevor wir unsere eigene innere Energie entdecken, finden wir sie oft, indem wir sie in eine andere Person projizieren. Der nötige Mut oder der freie Geist erscheint uns als Aspekt der Persönlichkeit einer anderen Person. Wir gestatten es der anderen Person, uns zu retten. Die Charakterzüge, die wir in dem Menschen außerhalb von uns sehen, sind die, die wir in unserem inneren Selbst brauchen.

«Meine Ehe war tot, aber ich konnte scheinbar nicht die Energie aufbringen, etwas zu tun», erzählte mir Barbara. «Dann kam Bill. Wir verliebten uns und hatten eine Affäre, und ich ließ mich scheiden. Wir waren eine Zeitlang glücklich, aber dann...»

Diese Art der Projektion kann eine gute Methode sein zu lernen, aber sie hat auch ihre Grenzen. Vielleicht glauben wir, daß diese Energie der ganze Mensch sei, und werden ärgerlich, wenn er Unzulänglichkeiten aufweist. Vielleicht gehen wir auch davon aus, selbst unfähig zu sein, irgendwelche der Charakterzüge zu entwickeln, die er besitzt. Wenn das geschieht, fühlen wir uns abhängig davon, daß er uns damit versorgt. In jedem Fall gelingt es uns nicht zu erkennen, daß wir die benötigte Energie auch im Innern, in unserer eigenen Psyche finden können.

Auf der Suche nach Erneuerung müssen wir auch das Weibliche in uns benutzen. Ariadne war es, die herausfand, wie Theseus aus dem Labyrinth entkommen konnte. Bis dahin war jeder, der nicht direkt von dem Minotaurus getötet wurde, dennoch gestorben, weil es keinen Ausweg aus dem Irrgarten gab. Durch die Verbindung der emotionalen (weiblichen) Energie mit der aggressiven Held-Energie (männlich) war die Aufgabe gelöst.

Viele Frauen sind in einem Labyrinth gefangen. Kinder von erfolgreichen Schauspielerinnen haben darüber geschrieben, wie Karriere und öffentliches Erscheinungsbild für die Mutter zum alles bestimmenden Faktor wurde. Oft wurde, was als wunderbare Kreativität begonnen hatte, zum Wahn. Der Erfolg mußte um nahezu jeden Preis erhalten werden. In diesem Beispiel ist der Minotaurus die Besessenheit der Frau vom Erfolg. Diese Besessenheit tötete die emotionale Verbindung zwischen Mutter und Kind. Diese Besessenheit zerstörte die Fähigkeit der Mutter zu verstehen, was sie oder das Kind brauchen. Die Struktur der Familie und die Gefühle (die jungen Männer und Mädchen) wurden der Besessenheit (dem Minotaurus) geopfert.

Den Erfahrungen einiger von uns näher sind die perfekten Hausfrauen der fünfziger Jahre. Doris Day und June Cleaver wurden zu Vorbildern, die Make-up, hochhackige Schuhe und saubere Küchenfußböden demonstrierten. Ein Roman von Ira Levin, «Die Frauen von Stepford», erzählt sogar von einer ganzen Stadt voll Frauen, die von einem Minotaurus gefangengehalten werden. Dieses besondere Stepford-Monster war von Perfektion besessen.

Indem wir die Vater/König-Energie durch die Figur des Königs Minos erforscht haben, haben wir gesehen, was geschehen kann, wenn unsere innere männliche Energie erstarrt. Doch müssen wir auch zu anderen Zeiten darauf achten, daß diese Energie gesund ist. Die Bücher Samuel und Könige der Bibel berichten von der Nachfolge der Herrscher Israels. Immer beginnt die Königsherrschaft aus einem Bedürfnis der Menschen nach Ordnung inmitten von Chaos und Verwirrung. Die Energie des ordnenden Vaters/Königs ist notwendig, um die Menschen zusammenzuhalten.

Ein Beispiel dafür ist Saul. Die Menschen waren bedroht und «da hub alles Volk seine Stimme auf und weinte». Saul benutzte zur Antwort etwas, was uns als ungeheure Demonstration von Macht vorkommen mag. Er zerstückelte Ochsen und drohte, daß das Vieh eines jeden, der seine Herrschaft nicht akzeptiere, ebenso zerstört werden würde. Wir lesen: «…daß sie auszogen als ein einiger Mann. (…) und der Kinder Israel waren dreihundertmal tausend Mann.» Die Menschen brauchten einen Herrscher mit der stark ausgeprägten Fähigkeit, zu ordnen und zu kontrollieren. Saul war dieser glückliche Herrscher.

Wenn ich an die Zeit zurückdenke, in der mein eigenes Haus voll lärmender Kinder war, dann erinnere ich mich an das Gefühl von Liebe und Lachen und purer Freude. Zu jener Zeit glaubte ich ganz fest, daß meine Kinder das herrlichste, wunderbarste Geschenk seien, das ich erhalten könnte. Ich war die meiste Zeit von einem Überfluß an Emotion erfüllt.

Ich erinnere mich aber auch, daß es mitten in dem Lärm und der Freude nötig war, Zähne zu putzen und Hausaufgaben zu machen. Kinder brauchen es, geliebt zu werden, ebenso wie Mütter es brauchen zu lieben. Dennoch brauchen wir alle Strukturen und Richtungen. Unsere Familie hätte ohne die weibliche Emotion und gleichzeitig die männliche Struktur nicht überleben können. Es ist die Aufgabe eines jeden Elternteils, für eine Mischung zu sorgen. Ohne Mitleid zu herrschen bedeutet, in Erstarrung zu herrschen und ohne das weich machende Element des Weiblichen. Nur mit Emotion zu herrschen bedeutet, das Chaos zu propagieren. Jeder Elternteil kann beides in sich tragen, und viele Kinder von Alleinerziehenden wachsen mit einer gesunden Mischung auf.

Wir lesen, daß König Saul es verstand, durch Struktur und Macht Ordnung in das Chaos zu bringen und mit Mitgefühl zu herrschen. Doch am Ende seiner Herrschaft war Saul starr geworden, und im Königreich gab es Schwierigkeiten. Der junge Held David nahm seinen Platz ein. David wurde seinerseits vom Helden zum König und wurde dann wieder durch seinen Sohn Salomon ersetzt.

Das Bild, das man von der verstorbenen Schauspielerin Audrey Hepburn hatte, war das einer Frau, die diese gesunde Vater/König-Energie verinnerlicht hatte. Sie sprach auf sanfte und empfindsame Weise von ihren Gefühlen. In der zweiten Hälfte ihres Lebens konzentrierte sie sich hauptsächlich auf die Bedürfnisse von Kindern in der ganzen Welt. Sie empfand tief, daß die Weltgemeinschaft lernen mußte, etwas gegen Hunger, Krankheit und Armut unter Kindern zu tun.

Ihr Maß an emotionaler Empfindsamkeit war mit der Fähigkeit, zu organisieren und zu handeln verbunden. Sie war eine treibende Kraft bei der Entwicklung und Einrichtung von Programmen, die ernähren und heilen sollten. Sie machte die Notlage von Kindern öffentlich, die in Ländern lebten, von denen die meisten Amerikaner vor ihren Gesprächen und Filmen noch nie gehört hatten. Wenn sie nur *gefühlt* hätte, ohne zu handeln, dann hätte sich lediglich die weibliche Energie gezeigt. Wenn sie *gefühlt* hätte, aber nur die fehlende Fürsorge anderer beklagt und kritisiert hätte, dann wäre sie in einer negativ besetzten männlichen Energie gefangen gewesen. Ihre Fähigkeit, *zu fühlen, Risiken einzugehen, zu strukturieren und zu organisieren,* zeugt von einer Integration der weiblichen Energie in die Energie des Helden und des Vaters/Königs.

Beide Arten der inneren männlichen Energie, die des Vaters/Königs und die des Helden, leben in der Psyche einer jeden Frau. Allerdings treten sie nicht zur selben Zeit in Erscheinung. Wenn die Psyche glatt und gesund funktioniert, dann rotieren diese beiden verschiedenen Arten der Energie oder arbeiten zyklisch. Wir wissen, daß alle Energie, so auch die Vater/König-Energie, Gefahr läuft, mit der Zeit zu erstarren. Wenn dies geschieht, wissen wir, daß irgendeine Veränderung vonnöten ist. Es gibt ein emotionales Bedürfnis, von der ursprünglich stabilen und ordnenden Energie zu der risikofreudigen Energie überzugehen. Ist das einmal passiert, dann müssen wir innehalten und diesem jungen risikofreudigen Aspekt in uns gestatten, sich zu festigen. Und wir müssen diesen neuen Ort, an dem wir uns wiederfinden, verinnerlichen.

Niemand kann in ständiger Veränderung leben, ohne einen Preis dafür zu zahlen. Ich habe im Laufe der Jahre viele Klientinnen gehabt, die wegen des Berufes eines Elternteils oder aus einem anderen Grund ihre Kindheit in ständiger Veränderung zugebracht hatten. Viele dieser Kinder zogen jedes Jahr einmal um. Ein Kind, das ich kürzlich kennenlernte, hatte mit seiner Mutter auf der Straße gelebt. Sie war täglich umgezogen. Ein Teil des Preises, den diese Menschen zahlen müssen, ist, daß sie Schwierigkeiten mit Aspekten ihres Lebens haben, die Bekenntnisse verlangen. Es ist schwierig, sich zu einer Aufgabe oder einer anderen Person zu bekennen, wenn man morgen vielleicht schon nicht mehr da ist. Dies sind Menschen, die Geschicklichkeit darin entwickelt haben, mit Veränderungen umzugehen, die aber Wege finden müssen, um den Mangel an Struktur und Stabilität zu heilen.

In den Jahren, als ich ein Kind war, wechselten nur wenige Leute den Ort, an dem sie wohnten. Ich erinnere mich immer noch an die Namen der beiden Kinder, die als Neuzugänge in meine Grundschulklasse kamen. Das eine zog in der vierten Klasse in unsere Gegend, das andere in der sechsten. Es war eine Ära der Stabilität. Unsere Aufgabe war es, unsere innere Held-Energie zu entdecken. Wir brauchten den Mut, Risiken einzugehen und loszureiten, um Drachen zu töten.

In Geschichten ist es immer der Held, der den Drachen erlegt. Es ist immer der Held, der das Königreich erobert. Indem er das Königreich für sich gewinnt, übernimmt der Held die Stelle des Vaters/Königs. Nach einiger Zeit wird er wieder eine Erneuerung brauchen, und die Held-Energie muß wieder auf den Plan treten. Es ist wichtig, daß wir darauf achten, daß dieser Zyklus sich immer und immer wieder ereignen kann.

Einige Frauen haben den Aspekt der Macht, die von der Vater-/ König-Energie ausgeht, noch nicht entwickelt, es sei denn auf Gebieten, die mit Haushalt und Kinderkriegen zu tun haben. Risa, eine Frau, die ihren Ehemann als starr und langweilig empfand, war eine dieser Frauen.

«Wir sind seit fünfundzwanzig Jahren verheiratet», sagte sie. «Jetzt will ich raus.»

«Sie wollen sich scheiden lassen?»

«Nein, ich will ihn verlassen, aber irgend etwas hält mich auf. Es ist nicht Liebe, denn ich liebe ihn schon seit langem nicht mehr. Ich glaube, es ist Angst. Ich weiß nicht, wie ich allein leben soll. Ich habe jung geheiratet und bin dann aus meinem Elternhaus ausgezogen, um mit ihm zusammenzuleben. Ich kann mir nicht im geringsten vorstellen, wie es sein würde, allein zu leben.»

Dies ist eine Geschichte, die ich in vielen Variationen gehört habe. Manchmal ist da noch die Andeutung einer Liebe übrig, manchmal ist es ein Gefühl der Fürsorge, aber nichts davon ändert die zugrunde liegende Realität, daß es wirklich keine Beziehung zwischen der Frau und ihrem Ehemann gibt. Manchmal scheint es das Geld zu sein, was die Frau zurückhält, und manchmal bleibt sie «den Kindern zuliebe». Der eigentliche Grund ist jedoch stets ihre innere Männlichkeit, die so unterentwickelt ist, daß sich die Frau nicht vorstellen kann, wie sie auf eigenen Füßen stehen könnte.

Die Angst dieser Frauen ist folgende: Wenn ich lerne, für mich selbst zu sorgen, dann werde ich nicht in einer Beziehung leben wollen. Das Gegenteil davon scheint jedoch wahr zu sein. Wenn eine Frau erst einmal die Fähigkeit erwirbt, für sich selbst zu sorgen, dann hat sie die Freiheit, mit jemandem zusammensein zu wollen, anstatt in einer Beziehung zu leben, weil es keine andere Wahl gibt. Diese Fähigkeit läßt sich allerdings nicht leicht erwerben.

INANNA

Vor langer Zeit lebte im alten Reich der Sumerer eine Göttin namens Inanna. Obwohl sie dazu bestimmt war, ihr Königreich zu regieren, hatte Inanna noch nicht die nötigen Kräfte dazu gesammelt. Das Wissen, das sie benötigte, wurde von ihrem Vater Enki gehütet. Also machte sie sich auf den Weg über das Meer, um ihn zu treffen.

Da nun Inanna ganz richtig vermutete, daß ihr Vater nicht willens sein würde, sich von der Macht zu trennen, nahm sie Schnaps mit, um ihn betrunken zu machen. Als sie tranken, bot Enki ihr eine Kraft nach der anderen an, und Inanna nahm sie alle an. Als sie alles hatte, was sie brauchte, sprang Inanna in ihr Boot und segelte davon.

Enki wurde schnell nüchtern und bereute, daß er diese Kräfte an seine jüngste Tochter weggegeben hatte. Er machte sich sogleich auf den Weg, um zurückzuholen, was er gegeben hatte, aber jedesmal, wenn sie aufeinandertrafen, besiegte Inanna ihn im Kampf.

Als Inannas Boot das Ufer ihres Königreiches erreichte, hatte sie alle Kräfte von ihrem Vater heil bei sich. Mit ihnen und mit ihren weiblichen Charakterzügen war Inanna bereit zu herrschen. Als Enki dies sah, gab er ihr seinen Segen.

Enki ist wie viele gute Väter im wirklichen Leben. Der gute Vater gibt seiner Tochter Charakterzüge. «So sieht die Welt aus», sagt er zu ihr. «Ich werde dir alles geben, was ich weiß. Nimm es und geh.»

Väter geben diese Dinge nicht bewußt. Dafür steht die Metapher des betrunkenen Enki. Väter geben dieses Geschenk hauptsächlich durch das, was sie sind, weniger durch das, was sie sagen. Ein Vater, der sich in seiner Kommunikation direkt und respektvoll verhält und der imstande ist, Konflikte ohne Angriffe zu lösen, der wird dies seiner Tochter vermitteln. Daraus, wie ihr Vater war, nicht so sehr aus dem, was er versucht haben mag, sie zu lehren, wird sie erkennen, wie sie sich selbst verhalten kann.

Enki zeigt uns also eine Art des Verhaltens, die wir von unserem inneren Männlichen erwarten können. Auch die Psyche gibt diese Geschenke nicht bewußt; wir können uns nicht einfach hinsetzen und verlangen, daß die unbewußte Energie für uns dasein wird. Um die nötige Verbindung zu haben und um die Geschenke zu bekommen, müssen wir zum Unbewußten reisen, daran arbeiten, das zu bekommen, was wir brauchen, und dann fliehen und dafür kämpfen, daß wir behalten, was wir uns erarbeitet haben.

Wenn in unserem äußeren Familienleben die Zeit kommt, daß eine Tochter das Haus verlassen muß, haben viele Väter damit Schwierigkeiten. «Komm zurück», sagen sie. «Hast du daran gedacht zu tanken? Bist du sicher, daß du genügend Versicherungen abgeschlossen hast? Zahlst du auch Rente ein?» Sie sind Enki, der die Tochter verfolgt.

Der psychische Grund dafür, daß Enki sie verfolgt und daß die Tochter fliehen muß, ist, daß die Tochter sich stärken muß. Innerlich haben wir vielleicht den Eindruck, daß es Teile unseres Verstandes, unserer Gefühle und der daraus resultierenden Verhaltensweisen sind, die versuchen zu stehlen, was wir gewonnen haben. Wenn uns eine bestimmte Einsicht etwas wert ist, dann müssen wir auch bereit sein, dafür zu kämpfen. Wenn wir beschließen, daß eine Sache es wert ist, dafür zu kämpfen, und wenn wir dann wirklich darum ringen, werden wir stärker. Nicht alles, was ein Elternteil oder eine Psyche anbietet, ist das richtige für eine bestimmte Tochter. Allein die Tochter kann diese Entscheidung treffen.

«Als mein Mann noch lebte», sagte Enid, «hatten wir ein gutes

Leben. Wir spielten Golf, reisten im Sommer durchs ganze Land, und es schien, als würde alles auf leichte Weise einfach fließen. Ich glaube, das geschieht, wenn ein Ehepaar lange zusammen ist. Nachdem er gestorben war, machte ich viele Dinge so weiter, wie wir sie immer getan hatten. Doch dann machte ich eine seltsame Entdeckung. Einige Dinge, die ich immer getan hatte, wollte ich gar nicht tun, und das lag nicht einfach daran, daß ich jetzt allein war. Natürlich gab es das auch: Es machte mir einfach keinen Spaß, so mit dem Wohnmobil umherzureisen, wie ich es mit ihm getan hatte, weder allein noch mit jemand anders. Aber ich meine etwas anderes.

Zum Beispiel das Aufstehen um sieben Uhr. Wir erwachten immer um sieben Uhr und standen dann auf. Dann machten wir Kaffee und lasen die Zeitung, bevor wir duschten und uns anzogen. Jetzt habe ich festgestellt, daß ich gern aufstehe und dann gleich losgehe. Ich gehe jeden Morgen spazieren, egal, wie das Wetter ist. Das ist so wunderbar – fast, als wäre man in der Kirche. Es gibt eine ganze Reihe von solchen Beispielen.

Es ist mir klargeworden, daß ich nie viel darüber nachgedacht hatte, was ich wollte oder mochte. Ich war einfach mit allem einverstanden, was er machen wollte. Es war eine wirklich harte Zeit für mich herauszufinden, was ich selbst eigentlich mit mir anstellen wollte, jetzt, da er nicht mehr da war. Heute frage ich mich, warum ich so lange gewartet habe. Ich tat, was mein Vater und meine Mutter wollten, und dann das, was mein Ehemann wollte. Jetzt muß ich für mich selbst verantwortlich sein.»

Enid hatte ihr inneres Männliches nicht entwickelt. Sie hatte sich selbst nicht gefragt, was sie wollte. Da sie es nicht wußte, brauchte sie auch keine andere Macht auszuprobieren, um das, was sie wollte, zu schützen. Als ihr Mann starb, war sie auf sich selbst gestellt. Da erst entdeckte sie ihre innere männliche Energie. Und das war der Moment, in dem sie feststellte, daß sie kämpfen mußte, um das, was sie für sich wünschte und brauchte, zu finden und festzuhalten.

Ungefähr so, wie Enki Inanna verfolgt, wird ein auftauchender Aspekt des Männlichen uns verfolgen, wenn wir zum ersten Mal unsere Fähigkeiten erproben. «Habe ich daran gedacht…? Ich sollte Listen führen, um mich selbst zu erinnern. Vielleicht sollte ich eine andere Person um Rat bitten oder noch ein weiteres Buch lesen, bevor ich…» All das sind Wege zu entscheiden, ob etwas wirklich richtig ist. All das sind Wege, uns zu helfen, ruhiger zu werden und eine Struktur für unsere neuen Verhaltensweisen zu entwickeln.

Eine weitere Art, diese innere männliche Energie zu sehen, ist, sie als Entwicklungsprozeß zu betrachten. Wir wissen, daß Kinder Entwicklungsstufen durchlaufen. Auf dieselbe Weise wird unsere innere männliche Energie zu verschiedenen Zeiten auf unterschiedlichen Entwicklungsstufen wirken.

Eine der ursprünglichen oder am wenigsten entwickelten Formen der männlichen Energie ist betroffen, wenn sie sich physisch manifestiert. Ein Beispiel dafür sind die «Rambo-Filme». Sie sind ein ausgezeichnetes Beispiel für diesen Typ physischer männlicher Energie.

Rambo steht im Kontakt zu der Welt und löst Probleme auf physische Weise. Er spricht kaum im Verlauf des Filmes. Die entscheidende dramatische Zuspitzung des Films wäre gar nicht eingetreten, wenn er mit dem Sheriff verbal kommuniziert hätte, aber das ist nun einmal nicht seine Art. Auch der Sheriff ist ein Mann, der auf der physischen Ebene arbeitet. Er sorgt dafür, daß der Status quo erhalten wird, und doch ist die einzige Technik, die er kennt, um Macht auszuspielen, physische Gewalt. Auch er hätte den Konflikt vermeiden können, hätte er mit weniger starrer autoritärer Aktion reagiert.

An einem Punkt des Films weist der Sheriff darauf hin, daß es Chaos gebe, wenn das Gesetz einmal zusammenbricht. Natürlich hat er recht. Er sieht jedoch nicht, daß Gesetz (männlich) ohne Mitgefühl und Mitleid (weiblich) inhuman ist. Der Sheriff erwartet blinden Gehorsam gegenüber seiner Macht, und jeden, der sich ihm widersetzt, straft er mit physischer Gewalt.

Ein weiteres Beispiel für diese erste physische Ebene männlicher Entwicklung findet man in Tennessee Williams' Stück «Die Katze auf dem heißen Blechdach». Der Hauptdarsteller, Biff, ist ein entmutigter junger Mann, dessen Identität in seiner physischen männlichen Natur liegt. Seine großen Tage hatte er in der High School, als er dort in der Football-Mannschaft spielte. Seit dieser Zeit ist sein Leben verblaßt. Um seinem Leben Sinn oder Wert zu verleihen, müßte er die nächste Stufe oder Ebene männlicher Entwicklung erreichen. Biff kann aus vielerlei Gründen nicht an die großen Tage seiner Vergangenheit anknüpfen. Er empfindet große Wut und Trauer und behandelt diese Gefühle mit Alkohol, der seine physische Energie und die Frustration abtötet.

Jeder, der Freude an den großen Sportarten hat, erfährt diese physische männliche Entwicklung der ersten Ebene. So zahlen wir zum Beispiel Football-Spielern viel Geld dafür, daß sie sich physisch so verhalten, und machen mit, indem wir sie von der Tribüne aus anfeuern. Das hilfreiche an dieser physischen Ebene des Männlichen ist, daß sie sofort in Aktion treten kann, wenn sie gebraucht wird. Diese ursprüngliche physische Reaktion ist die Energie, die wir anwenden, wenn wir mit irgendeiner Krisensituation konfrontiert werden. Dies ist die Energie, die etwas durch physisches Handeln funktionieren läßt. Sie ist pragmatisch.

Ihre Tochter ruft Sie in Tränen aufgelöst an. «Bleib, wo du bist», sagen Sie. «Ich komme sofort.» Sie fahren hin und finden ein Chaos vor: Das neue Baby schreit, weil es Bauchschmerzen hat, das Geschirr ist nicht gespült, das Haus eine Katastrophe, und die anderen Kinder kleben vor dem Fernseher. Sie schalten den Fernseher aus und schicken den Zehnjährigen in die Küche, um den Geschirrspüler zu beladen, während Sie den Achtjährigen anweisen, die Spielsachen einzusammeln, die auf dem Wohnzimmerfußboden verstreut liegen. Sie werfen die Waschmaschine an, sammeln den Müll zusammen – vor allem die stinkenden Windeln – und tragen alles raus. In der Zwischenzeit haben Sie Teewasser aufgesetzt.

Innerhalb einer Stunde ist das Essen auf dem Herd, das Haus ist halbwegs ordentlich, die beiden älteren Kinder sitzen an ihren Hausaufgaben, und das Baby und Ihre Tochter machen einen Mittagsschlaf. Sie atmen einmal tief durch und danken den Guten Mächten, einerseits, weil Sie sich nicht mehr in dieser Lebensphase befinden, und andererseits, weil es so etwas wie diese männliche physische Energie gibt, die man in Notzeiten anrufen kann.

Die Energie des Helden, die wir bei Theseus sahen, ist Energie, die über die ursprüngliche oder physische Ebene hinaus entwickelt ist. Der Theseus unserer Geschichte meldet sich freiwillig, um einer der sieben jungen Männer zu sein. Er geht mit dem ausdrücklichen Willen, den Minotaurus zu töten, in das Königreich des Minos. Die Held-Energie erlaubt es uns, bewußt aktiv zu sein und Herausforderungen zu begegnen. In der Energie des Helden finden wir den Mut, den wir brauchen, um schwierige Situationen zu meistern. Das ist dasselbe, was der Held in einer Geschichte tut, wenn er auszieht, um einen Drachen zu töten oder eine Stadt von einem Monster zu befreien.

In den sechziger Jahren kannte ich mehrere Familien, deren Vater ein Theseus war. Diese Männer verschrieben sich selbst dem Kampf gegen die Drachen des Rassismus. Ihre Arbeit war bedeutend, und sie konnten viele Drachen besiegen. Diese Männer waren Helden. Einige der Ehefrauen zu Hause waren unglücklich; sie zogen Kinder groß, bildeten Fahrgemeinschaften, beaufsichtigten Klavierstunden und bestellten den Klempner – alles allein. Sie waren verheiratete Alleinerziehende geworden. Während der Held anfänglich anziehend gewesen war, waren viele dieser Frauen zu einem anderen Aspekt des Lebens übergegangen, während die Ehemänner die Reise des Helden fortsetzten. Einigen dieser Ehepaare gelang es, die Kluft zu überbrücken. Erinnern Sie sich an die Geschichte von Odysseus, der auszog, um im Trojanischen Krieg zu kämpfen, und der zehn Jahre fortblieb? Seine Frau, Penelope, war imstande, in aller Geduld auf seine Rückkehr zu warten. Es gab in den sechziger Jahren in Amerika Frauen, die die Eigenschaften einer Penelope hatten. Andere konnte diese Verbindung nicht aufrechterhalten; der Held ging seinen eigenen Weg, während die Frau und die Kinder nach einem anderen Typ von Mann suchten.

In den Ehen, die scheiterten, fanden sich Frauen, die erkannten, was sie innerlich zu ihrem Mann, der sie nun enttäuschte, getrieben hatte, und die nun imstande waren, beim zweiten Mal eine viel bessere Wahl zu treffen. Die Frauen hingegen, die, anstatt zu verstehen, was falsch gelaufen war, den Charakter des Mannes für alles verantwortlich machten, mußten oft feststellen, daß sie auch mit der zweiten Wahl unzufrieden waren.

Dies ist eine Falle, in die viele von uns gehen, wenn eine Trennung ansteht. Wir projizieren das Scheitern auf den Mann, wir identifizieren das Problem als seinen Fehler. Wir machen ihn für den traurigen Zustand der Dinge verantwortlich: «Mein Mann war so spießig und langweilig», oder: «stur und kontrollierend», oder: «untreu und ein wirkliches Schwein». Das bringt nichts ein, als daß einige gegenwärtige Gefühle herausgelassen werden. Die Fragen, die uns jedoch helfen werden, sind: Wie paßt diese Person mit diesen Eigenschaften so gut in das große Bild meines Lebens?

Inwiefern macht diese Wahl mehr Sinn, als daß sie ein Fehler war? Was war es in mir, das einen anderen suchte, der spießig oder langweilig oder kontrollierend oder konservativ oder untreu war? Wo ist ebendiese Energie in mir? Was erlaubte mir, das zu sein oder zu tun? Was in mir habe ich ignoriert? Immer weiter kann man die hilfreichen Fragen spinnen, sie werden uns zu Wachstum und Verwandlung führen.

Die innere Energie, nach der wir suchen, ereignet sich auf unterschiedliche Arten und ist durch verschiedene fiktive männliche Charaktere personifiziert. Eine Art der Personifikation, die wir in unserem Leben wie auch in der Literatur finden werden, ist der Zyklus des alt gewordenen Vater/Königs, der durch den Helden ersetzt wird.

Es gibt auch das Bild vom weisen alten Mann – eine weitere Quelle unserer inneren männlichen Energie. Der weise Mann ist die Personifikation größerer Weisheit. Er ist der Mentor. In den Filmen «Krieg der Sterne» gab es einen weisen alten Mann, Yoda, der den jungen Helden von einer Art der Energie erzählte, die «The Force», «Die Kraft», hieß. Yoda war der Weise, der kluge alte Mann.

Dieser Aspekt unserer Energie geht keinen Kampf mehr ein. Das ist vielmehr die Aufgabe des Helden. Ebensowenig dient dieser Aspekt unserer Energie zur Erhaltung von Macht und Gesetz. Das ist die Aufgabe des Vaters/Königs. Nein, diese Energie der Weisheit, die von der weisen alten Frau des Weiblichen im Gleichgewicht gehalten wird, hilft uns vielmehr, die alltägliche Ebene in die spirituelle Ebene zu verwandeln. Unser innerer Yoda hilft uns, Sinn zu finden.

Jeder der inneren Aspekte unserer männlichen Energie hat sowohl einen positiven wie auch einen negativen Pol. Der positive Pol des Vaters/Königs steht für Stabilität, Verläßlichkeit, gutes Urteil, Gewißheit und ein angenehmes Vertrauen in unsere eigene innere Urteilskraft. Der negative Pol läßt ebendiese Charakterzüge ins Gegenteil umschlagen, und so wird Stabilität zu Starrheit und Verläßlichkeit zu mangelnder Flexibilität.

Unsere Energie des Theseus oder des Helden kann uns helfen, von einer Situation loszukommen, die unser Wachstum behindert, oder einen vernachlässigten Aspekt unserer selbst zu entwickeln. Unsere Reise des Helden mag eine sein, in der es auf das Töten von

Drachen ankommt. Der positive Pol des Helden schafft die frische Luft, die es uns ermöglicht, aus einer anderen Perspektive einen Weg zur Veränderung zu erkennen. Der negative Pol zeigt Wirkung, wenn wir zu lange in der Energie des Helden steckenbleiben.

Der Held kann zum ewigen Jugendlichen, dem *puer aeternus* werden, der sein Leben mit dem Jagen von Drachen zubringt. Das bringt für die Männer des wirklichen Lebens Schwierigkeiten mit sich, und ebenso für die Frauen, die in Beziehung zu ihnen stehen. Während Odysseus, der Held des Trojanischen Krieges, zehn Jahre lang fort war, mußte seine Frau Penelope Tag für Tag stricken und ihre Arbeit des Nachts wieder auftrennen, um die Zeit hinauszuzögern, nach der sie einen ihrer vielen Verehrer heiraten mußte. Odysseus war jung. Als er älter war, unternahm er kürzere Reisen.

Die Energie des weisen alten Mannes vermittelt uns Wissen über unsere Reise und ihre Bedeutung. Diese Energie wird, wenn wir darin verharren, zu der dozierenden, weitschweifigen und pedantischen Seite von uns, die uns und andere eher schläfrig macht, als zu erleuchten.

Wir müssen oft daran arbeiten, verlorene oder verletzte Aspekte unseres Männlichen wiederzugewinnen. In Geschichten wird die notwendige Arbeit, um dieses Bewußtsein zu entwickeln, durch Aufgaben symbolisiert, die die Heldin erfüllen muß, ehe sie ans Ziel kommt. In dem bekannten Märchen Aschenputtel mußte die Heldin Erbsen und Linsen aus der Asche lesen. Das nun folgende russische Märchen erzählt von verschiedenen Arten der Aufgaben.

DIE FEDER VON FINIST, DEM KLUGEN FALKEN

Es waren einmal drei Mädchen, die mit ihrem Vater lebten. Die beiden älteren Mädchen waren eitel und selbstsüchtig, während das jüngste seine Zeit damit verbrachte, für das Haus zu sorgen. Die jüngste Tochter war dem Vater die liebste.

Wann immer der Vater in die Stadt fuhr, fragte er die Mädchen, was er ihnen mitbringen solle. Die beiden älteren Töchter nannten Kleider oder Handschuhe oder Ohrringe, aber die jüngste bat jedesmal um eine Feder von Finist, dem klugen Falken.

Der Vater konnte die Geschenke für die älteren Mädchen immer bekommen, aber ein ums andere Mal kehrte er ohne die Feder zurück. Da begegnete er eines Tages, als er durch das Stadttor ritt, einem kleinen alten Mann. Dieser Mann hatte eine Schachtel in der Hand, und in der Schachtel befand sich eine Feder von Finist, dem klugen Falken.

«Wieviel verlangt Ihr für die Feder?» fragte der Vater.

«Tausend», antwortete der alte Mann.

Der Vater zahlte die Summe und kehrte mit dem Geschenk für das jüngste Mädchen nach Hause zurück.

In dieser Nacht, als das Mädchen allein in seinem Zimmer war, öffnete es die Schachtel. Die Feder flog heraus und verwandelte sich in einen schönen Prinzen. Der Prinz und das junge Mädchen unterhielten sich und verliebten sich ineinander. Die Schwestern hörten die Geräusche und begannen an die Tür zu klopfen.

«Mit wem sprichst du?»

«Mit niemandem. Ich spreche zu mir selbst.»

«Dann laß uns hereinkommen.»

Der Prinz verwandelte sich augenblicklich in einen Falken und flog zum Fenster hinaus, ließ aber eine Feder zurück. Als die Schwestern hereinkamen, konnten sie niemanden entdecken. In der folgenden Nacht geschah dasselbe, aber diesmal gingen die Schwestern zum Vater.

«Unsere kleine Schwester hat jemanden in ihrem Zimmer», sagten sie. Aber ehe der Vater und die Schwestern hereinkommen konnten, verwandelte sich der Prinz in den Falken. Wieder flog er davon und ließ nur die Feder zurück. Als der Vater niemanden entdecken konnte, schalt er die älteren Schwestern.

In der dritten Nacht waren die Schwestern entschlossen zu fangen, wer immer in das Zimmer ihrer Schwester schlich. Sie steckten spitze Nadeln und scharfe Messer an den Fensterrahmen, denn sie meinten, der Besucher würde da durch ins Zimmer gelangen.

Als das Mädchen den Prinzen nicht sah, legte es sich schlafen. Aber Finist der Falke kam, und als er versuchte, ins Zimmer zu gelangen, zerschnitt er sich seine Flügel. Er rief nach dem jungen Mädchen, aber es hörte ihn nicht. Allerdings hörte es in ihrem Traum eine Stimme sagen: «Wenn du mich finden willst, dann mußt du drei Paar eiserner Schuhe entzweilaufen, drei eiserne Wanderstäbe zerbrechen und drei Steinwaffeln zerbeißen, denn ich werde in einem Land hinter dreimal neun Ländern im dreimal zehnten Königreich sein.»

Als das junge Mädchen erwachte und das Blut sah, ließ es sogleich die eisernen Schuhe und die Wanderstäbe fertigen, suchte die drei steinernen Waffeln zusammen und machte sich auf den Weg. Unterwegs erhielt es von drei alten Frauen Geschenke aus Silber und Gold. Es waren ein silbernes Spinnrad und eine goldene Spindel, ein silberner Teller und ein goldenes Ei sowie ein silberner Stickrahmen und eine goldene Nadel. Überdies erhielt sie einen Ball. «Rolle den Ball», sagte die erste alte Frau. «Folge ihm, und er wird dich dorthin bringen, wohin du gehen mußt.»

Das Mädchen folgte dem Ball einen langen Tag nach dem anderen. Als es die drei Paar eiserner Schuhe entzweigelaufen hatte, die drei eisernen Wanderstäbe zerbrochen und die drei Steinwaffeln zerbissen hatte, gelangte es in die Stadt, in der Finist jetzt bei der Tochter des Bäckers wohnte.

Das Mädchen tauschte jedes seiner drei goldenen und silbernen Geschenke gegen drei Nächte bei Finist. Aber die Tochter des Bäckers hatte ihn betäubt, so daß er schlief und niemals merkte, daß seine Liebe gekommen war, ihn zu holen. Als es schließlich nichts mehr zu tauschen übrig hatte, begann das Mädchen zu weinen. Eine Träne fiel auf seine Wange, und Finist erwachte.

Die beiden kehrten zum Haus des jungen Mädchens zurück, wo sie heirateten.

Dieses Märchen bietet uns Informationen über einen weiteren Aspekt unseres inneren Männlichen, nämlich unsere Spiritualität, und erzählt, wie wir diesen Aspekt unserer selbst finden können.

Wir müssen ebenso wie unsere junge Heldin einen Prozeß durchleben. Der Prozeß beginnt, weil die jüngste Tochter diese Energie will. Sie bekommt, was sie will, aber nur, um es gleich wieder zu verlieren. Dann muß sie sehr hart arbeiten, um es wiederzuerlangen. In dieser Hinsicht erinnert das Märchen an Inanna, die für ihre Fähigkeiten als Herrscherin kämpfen muß. Die wertvollen inneren Aspekte unserer selbst verlangen, daß wir dafür arbeiten.

Zu Beginn des Märchens haben wir einen Vater und drei Mädchen. Das jüngste Mädchen ist die Hauptperson der Geschichte. Diese Jüngste steht für eine Version unseres weiblichen Ego. Die beiden Schwestern symbolisieren einen unbekannten Teil des Mädchens – und von uns –, nämlich den Schatten. Dieser Schatten besteht ganz aus unbewußter Habgier, Eitelkeit und Eifersucht. Auf einer bewußten Ebene scheint das jüngste Mädchen frei von diesen Eigenschaften zu sein. Es tritt als ein fürsorgliches, rücksichtsvolles Mitglied der Familie auf, das für die anderen sorgt, indem es den Haushalt führt. Anders als ihre Schwestern verlangt es nur eine Feder als Geschenk.

Das Märchen erinnert uns daran, daß unser Ego sich nur selten solcher Eigenschaften bewußt ist, die unvereinbar mit unserem Selbstbildnis sind. In Kapitel 3 haben wir ergründet, wie wir unsere unerfreulichen Eigenschaften ins Unbewußte verdrängen. Das tut unsere junge Heldin. Sie sieht sich selbst als «nett» an. Ihre Habgier oder andere Aspekte, die «nicht nett» sind, gehören zum Schatten oder zu den Schwestern. Die Geschichte zeigt, was die meisten von uns erlebt haben: Unsere Schatten-Aspekte oder die Teile von uns, die nicht so nett sind, können sehr aktiv werden und Schwierigkeiten machen.

Wenn wir von diesem unbewußten Ort her agieren, sind wir in Gefahr. Unsere Beziehungsfähigkeit leidet unter unbewußter Eifersucht und verdrängtem Neid. In diesem Fall ist das junge Mädchen nicht imstande, eine Verbindung zu Finist, dem klugen Falken, ihrem spirituellen Selbst, aufzubauen, weil er ständigen Angriffen seitens ihres unbewußten Schattens ausgesetzt ist. Den beiden Schwestern gelingt es, Finist den Falken, ihre hervortretende Spiritualität, zu verletzen.

Es ist leichter zu sehen, wie dies in der äußeren Welt funktioniert. Wir haben bei anderen Frauen und vielleicht auch bei uns selbst «Ausrutscher» erlebt, ein scharfes, beißendes und verletzendes Verhalten. «Wo kam denn das her?» fragen wir uns. «Wie konnte ich das nur sagen? Ich bin doch eigentlich viel netter.» Das ist natürlich aus dem Schatten hervorgedrungen. Je weniger wir diese Teile unserer selbst annehmen, indem wir eine bewußte Beziehung zu ihnen eingehen, desto mehr werden wir erleben, daß diese Teile Chaos anrichten. Das Märchen warnt uns, daß unsere Versuche, in spiritueller Hinsicht zu wachsen, fehlschlagen könnten.

Das folgende Beispiel ist eines von unzähligen Ereignissen, das Ed schließlich dazu brachte, eine Eheberatung aufzusuchen. Er war ein sehr erfolgreicher Geschäftsmann. Seine Frau June hatte die Pläne von einer eigenen Karriere aufgegeben, als ihr erstes Kind geboren wurde. Als die Kinder aus dem Haus waren, setzte sie ihre Ausbildung oder ihren Beruf nicht fort. Sie genoß ihr Leben so, wie es war. Sie war sich keiner Gefühle von Neid oder Eifersucht gegenüber ihrem Ehemann bewußt. Oft genug verkündete sie, daß sie Wecker haßte und nicht um alles in der Welt mit Ed, ihrem Ehemann, würde tauschen wollen. Wenn man hörte, wie June ihr Leben einschätzte, dann mußte man davon ausgehen, daß alles in Ordnung war, aber…

June hatte die Angewohnheit, Ed mit Worten zu verletzen. Das geschah zuletzt bei einer Party, die ihm zu Ehren gegeben wurde. Ein Gast, der auch ein möglicher Kunde war und einer großen Firma angehörte, sagte: «Herzlichen Glückwunsch, daß Sie den Browning-Auftrag an Land gezogen haben.»

June warf ein: «Bei all dem Klagen und Stöhnen, das ich mir anhören mußte, konnte man glauben, daß es sich um einen Wal handelte und nicht nur um ein simples Geschäft. Er hatte Glück, daß ich da war…» Sie verstummte, als sie Eds Blick wahrnahm. «Ich habe nur einen Witz gemacht», sagte sie später, als die beiden über das Ereignis stritten.

Doch Ed war durch Junes unerwartete und unbewußt verletzende Eifersucht über seinen Erfolg gekränkt. Als der Lapsus einmal geschehen war, verlagerte June den Angriff durch Schuldgefühle auf sich selbst. «Ich fühle mich schrecklich», sagte sie wieder und wieder. «Ich wollte ihm nicht weh tun. Ich liebe meinen Mann.»

Da Junes innere männliche Energie unterentwickelt war, war sie unglücklich und benahm sich anderen gegenüber verletzend. Sie wollte die anderen kontrollieren anstatt sie anzuleiten und war ihrem Ehemann gegenüber sehr kritisch. Sie mußte ihre eigene männliche Energie entwickeln, um sich von ihrer kämpferischen Eifersucht zu heilen.

Wie unser Märchen vom Falken zeigt, ist die einzige verfügbare männliche Energie der Vater. Als Vater ist er die Macht-Person, eine Projektion des Vater/König-Archetyps. Hier liegt die Quelle entschiedenen Handelns, von Stärke und Kontrolle. In diesem Fall aber ist der Vater unzulänglich. Die Schatten-Schwestern sind habgierig und materialistisch. Er nährt diese Eitelkeit, indem er kauft, was immer sie wünschen. Sie sind eifersüchtig und mißgünstig. Er tut nichts, um dem Einhalt zu gebieten.

Dies ist ein Typ des äußeren Vaters. Es ist das Männliche, das einen Typus Mann repräsentiert, den ich aus meiner Kindheit im Süden kenne und der, wenn er eine Ungerechtigkeit beobachtete, zu sagen pflegte: «Ach, Kleines, mach dir nichts draus. Achte gar nicht darauf.» Dieser scheinbare Trost funktioniert wie ein Befehl, sich still zu verhalten, der aus dem Wunsch heraus ausgesprochen wird, einen Konflikt zu vermeiden.

Es gibt Augenblicke in meinem gegenwärtigen Leben, in denen diese Stimme sich einklinkt und mich anfleht: «Sei nett!» Ich habe gelernt, innezuhalten und zuzuhören, ehe ich mir ein eigenes Urteil bilde. Ich muß die Botschaft auswerten. Dieser Aspekt meiner Männlichkeit hat seine eigenen Spielregeln. Er empfiehlt Stillhalten nicht, weil es richtig wäre, nichts zu tun, sondern weil Handeln schwierig oder sogar schmerzhaft ist. Diese innere Stimme hat Angst, daß ich «platzen» könnte, wenn ich in der Situation handeln würde. Diese innere Stimme, die meine Fähigkeit zum Handeln ist, möchte nicht mit den Folgen meines Verhaltens konfrontiert werden, wenn ich «nicht nett» wäre. Es ist dieselbe innere Stimme, die uns unpassenderweise rät, «wegzuschauen» oder «bis zehn zu zählen» und immer zu «verstehen».

Der Vater in diesem Märchen ist in vieler Hinsicht der traditionelle Fernseh-Papi der fünfziger Jahre. Er ist nett, bringt Geschenke mit und liebt seine Kinder, aber darüber hinaus wird er nicht einbezogen. Dieser Vater der Fünfziger handelte nicht entschieden und verstand nur wenig von seinen Kindern.

Die Heldin unserer Geschichte leidet unter einem Vater, der angesichts der Dynamik, die in die Geschehnisse kommt, nicht handelnd eingreift. Wie June fehlte es ihr an innerer Disziplin. Unsere Heldin ist sehr stark auf ihr Bedürfnis zu wachsen fixiert. Wir wissen das, weil sie immer wieder eine Feder von Finist, dem klugen Falken, verlangt. Die Geschichtenerzählerin wählt den Falken als Symbol für Spiritualität. Falken sind Jäger – eine Eigenschaft, die sie mit dem Helden gemein haben. Der trainierte Falke schwebt hoch, erspäht ein Opfer und taucht dann nieder. Wenn er die Beute geschlagen hat, kehrt er zum Falkner zurück. Dies ist ein Symbol für die Fähigkeit, über den irdischen Objekten zu schweben und gleichzeitig zu ihnen in Verbindung zu stehen, denn der Falke ist auf sein Ziel konzentriert und mit dem Arm verbunden, zu dem er zurückkehren wird.

In der christlichen Religion ist der gezähmte Vogel ein Symbol für einen Konvertiten oder einen heiligen Mann. Es sind immer die Konvertiten und die heiligen Männer, die ihre Religion am aggressivsten praktizieren, und das Bild vom Falken paßt sicher gut dazu. Falkner müssen einen Lederschutz gegen die scharfen Krallen des Falken tragen. Da drängt sich wiederum das Bild der Aggressivität auf, denn auf diese Weise greifen der Falke sowie auch der Konvertit fest zu.

Auch in der nordischen Mythologie ist der Falke eine zentrale Figur. Freia, eine wichtige Fruchtbarkeitsgöttin in Walhall, besaß die Haut eines Falken. Wann immer sie diese trug, konnte sie Geist werden, in die Unterwelt reisen und mit dem Wissen um die Zukunft zurückkehren. Dadurch, daß sie eine Person veränderten, konnten die Haut und die Federn des Falken sie verwandeln und in andere Welten oder Dimensionen versetzen.

Das Geschenk der Feder in unserem Märchen schafft Kontakt zu der Fähigkeit, sich zu verwandeln oder zu transzendieren. Dies ist das Geschenk der Spiritualität, damit verstehen wir unser Leben in spiritueller oder metaphysischer Hinsicht. Es ist die Fähigkeit, mit allem verbunden zu sein und gleichzeitig zu schweben und alles von oben zu sehen.

Der Symbolismus unserer Geschichte vermittelt uns, daß diese Energie – die Feder des Falken – sehr schwer zu finden ist. Unsere

Heldin läßt nicht locker. Schließlich erhält sie durch diese Hart- näckigkeit – und wir mit ihr – das Geschenk von einem weisen und tiefen Ort im Innern. Die Märchenerzählerin stellt dieses Zentrum unserer Energie als einen weisen alten Mann dar. Dieses Bild von alten Männern als die Verkörperung der Weisheit ist so vertraut, daß sogar Gott, wenn er gemalt wird, als ein alter Mann mit einem wallenden weißen Bart dargestellt wird.

Die Spiritualität ist sehr teuer. Der Preis des alten Mannes war tausend. Diese Tausend brachten das junge Mädchen und die Fe- der, einen winzigen Teil des Vogels, zusammen, aber sie mußte noch mehr tun, ehe sie die Spiritualität erlangte. Sogar nachdem sie unermüdlich und ohne in ihrem Begehren zu wanken gewartet hatte, und nachdem dieser hohe Preis gezahlt worden war, hatte sie nur kurzen Kontakt zu dem Falken, ehe sie die Verbindung wieder verlor. Auch wir müssen warten, wenn wir eine Verbindung zu einer inneren Spiritualität festhalten wollen, müssen an unserem Wunsch festhalten, einen Preis in Form von Selbstdisziplin zahlen und darauf vertrauen, daß irgendeine innere Quelle die Dinge zugänglich machen wird. Auch dann werden wir nur einen kurzen Blick darauf werfen können. Es wird noch mehr Arbeit zu leisten sein.

Die Art des Kontaktes, den das Mädchen mit dem Falken hat, gleicht dem spirituellen Kontakt bei vielen von uns. Wir erleben einen Augenblick tiefer Kommunikation mit einer anderen Per- son, der so wahrhaftig und ehrlich ist, daß wir uns verwandelt fühlen. Der Moment geht vorüber und läßt uns mit einer Erinne- rung und einer Sehnsucht zurück, so daß wir uns fragen, wie wir mehr von solchen Augenblicken bekommen können. Wir gehen in eine Kathedrale oder stehen an einem Strand und fühlen die Ge- genwart einer Energie. Später kehren wir zu demselben Ort zu- rück, aber wir denken an etwas anderes, und was immer wir fühl- ten ist nun fort. Solche Momente in der Zeit nennen wir göttlich. Sie sind Geschenke des alten Mannes am Tor. Wir besitzen sie, aber sie sind uns nicht verfügbar, nicht abrufbar.

Wer irgendeinen kontinuierlichen Kontakt zu der Welt des Gei- stes oder der Göttlichkeit unterhalten will, der muß mit uner- müdlicher und eiserner Disziplin mit den Problemen aus dem Unbewußten umgehen. Dies ist die Vater-Energie, die in unserer Geschichte schwach war. Der Vater hält die Schwestern nicht da- vor zurück, den Falken zu verletzen.

Als Finist verletzt ist und nach dem jungen Mädchen ruft, hört sie ihn nicht, aber in ihrem Traum erfährt sie, wie sie ihn finden kann. Die Information, wie sie weitermachen kann, wurde dem Mädchen durch das Unbewußte zuteil. Dies ist ein interessanter und spannender Aspekt. Wir hören, daß irgendein Ort im Unbewußten gefunden und mit uns verbunden werden will, ebenso wie wir als bewußtes Ego diese Verbindung wünschen. Die Botschaft haben wir schon einmal gehört. Der weise alte Mann am Tor erscheint dem Vater. Die Augenblicke, die wir am Strand, in einer Kirche oder mit einem anderen erlebt haben, waren Geschenke von irgendwoher. Wir erzwingen diese Verbindung nicht auf einer bewußten Ebene.

Wenn wir die Information betrachten, die das junge Mädchen von dem Falken erhält, dann fällt uns auf, daß das Unbewußte einen Weg, nicht ein Ziel anbietet. «Du mußt das und das tun», bekommt sie gesagt. «Du mußt diese Dinge mehrmals hintereinander tun, bis du jeden Widerstand gebrochen hast.»

Die Information ist ein Geschenk. Nicht einmal dem jungen Mädchen ist genau klar, woher sie das weiß. Dies ist die Form von Wissen, die wir besitzen, wenn wir morgens aufwachen und der festen Überzeugung sind, wie wir einem Problem begegnen sollen, für das wir am Abend zuvor noch keine Lösung hatten.

Was das Mädchen weiß, ist, daß es drei Paar eiserner Schuhe und drei Wanderstäbe aus Eisen verschleißen und sich durch drei Steinwaffeln beißen muß, ehe es überhaupt erst einmal zu dem Ort kommen kann, von dem aus es deutlich erkennen kann, was es will.

Eisen steht für einen Archetyp des Vater-Geistes, der in Volksmärchen oft als kleiner eiserner Mann vorkommt. Dieser Archetyp trägt die Eigenschaften Härte und Haltbarkeit in sich, beides Aspekte des Männlichen, die dem Vater der Geschichte wiederum fehlen. Die Eigenschaften sind notwendig, wenn man die Disziplin zu einer spirituellen Suche aufbringen will.

Eisen haften aber auch magische Eigenschaften an, vielleicht weil die Menschen früher einmal glaubten, daß es aus einer anderen Welt, von den Sternen des Himmels kam. Eisen konnte Hexen und das Böse vertreiben. Mütter oder Hebammen legten eiserne Nägel in die Wiege zu einem Baby, um es in Sicherheit zu wissen. Die Menschen trieben eiserne Stangen durch das Herz eines angeblichen Vampirs, um dessen ewigen Tod herbeizuführen. Diese Attribute des Eisens sind eine Metapher, die das Bedürfnis der Menschen nach fester Autorität, verbunden mit Güte, versinnbildlicht.

Wenn wir daran arbeiten, Zugang zu unserer eigenen Spiritualität zu erlangen, dann müssen wir, wie die Heldin, lernen, die Disziplin, die Strukturiertheit und die feste Herrschaft des Vater/König-Männlichen zu verinnerlichen. Wir müssen hart arbeiten, um sicherzustellen, daß diese Energie zum Guten funktioniert.

Das Bild, das die Märchenerzählerin oder das Unbewußte entwirft, weist auch einen Weg auf, wie man dafür sorgen kann, daß das Männliche auch fundiert und zum Guten genutzt bleibt. Dies zeigt sich dadurch, daß das Symbol der Schuhe verwendet wird. Schuhe werden auf unterschiedliche Weise als Symbol für das Weibliche verwendet, und hier heißt das, daß das innere Männliche (Eisen) mit dem inneren Weiblichen (Schuhe) verbunden werden soll.

Schuhe werden als ein Symbol für das Weibliche angesehen, da sie mit dem Boden oder der Mutter Erde in Verbindung treten können. Sie haben nährende Eigenschaften – sie halten uns warm und trocken und schützen uns vor Schnitten und Wunden – und andere Eigenschaften wie das Halten und Bewahren, die sämtlich Attribute der Mutter sind.

Ein Schuh ist auch ein Symbol für Fruchtbarkeit. Hier hat die Sitte ihren Ursprung, an die Kutsche oder das Auto eines frisch vermählten Ehepaares Schuhe zu binden. «Wir wünschen euch für eure Ehe Fruchtbarkeit», soll dieses Symbol ausdrücken.

Die Anweisung, eiserne Schuhe zu tragen, kann folgendermaßen übersetzt werden: Fügen Sie Ihrer bereits existierenden männlichen Energie einige Autorität und Struktur hinzu. Sie werden das Wachstum Ihrer Spiritualität ohne eine eiserne Disziplin nicht befördern. Stellen Sie auf jeden Fall sicher, daß dieses innere Männliche nicht den Kontakt zu Ihrer weiblichen oder fruchtbaren, nährenden Natur verliert. Das ist notwendig, um zu verhindern, daß das Männliche strafend, hart oder zur Erlösung unfähig wird.

Es gibt noch eine weitere Anordnung im Zusammenhang mit Eisen: Die Heldin muß drei eiserne Wanderstäbe mit auf die Reise nehmen. Dadurch wird sie, ebenso wie wir, daran erinnert, daß es notwendig ist, immer das Gleichgewicht zu wahren und auf Kurs zu bleiben. Wir müssen uns davor bewahren zu stürzen, und wir müssen die Kraft der Unterstützung von außen benutzen, um bei unserer Aufgabe aufrecht zu bleiben. Die Wanderstäbe werden uns zudem helfen, ein inneres Gleichgewicht zu erlangen.

Kürzlich war ich mit meiner kleinen Enkelin einkaufen. Wir kamen in ein Geschäft, in dem Kreisel ausgestellt waren, und wir hatten viel Spaß dabei, sie anzuschauen und zu versuchen zu verstehen, wie diese Dinger immer in Bewegung sein können, ohne die Richtung zu verlieren. Der Verkäufer hielt uns einen kleinen Vortrag darüber, daß dies dasselbe Prinzip ist, mit dem man Schiffe auf Kurs hält. Ich bin nicht sicher, ob einer von uns das in dem Moment, wo wir den Laden verließen, wirklich verstanden hatte, aber meine Enkelin mit ihrem Verstand einer Sechsjährigen schien sich besser damit anfreunden zu können als ich. Im nachhinein dachte ich über die Symbolik dieser Geschichte nach. Die Wanderstäbe wurden, so dachte ich, gebraucht, weil wir keinen inneren Kreiselkompaß haben, der uns in der richtigen Richtung hält. Wir Menschen fallen immer vom Kurs ab und enden dann kieloben. Die Geschichte warnt uns vor dieser Gefahr, rät uns, Vorsicht walten zu lassen.

Das dritte Hilfsmittel, das unsere Hauptperson mit auf ihre Reise nimmt, sind Waffeln aus Stein. Ihre Aufgabe ist es, sich durch drei von diesen Waffeln zu beißen, erst dann wird sie das Land erreichen, in dem hoffentlich ihre Spiritualität wartet. Stein versinnbildlicht göttliche Macht oder die Kraft des Lebens. Er ist ein Symbol für Ganzheit. Jesus nannte sich den «geistlichen Fels», und über Petrus sagte er: «Und auf diesen Felsen will ich bauen meine Gemeinde.»

In vielen Kulturen glaubte man auch, daß Steine Lebensenergie bergen. Wenn dort jemand an einen Menschen erinnern wollte, dann schuf er Statuen aus Stein, die ihm ähnlich waren, in dem Glauben, daß ein Aspekt seines Geistes in der Statue bleiben würde. Denselben Ursprung hat die in vielen Kulturen übliche Sitte, über dem Grab eines geliebten Menschen einen Stein zu errichten.

Die Märchenerzählerin verbindet Stein mit dem Bild einer Waffel, die ein Symbol für die Verschmelzung mit dem Übermenschlichen oder Göttlichen ist. Unsere Heldin muß auf dem kauen, was gemeint ist, um es verinnerlichen zu können. Dies ist ein alter Vorläufer der christlichen Kommunion, wo sich die Waffel oder Oblate in das Göttliche verwandelt. Die Symbolik der Geschichte zeigt, daß wir lernen müssen, das schnelle, leichte, offensichtliche oder oberflächliche Verstehen zu vermeiden. Wir müssen soviel Zeit wie nötig darauf verwenden, in Besitz zu nehmen, zu verstehen und zu verinnerlichen. Indem wir unsere eigene Spiritualität suchen, müssen wir so lange beißen und kauen, bis wir unsere Wahrheit aufgenommen haben.

Der Ball, den die Heldin von der ersten alten Frau bekommt, bestimmt die Richtung. Nach der Theorie von C. G. Jung enthält jeder Mensch etwas, was man das Selbst nennt. Dies ist unser inneres Leitsystem, das uns, psychologisch gesehen, zu der Art führen kann, wie wir wachsen sollen.

Wir haben uns an die Idee gewöhnt, daß viele Aspekte unserer physischen Zukunft vor unserer Geburt in der DNA festgelegt sind. Wir werden blaue Augen, rotes Haar, helle Haut und eine bestimmte Größe haben, denn diese Gene sind vom Moment der Zeugung an existent. Sogar eine Anfälligkeit für bestimmte Krankheiten ist in unseren Genen festgelegt, wenngleich die Frage, ob wir eine Krankheit entwickeln, von unserem Handeln in unserer Umgebung abhängt.

Auf dieselbe Weise bewahrt das Selbst auch den Schlüssel für unser emotionales oder psychologisches Wachstum. Obwohl es sicher möglich ist, unser angeborenes psychologisches Potential zu durchkreuzen – auf dieselbe Art, wie schlechte Ernährung unser physisches Potential gefährden kann –, gibt es ohne Frage einen zugrundeliegenden emotionalen Plan, der da ist und sich kontinuierlich entwickelt. Wenn unser Ego – der Teil, an den wir gewöhnlich denken, wenn wir uns selbst meinen – bereit ist zuzuhören, dann ist ein Anführer da. Es ist der Ball, der geworfen wurde. Wir müssen nur folgen.

Woher sollen wir wissen, was die Richtung sein soll, wenn wir sie dort sehen, wo der Ball und sein Weg ist? Wir leben in einer Zeit, in der wir zu dem Glauben gelangt sind, daß die einzig wahren Dinge die sind, die wir durch unsere konkreten Sinne erfahren können. Wenn wir etwas sehen, hören, riechen oder schmecken können, dann sind wir bereit zu glauben, daß es wirklich ist.

Lassen Sie sich Zeit, rät die Erzählerin. Sie haben Geschenke zur Hand – Gold und Silber oder Männliches und Weibliches. Sie besitzen innere Reichtümer. Hören Sie zu! Drehen Sie sich! Lassen Sie Ihre Ideen und Gefühle rollen! Halten Sie das, was Sie über Ihr gesundes Männliches (Gold) lernen, mit Ihrem gesunden Weiblichen (Silber) verbunden. Und stellen Sie sicher – ganz sicher –, daß Sie die Emotion bei der Aufgabe nicht vergessen. Wenn Sie das Ziel erreichen, dann wird es das Gefühl, die Träne, sein, die Sie mit Ihrer eigenen spirituellen Natur vereinen wird.

Eine Heirat zwischen unserer weiblichen und der männlichen Energie garantiert kein «und sie lebten glücklich und zufrieden». Es ist aber doch ein weiteres Teilchen, das wir dem Puzzle hinzufügen, aus welchem wir unsere eigene Ganzheit schaffen. Und es ist eine notwendige innere Heirat, die sich ereignen muß, wenn wir unsere eigene Spiritualität suchen.

7

Ein goldener Vogel

DIE SUCHE NACH DEM SINN

Fast ein Jahr war vergangen, seit der Nacht, in der sie sich versammelt hatten, als Elizabeth, in ihren eigenen Schleier der Düsternis gehüllt, bis spät in die Nacht dagesessen und zugehört hatte, bis die Geschichten zu Ende waren. In dieser Nacht beschloß die alte Frau, als die Dorffamilien leise nach Hause in ihre Betten gegangen waren, bei Elizabeth zu bleiben, anstatt zu ihrem eigenen Haus zurückzukehren. Als sie bei dem kleinen Haus ankamen, machte die alte Frau ein Feuer, und die beiden saßen schweigend während der dunklen Stunden beisammen. Erst als der Himmel sich aufhellte, stand Elizabeth auf und begann zur Tür zu gehen. Es war ein langsames, betontes Gehen, als würde sie durch Wasser steuern. Ihre steifen Arme schwangen in einer verrückten, unrhythmischen Bewegung vor und zurück, die die alte

Frau an die Stabpuppen erinnerte, die die Kinder machten. An der Tür blieb Elizabeth stehen und drehte sich um. Ihr Mund öffnete sich, als wolle sie sprechen, dann schloß er sich wieder, während sie sich umdrehte, durch die Tür schritt und im Wald verschwand.

In der folgenden Zeit gab es Nächte, in denen die alte Frau meinte, Elizabeths Schrei vom Ufer des Sees zu hören, aber der Laut konnte auch von Kojoten stammen. Einige aus dem Dorf glaubten, sie auf der Jagd gesehen zu haben, aber niemand war sich sicher. Dann, elf Monde später, war sie wieder da. Sie schritt in die Stadt mit einer Sicherheit und Leichtigkeit des Ganges, die sie vielleicht von den Hirschen des Waldes gelernt hatte. Ihr Haar, in einen einzigen Zopf gebunden, war völlig weiß geworden. Ihre Haut war dunkel-oliv gebrannt. An ihrer Seite war ein großer weißhaariger Mann, den sie Cormac nannte.

Sie zogen in dasselbe Haus, das all die Jahre ihr Zuhause gewesen war, aber jetzt lebte sie mehr draußen als drinnen. Manchmal verschwand sie für ein oder zwei Tage. Wenn sie zurückkam, brachte sie Wurzeln und Samen mit, die ein Teil ihres angelegten ausgedehnten Gartens wurden. Jede Pflanze schien, war sie einmal an ihren neuen Platz auf der Erdoberfläche gesetzt, unter Elizabeths Händen zu gedeihen, bis sie soweit war, daß sie Blätter, Samen, Blumen und Wurzeln hervorbringen würde, die heilen und lindern konnten. Elizabeth, so braun wie die Erde, in der sie arbeitete, und geschmeidig und beweglich wie weiße Schafgarbe, hatte das Dorf dem Tode nahe verlassen und war geheilt und als Heilende wiedergekehrt.

Wenn wir uns auf unser eigenes Alter vorbereiten, dann suchen wir nach unseren verstreuten Teilen. Wie Elizabeth müssen wir in den Wald gehen. Unser Wald ist das Unbewußte. Dort finden wir Teile aus unserem Schatten, unserem Männlichen und unserem Weiblichen; wir finden diese und andere Teile, die wir verloren hatten oder von denen wir vielleicht nie wußten, daß sie zu uns gehören. Und wir finden dort die Leitung und die Weisheit, die wir brauchen.

Der leitende Aspekt unseres Unbewußten, das Selbst, dieser tiefe innere Kern, war von Anfang an mit uns. Weil das Selbst unsere wahre Natur kennt, können wir aus diesem Mittelpunkt sowohl unsere Richtung wie auch den Sinn erfahren. Das ist allerdings eine Entdeckung, die eher Zuhören als Reden erfordert. Dies aber fällt oft denjenigen unter uns schwer, die sich am besten fühlen, wenn sie aktiv sind.

Wo Religion oder Spiritualität praktiziert werden, spricht man oft vom gleichen Phänomen, nur mit anderen Begriffen. Manche beschreiben das Selbst nicht psychologisch, sondern verstehen es als die innere Manifestation eines Gottes. Andere nennen diese innere Quelle eine höhere Macht. Für manche ist es die spirituelle Energie des Lebens. Die alten Israeliten in der Geschichte von Moses und dem brennenden Dornbusch identifizierten es als die feurige Energie, genannt «Ich werde sein, der ich sein werde». Der persische Sufi-Dichter Rumi spricht von dieser Energie folgendermaßen:

Meine Augen leuchten, weil da ein anderer in mir ist.
Wenn Wasser dich verbrüht, dann war Feuer dabei – verstehst du?

Psychologen und religiös geprägte Menschen sprechen von dem Erlebnis einer inneren Energie. Sie beschreiben diese Energie als allwissend, größer als das Individuum und als außerhalb der Kontrolle des Individuums stehend. Und sie stimmen in der Ansicht überein, der einzige Weg, Zugang zu dieser Energie zu bekommen, sei, sich ihr zu überlassen.

Wenn wir uns darauf vorbereiten, in unserem Kulturkreis alt zu werden, dann ergibt sich noch eine weitere Aufgabe für uns. Wir müssen den Sinn unseres Lebens entdecken. Nachdem wir uns der Eigenschaften bewußt geworden sind, die verloren waren, und nachdem wir daran gearbeitet haben, die Spannung zwischen unseren gegensätzlichen Teilen auszuhalten, müssen wir noch mehr erfahren. Wir müssen den Weg entdecken, wie wir die Bedeutung unseres Lebens herausfinden können. Um diese Aufgabe zu bewältigen, benötigen wir mehr als unser bewußtes Ego. Die Suche wird uns tief ins Innere führen, zu dem Selbst oder dem anderen. Wieder einmal fragen wir uns, wie diese Reise aussehen wird.

Es ist die Verletzung, die uns auf den Weg zu dieser tiefen Arbeit schickt. Elizabeths Wunden waren so schmerzhaft geworden, daß sie die Kinder nicht länger unterrichten konnte, sondern in den Wald gehen mußte, um sich zu heilen. Sie erlebte sich als von ihren Gefühlen abgetrennt. Jede von uns hat andere Verletzungen, aber jede Wunde kann der Auslöser für die Reise werden. Wenn wir älter werden, beginnen viele von uns ein Bedürfnis zu spüren, das zu heilen, was geheilt werden muß. Im Älterwerden erfahren wir das dringende Bedürfnis, unsere eigene einzigartige Bedeutung zu entdecken. Im Psalmbuch ist die Intensität dieses Gefühls ausgedrückt:

Wie der Hirsch schreiet nach frischem Wasser,
so schreiet meine Seele, Gott, zu dir.

Das Märchen vom goldenen Vogel erzählt uns von diesem Prozeß. Wir sehen, daß das Erkennen von Sinn zwar ein Wunsch sein kann, daß es aber keine leichte Aufgabe ist, ihn zu erlangen.

▼

DER GOLDENE VOGEL

Es war einmal ein König, der mit seinen drei Söhnen in einem Schloß lebte. Vor dem Schloß stand ein Apfelbaum, der goldene Äpfel trug. Eines Morgens fehlte ein Apfel. Der König schickte seinen ältesten Sohn hin, um unter dem Baum zu sitzen und zu wachen, aber als die Nacht hereinbrach, wurde der Junge vom Schlaf überwältigt. Am nächsten Morgen fehlte ein weiterer Apfel.

In der zweiten Nacht schickte der König seinen zweitältesten Sohn, um unter dem Apfelbaum zu wachen, doch auch er wurde vom Schlaf überwältigt, und bei Sonnenaufgang fehlte ein weiterer Apfel. Da blieb dem König nichts anderes übrig, als in der dritten Nacht seinen jüngsten Sohn zu schicken. Dieser Sohn blieb wach, und genau um Mitternacht sah er, wie ein goldener Vogel herangeflogen kam. Der Junge schoß einen Pfeil auf den Vogel ab, der daraufhin eine Feder verlor und davonflog.

Am nächsten Morgen nahm der Sohn die Feder, brachte sie dem König und berichtete ihm, was er gesehen hatte. Der König war von der Schönheit der Feder betört. Er beschloß, daß er den Vogel besitzen mußte, und schickte sogleich seinen ältesten Sohn aus, ihn zu suchen.

Der Junge ritt los und kam bald zu einem Fuchs, der am Waldrand saß. Der älteste Sohn wollte ihn gerade erschießen, als der Fuchs seine Pfote erhob und sagte: «Halt! Erschieße mich nicht, dann will ich dir einen guten Rat geben, wie du den goldenen Vogel finden kannst.» Der Älteste ließ das Gewehr sinken.

«Du wirst zu einer Stadt kommen», sagte der Fuchs. «In der Stadt wirst du zwei Wirtshäuser sehen. Im einen werden Menschen sein, die singen und tanzen, während das andere dir menschenleer und dürftig vorkommen wird. Halte dich fern von dem Wirtshaus, in dem gefeiert wird, und suche das andere auf.» Nach diesen Worten lief der Fuchs davon.

Der älteste Sohn ging in die Stadt und fand alles so vor, wie der Fuchs es beschrieben hatte. Doch das armselige Wirtshaus sah ihm doch zu betrüblich aus, und der Älteste ging in das, wo es lustig herging, und vergaß bald seine Aufgabe, den goldenen Vogel zu finden.

Nach einer Weile war der König überzeugt, daß sein Sohn nicht zurückkehren werde. Er schickte den mittleren Sohn aus, den goldenen Vogel zu suchen. Mit diesem jungen Mann geschah dasselbe wie mit seinem Bruder, und auch er landete in dem Wirtshaus, wo man sang und tanzte.

Nun blieb nichts anderes zu tun, als den jüngsten Sohn zu schicken. Auch er begegnete dem Fuchs. Doch dieser Sohn folgte dem Rat des Tieres. Nachdem er in dem armselig ausschauenden Wirtshaus eine ruhige Nacht verbracht hatte, ritt er weiter. Wieder traf er auf den Fuchs.

«Setze dich auf meinen Rücken», sagte der Fuchs. «Ich werde dich zum Schloß bringen.» Der Junge tat, wie ihm geheißen wurde. Er hielt sich gut fest. Schon bald standen sie vor einem großen Schloß, vor dessen Toren schlafende Soldaten lagen. «Gehe an den Soldaten vorbei», wies ihn der Fuchs an. «Im Schloß wirst du den goldenen Vogel in einem hölzernen Käfig finden. Neben diesem Käfig steht ein leerer Goldkäfig, aber diesen mußt du dort lassen und den Vogel im hölzernen Käfig bringen.»

Der jüngste Sohn dankte dem Fuchs für seine Hilfe. Einmal im Schloß, war er jedoch von der Schönheit des goldenen Käfigs betört. Er öffnete die Tür des Käfigs, um den Vogel vom hölzernen in den prächtigen Bauer setzen zu können, aber als er das tat, stieß der Vogel einen Schrei aus. Die Soldaten erwachten und eilten herbei, um ihn gefangenzunehmen. Sie warfen den Jungen ins Gefängnis.

Der König des Schlosses jedoch bestimmte, daß er dem Jungen vergeben würde, wenn er das goldene Pferd finden und ihm bringen würde. Zur Belohnung würde er ihm das Leben und den goldenen Vogel schenken.

Der jüngste Sohn eilte davon, um diese Aufgabe zu erfüllen, und wieder begegnete er dem Fuchs, der ihm half. Als sie zu dem Stall kamen, wo das Pferd lebte, gab der Fuchs ihm folgenden Rat: «Du wirst zwei Sättel sehen. Einer ist aus Holz, während der andere golden ist. Lege dem Pferd nicht den goldenen Sattel auf. Wenn du das tust, wird es dir schlecht ergehen.»

Der jüngste Sohn konnte der Versuchung jedoch nicht widerstehen, als er den wunderschönen goldenen Sattel in der Sonne blitzen sah. Als er ihn auf den Rücken des Pferdes legte, fing es laut an zu wiehern. Die Stallknechte erwachten, ergriffen den Jüngsten und warfen ihn ins Gefängnis.

Der König des Schlosses jedoch bestimmte, daß er dem Jungen vergeben würde, wenn er die wunderschöne Prinzessin zurückbringen würde, die in dem goldenen Schlosse lebte. Zur Belohnung würde er ihm das Leben und das goldene Pferd schenken.

Wieder wartete der Fuchs auf den Jungen, um ihn auf seinem Rücken zu dem goldenen Schloß zu bringen. Das Tier riet ihm, hineinzugehen und die Prinzessin zu küssen, dann würde sie ihm folgen. «Erlaube ihr jedoch nicht, sich von ihren Eltern zu verabschieden, sonst wird es dir schlecht ergehen.» Der jüngste Sohn versprach es, doch die Prinzessin weinte und flehte, und schließlich gab er nach. Die Prophezeiung des Fuchses trat ein, und der König ließ den jungen Mann ins Gefängnis werfen.

Wieder war es der Fuchs, der dem jüngsten Sohn half, seine Freiheit und die Prinzessin zu gewinnen. Am Ende hatte der junge Mann seine Lektion gelernt. Von dieser Zeit an befolgte er den Rat des Fuchses. So konnte er das goldene Pferd und schließlich auch den goldenen Vogel gewinnen.

Die Geschichte beginnt mit goldenen Äpfeln, die von einem goldenen Vogel vom Baum gestohlen werden. Diebstahl ist eine wichtige Metapher. Jede Art des Diebstahls, die in unserem Leben geschieht, verletzt uns. Etwas, das wir wertschätzen, vielleicht ein Teil dessen, was wir sind, wird gestohlen und fortgenommen, und im Märchen wird das Verschwinden von goldenen Äpfeln als Symbol verwendet, um uns auf diesen Verlust aufmerksam zu machen.

Es gibt viele Wege, etwas zu stehlen, und viele Interpretationen dafür. Wird bei Tageslicht gestohlen, dann ist das durchschaubar und sichtbar. Psychologisch gesehen, würde dieses Stehlen auf einen offensichtlichen Selbstbetrug hinweisen. Doch der goldene Vogel kommt, um im Dunkel der Nacht zu stehlen. Diese Art des Stehlens rührt aus dem Unbewußten her. Es ist ein Übergriff vom Unbewußten auf das Bewußte. Im Märchen sagt uns die Metapher des goldenen Vogels, der die goldenen Äpfel stiehlt, daß das Unbewußte etwas von Wert nimmt. Was bedeutet das?

Ein goldener Apfel ist gestohlen, wenn wir unsere Verbindung zu irgendeinem Gefühl verlieren. Wir erleben etwas Despektierliches und sind uns keines Gefühls bewußt.

«Was für ein Gefühl hatten Sie dabei?» frage ich oft eine Klientin.

«Der andere war ärgerlich, als das geschah.»

«Ja. Da haben Sie sicher recht. Aber was für ein Gefühl hatten Sie dabei?»

«Ich weiß, was geschehen ist.»

«Gut. Aber wo ist das Gefühl?»

Dies kann eine lange oder kurze Weile so gehen, ehe schließlich die Klientin erklärt: «Ich bin wütend!»

Das ist ein Anfang, aber eben erst ein Anfang. Es gibt noch mehr zu tun, und der Prozeß, bis wir herausfinden, was unter der Wut begraben liegt, kann lang oder kurz sein. Die fiktive Person in unserem Beispiel könnte das Gefühl haben, durch die Respektlosigkeit verletzt worden zu sein. Wir verstecken unsere Verletztheit gewöhnlich, denn wir fühlen uns angreifbar, wenn sie da ist.

Die Verletzung ist nicht das Ziel unserer Suche. Wir sitzen eine Weile bei dem Gefühl und versuchen nicht, etwas zu *tun*, damit es vergeht. Dann beginnt unsere fiktive Person wahrscheinlich, ein paar Verbindungen zu den Wurzeln der Verletzung herzustellen. Vielleicht entdeckt sie frühere Ereignisse, Regeln oder Schlüsse, die sie davon überzeugen, daß sie kein Recht hat, sich verletzt zu fühlen. Das Recht auf ein eigenes Gefühl hat man ihr gestohlen, und zwar nicht von demjenigen oder von der Sache, die despektierlich war, sondern von etwas in ihrem Innern. Es ist ihr die Fähigkeit gestohlen worden, sich ihre Gefühle bewußt zu vergegenwärtigen. Es war kein menschlicher Dieb in der Nacht da, sondern ein innerer Vogel, der mit dem davonflog, was von Rechts wegen ihr gehörte.

Die ersten Versuche herauszufinden, was mit diesem wertvollen Schatz geschah, sind in der Geschichte nicht besonders erfolgreich. Die ersten beiden Söhne werden ausgeschickt, um Wache zu halten. Anstatt die Arbeit zu leisten, die notwendig ist, um das Rätsel zu lösen, schlafen sie. Das ist der faule Teil in uns allen. Wir wissen, daß irgend etwas nicht ganz in Ordnung ist. Zum Beispiel hegen wir starke Gefühle der Wut gegenüber einem anderen Menschen. Es ist schwer, wach zu bleiben, um herauszufinden, was da wirklich geschieht. *Wachen* heißt, daß wir fortfahren, das Gefühl zu fühlen. *Wachen* heißt, daß wir der Versuchung, uns selbst zu zerstreuen, widerstehen.

Wir müssen bei dem Gefühl bleiben, um daraus zu lernen, was es über uns selbst zu lernen gibt. Statt dessen schwatzen wir oder essen oder gehen einkaufen. Das sind die Drogen unserer modernen Gesellschaft. Wir haben gelernt, uns selbst mit Essen und Zerstreuung abzutöten. Was unsere Gefühle betrifft, schlafen wir unter dem Baum ein und schaffen es nicht, für uns selbst darauf zu achten, wer von uns stiehlt.

Das ist derselbe Teil von uns, der auch das lustige Wirtshaus wählt. Wir beginnen eine Reise, um herauszufinden, was gestohlen wurde, beenden sie aber, noch ehe wir besonders weit gekommen sind. In unserem obigen Beispiel sind das die Zeiten, in denen wir weit genug gekommen sind, um herauszufinden, daß wir wütend sind. Dann aber, als wäre ein Schalter umgelegt worden, bewegen wir uns wieder von innen nach außen. Wir projizieren und machen Vorwürfe. Wir werden streitsüchtig. Wir lassen uns in einem Strudel von Aktivität gefangennehmen, der uns vortäuscht, wir würden uns mit dem auseinandersetzen, was geschieht, während wir ihm in Wirklichkeit aus dem Weg gehen.

Dies ist für die meisten von uns eine schwierige Sache. Schließlich hat uns doch jemand etwas angetan. Wir haben Kontakt zu dem Gefühl der Wut. Und wir tun unsererseits etwas. Um uns zu versichern, daß wir mit dem leben können, was wir tun, packen wir unser Verhalten in die Schublade der «gerechten Empörung». Wir befreien die Welt von diesem äußeren Bösen. Was könnte eine aktive Reise mehr bringen? Wie kann es ein Scheitern bedeuten, wenn man etwas tut, um die gestohlenen Äpfel zurückzubekommen?

Kürzlich habe ich im Fernsehen etwas über einen Unfall gehört, in den ein Schulbus verwickelt war. Der Bus brachte Kinder aus einer kleinen Stadt zu einem nahegelegenen Sportereignis, als er von der Straße abkam. Der Busfahrer und viele der Kinder wurden getötet. Es war eine Tragödie von großem Ausmaß.

Gleich nach dem Unfall eilten Anwälte in die Stadt und erhoben vielfach Anklage. Die Busgesellschaft, das Schulsystem, der Reifenhersteller, die Hersteller von Gurten, die Familie des Busfahrers, der Straßenmeister und viele andere wurden verklagt. Als Ergebnis all dieser Prozesse erhielten viele Familien Millionen. Nach mehreren Jahren hatten einige Familien immer noch Gerichtsverfahren laufen. Einer der Kommentatoren sprach die Frage der Trauer an.

Das war eine gute Frage. Eine Mutter, die noch zwei Verfahren in der Schwebe hatte, sagte, es hätte noch keine Zeit gegeben zu trauern. Sie erinnerte sich an die alte Zeit vor dem Unfall. Damals, so sagte sie, kamen immer alle zusammen, wenn eine Familie von einem Unglück heimgesucht worden war. Jeder erinnerte sich und weinte. Jeder redete und erzählte Geschichten. Jeder half. Aber diesmal, so erzählte sie dem Reporter, war jeder nur mit den Anwälten beschäftigt. Jeder war eifrig dabei, wütend zu sein. Es gab keine gemeinschaftliche Trauer, und auch sie selbst trauerte nicht mit den anderen. Sie sagte, sie wisse nicht, wie es den anderen gehe, aber sie habe keinen Frieden gefunden, obwohl der Unfall drei Jahre zuvor geschehen war.

Es gab keinen Frieden, weil es keine bedeutungsvolle Verwandlung gab. In unserem früheren Beispiel von der Respektlosigkeit haben wir gesehen, daß Wut ein notwendiges erstes Gefühl ist. Aber diese Familien blieben bei der Wut stehen. Sie nahmen fälschlicherweise an, daß dieses Gefühl etwas von bleibendem Wert sei, und nicht nur ein Wegweiser. Sie landeten im lustigen Wirtshaus, indem sie Aktivität mit Sinn verwechselten. Verlust und Trauer waren in etwas umgewandelt worden, was noch viel schlimmer war – Haß, Schuldzuweisungen und Habgier.

Wir müssen bedenken, daß das lustige Wirtshaus eine Form von Hypermaterialismus sein kann oder daß es für eine ebenso verlockende äußere Suche nach einer anderen Lösung stehen kann, so wie sie die Eltern in dem Dorf bei den Anwälten fanden. Als die Eltern diese Gerichtsverfahren anstrengten, sahen sie ihre Aktivität als «Gerechtigkeit» an, weil sie verhinderten, daß anderen dasselbe geschehen würde. Doch in Wirklichkeit ist diese Art des Verhaltens Rache, und Rache hat nur wenig Heilendes an sich.

Die Verwicklung in Gerichtsverfahren schuf die Illusion, daß sie etwas taten. Die wirkliche Arbeit der Trauer und des Ringens darum, verstehen zu können, wie ein solch furchtbarer Verlust ein Aspekt des Sinns eines jeden einzelnen Lebens sein könnte, wurde nicht aufgenommen.

Es scheint, als gäbe es viele Gründe, warum die Menschen dieser Aufgabe aus dem Weg gehen. Neurotische Kräfte wie Habgier und Schuldzuweisungen können die Aufmerksamkeit für Alternativen blockieren. In einem anderen Fall scheint eine Frau diese Art der Reise weder zu brauchen noch zu wollen. Meine Tante Martha ist ein gutes Beispiel für jemanden, der kein Interesse an irgendwie gearteten Wanderungen in den Wald hatte.

Tante Martha lebte, soweit ich das beurteilen kann, ihr fortgeschrittenes Alter recht zufrieden nahezu ohne jede Selbsteinsicht. Sie kochte für ihre Familie die drei Mahlzeiten am Tag, von denen sie wußte, daß sie sie brauchten. Als alle Familienmitglieder aus dem Haus waren, kochte sie immer noch für sich selbst. Sie putzte das Haus, wie sie es immer getan hatte. Sie machte ihre Wäsche am Montag und bügelte dienstags. Am Mittwoch begann sie mit dem Reinemachen. Sie teilte die Aufgaben so ein, daß sie für den Rest der Woche vorhielten, und am Sonntag ging sie natürlich in die Kirche.

Als sie recht alt geworden war, fragte ich sie, ob sie nicht etwas Hilfe wollte. «Nein», antwortete sie immer. «Ich wüßte nicht, was ich mit mir anfangen sollte, wenn jemand anders die Arbeit machen würde, die der liebe Gott für mich gedacht hat.»

Tante Martha hatte kein Interesse, ihrem Schatten oder ihrem

Animus zu begegnen. Das Selbst in ihrem Inneren wäre ihr dumm vorgekommen. Ihr Gott war droben im Himmel, und ihre Arbeit war ihr Zuhause. Manchmal saß ich in ihrer großen Küche und trank eine Tasse Tee, während sie backte. Ich sprach von einigen dieser Ideen, und sie pflegte zu antworten: «Das ist nett, meine Liebe. Würdest du mir bitte den Topflappen rüberreichen?» Tante Martha war eine gute Frau, die ihr Leben ehrlich und großzügig lebte. Sie war mit ihrem Leben glücklich, so wie es war. Im Laufe der Jahre, in denen ich im Wald kämpfte, habe ich sie oft beneidet.

Doch als ich älter wurde, habe ich gemerkt, daß die *Richtigkeit* einer Position nicht von uns, sondern vom Selbst festgelegt wird. Es war richtig für Tante Martha zu leben, ohne den Kampf um das Wissen über sich selbst aufzunehmen. Das war einfach nicht, was sie sein sollte. Doch gibt es viele von uns, die für einen anderen Weg vorgesehen sind. Wenn wir unser Leben seinem Sinn gemäß leben wollen, dann müssen wir den Wald suchen.

Der jüngste Sohn in dem Märchen verkörpert die Energie des Helden, der bereit ist zu suchen. Er will mehr wissen. Er ist der Aspekt von uns selbst, der bereit ist zu wachen, um herauszufinden, was das Problem sein könnte, und sich dann auf die Reise zu begeben.

Diese Energie des Helden in jeder von uns muß nicht allein reisen. Auch auf uns wartet ein Fuchs. Der Fuchs ist die Energie des Instinktes, die uns mit erstaunlicher Sicherheit leitet und führt, wenn wir wissen, wie man zuhört.

Nun ist es in unserer Kultur nicht leicht, zuhören zu lernen. Frauen werden mit äußeren Ansprüchen, Moden oder Werten überschwemmt. Die Kommunikation zu dieser Information des Instinktes ist abgebrochen. Eine Frau hört eine Botschaft vielleicht deutlich, doch nur um festzustellen, daß es schwer ist, andere zu finden, die bereit sind, ihr zuzuhören und sie ernst zu nehmen. Ich hatte einmal eine Diskussion mit einem Arzt, dem Freund einer Freundin. Es war auf einer informellen Versammlung in Los Angeles, deren Thema die Verschiebung des Verhältnisses zwischen Arzt und Patient war. Jemand in der Gruppe hatte das Argument vorgebracht, daß die Menschen immer besser über ihren eigenen Körper informiert wären. Der Arzt verlieh seiner Besorgnis Ausdruck, daß eine solche Auffassung die Autorität des Arztes gefährden könne. «Schließlich», so sagte er, «verstehen die Leute das nicht richtig. Krankheit und Medizin sind doch extrem komplex.»

Obwohl ich zustimmte, was die Komplexität der Materie angeht, sah ich das Problem eher darin, wie mit der unterschiedlichen Art der Information, die ein Patient hat, umgegangen werden muß. Um mein Argument zu illustrieren, beschrieb ich eine Erfahrung, die ich kürzlich mit meinem eigenen Körper gemacht hatte. Ich war plötzlich krank geworden. Instinktiv wußte ich, daß es meine Gallenblase war. Obwohl ich niemals zuvor irgendwelche Symptome einer Gallenerkrankung gehabt hatte, wußte ich genau, welcher Teil meines Körpers betroffen war.

«Vielleicht hast du dich an etwas aus den Anatomie- oder Physiologie-Kursen an der Uni erinnert», schlug er vor.

«Nein, ich habe diese Kurse nie besucht.»

«Hatte jemand in deiner Familie diese Krankheit?»

«Nein.»

«Offensichtlich bist du gebildeter, als die meisten Menschen es sind. Oder du hast einfach gut geraten.»

Was ihn betraf, war das das Ende der Diskussion – seine taktvolle Weise, meine Idee zurückzuweisen. Er glaubte nicht daran, daß es so etwas wie ein instinktives Wissen gibt.

Ich habe die Erfahrung gemacht, daß dieser Arzt kein Einzelfall ist. Ich habe von anderen Frauen vergleichbare Geschichten gehört, die belegen, daß auch sie über die instinktive Fähigkeit verfügen zu wissen, was in ihren Körpern vorgeht. Unglücklicherweise stoßen die meisten von ihnen auf Unglauben, wenn sie über das sprechen, was sie wissen. Eine Frau, die ich kenne, entwickelte Symptome wie Kopfschmerzen, Verwirrung und Schwindel. Sie suchte den Arzt auf und bekam gesagt, sie habe eine Infektion des Innenohrs.

«Das glaube ich nicht», sagte sie zu dem Arzt. «Das Problem liegt in meinem Kopf. Es ist im rechten Schläfenlappen.»

Aber es blieb bei der Diagnose Infektion des Innenohrs. Sie bekam Medikamente verschrieben. Sie nahm die Medizin nach bestem Wissen und Gewissen, kehrte aber mit denselben Symptomen wieder. «Ich brauche eine Tomographie des Gehirns», schlug sie vor. «Ich weiß, daß das Problem im rechten Schläfenlappen liegt.»

Erst als alles andere fehlgeschlagen war, ordnete der Arzt eine Computertomographie an.

Da war ein Tumor, und wo fanden sie ihn? Im rechten Schläfenlappen.

Natürlich meine ich nicht, daß die Fortschritte der Wissenschaftsmedizin verdrängt werden sollten. Doch neben der objektiven und rationalen Wissenschaft gibt es auch noch den Fuchs. Wir müssen unsere eigene Energie des Instinktes kultivieren und wertschätzen, auch wenn die meisten Menschen nicht an die Wirklichkeit eines inneren Fuchses glauben.

Diese Fähigkeit erstreckt sich nicht auf alle Gebiete meines Lebens. Manchmal habe ich den Eindruck, zu einigen Zeiten oder auf einigen Gebieten unbewußt zu sein. Das trifft auf die meisten von uns zu. Wir müssen darauf hinarbeiten, ständig für unsere instinktive Weisheit aufmerksam und wach zu bleiben, denn sonst werden wir nicht hören, was uns gesagt wird. Wir werden an Orten umherwandern, wo wir nicht hingehören und nicht merken, wenn etwas faul ist.

Als der jüngste Sohn, unsere Held-Energie, erst einmal auf der Reise ist, macht er einen Fehler nach dem anderen. Sein Instinkt rät ihm, den hölzernen Käfig zu nehmen, statt dessen wählt er den goldenen und verliert den Vogel. Als nächstes rät ihm sein Instinkt, den hölzernen Sattel zu nehmen. Statt dessen wählt er den goldenen und verliert das Pferd.

Diese Energie des jungen Helden in uns ist etwas höchst Menschliches. Darin liegt unsere Neigung, etwas zu schnell zu machen. Wir haben die Vorstellung, daß wir in sehr kurzer Zeit imstande sein werden, das, was wir wollen, zu bekommen. In dieser Held-Energie liegt unser Hang, Entscheidungen nach äußerlichen Urteilen und vom äußerlichen Funkeln angeregt zu fällen. Unsere Energie des jungen Helden entspricht oft genau dem Prinzen von Marokko in Shakespeares Theaterstück «Der Kaufmann von Venedig». Wenn dieser aus drei Kästchen das richtige erwählt, dann wird er die reiche Erbin Porzia gewinnen. Er läßt die Kästchen aus Blei und Silber liegen und wählt das goldene. Als er es öffnet, findet er darin anstelle des Bildnisses der Porzia, das ihm die Verbindung zu ihr verheißen hätte, einen Schädel mit der folgenden Botschaft:

Alles ist nicht Gold, was gleißt,
Wie man oft Euch unterweist.
Manchen in Gefahr es reißt,
Was mein äußrer Schein verheißt.

Unsere Erzählerin gemahnt uns an die Gefahr, die ein rasches
Urteil birgt, das nur auf das gegründet ist, was offensichtlich ist.
Unser junger Held ist, wie der Prinz von Marokko, vom Gold
betört. Er ist nicht fähig, seiner inneren Energie des Instinkts
zu trauen. Dieselbe Warnung begegnet uns immer und immer
wieder, in Geschichten und im Leben selbst. Es fällt schwer, darauf
zu vertrauen, daß irgend etwas Gutes daraus werden kann, ein
Kästchen aus Blei oder einen hölzernen Käfig oder Sattel zu
wählen.

Es ist ein langer Prozeß, das Selbst und den Sinn unseres Lebens
zu finden, und er ist mit Schwierigkeiten und vielen Möglichkeiten, die falsche Entscheidung zu treffen, gespickt. Wenn wir zu
schnell vorwärtsgehen, dann werden wir vom Schein des Goldes
geblendet, wir werden die notwendigen Schritte unterlassen und
werden am Ende mit kreischenden Vögeln und laut wiehernden
Pferden zu kämpfen haben. Die meisten von uns haben das schon
ein paarmal in ihrem Leben gehabt. Wie die kleine hölzerne Puppe
Pinocchio in der Geschichte fallen wir immer wieder darauf rein,
daß wir denken, wir könnten unsere vier Stückchen Gold in tausend verwandeln, indem wir sie einfach über Nacht im Acker der
Wunder vergraben.

Der jüngste Sohn in unserer Geschichte wird nach jedem Fehler vom Fuchs oder seinem inneren Instinkt gerettet und geht
dann zur nächsten Aufgabe über. Er lernt, daß er den goldenen
Vogel nicht bekommen kann, ehe er nicht das goldene Pferd hat,
und daß er das goldene Pferd nur bekommen kann, wenn er die
Prinzessin hat. Es gibt einen Prozeß, der erst zu durchlaufen
ist.

Auf dieselbe Weise gibt es Schritte, die jede von uns unternehmen muß, um den Sinn ihres Lebens zu entdecken. Ich habe
festgestellt, daß, wann immer ich glaubte, ich könne eine Ab-
kürzung nehmen, und mir schon für meine Schlauheit gratulierte,
ich entweder am Ende in Schwierigkeiten geriet oder zumindest
wieder da stand, wo ich gestartet war.

Eine Bekannte von mir, Stella, war eine Frau, die arbeitete, um sich selbst genug Zeit zu ermöglichen, alle Schritte zu durchlaufen, und das, obwohl ihre Kinder sie zur Eile drängten.

Nachdem der Vater gestorben war, machten sich Stellas erwachsene Kinder Sorgen um sie. Stella und Joe hatten fünfzig Jahre lang in demselben zweistöckigen Haus gelebt. Sie hatten miterlebt, wie sich ihr Wohngebiet so stark veränderte, daß sie sich in den vergangenen Jahren nach Einbruch der Dunkelheit nicht mehr aus dem Haus wagten. Aber Stella liebte das Haus und ihren Rosengarten. Dies war ihr Zuhause.

Einer ihrer Söhne fand eine Wohnung in einem Seniorenheim, die ideal für sie gewesen wäre. Die Häuser dort waren neu und in gutem Zustand, nicht so wie das Haus, in dem Stella lebte. Ihr Sohn und seine Familie wohnten in der Nähe, so daß sie sie hätten besuchen und für sie sorgen können.

Stella ging mit ihrem Sohn hin, um die Wohnung anzuschauen, konnte sich aber nicht entschließen umzuziehen. «Das ist ganz reizend von dir, daß du das hier für mich gesucht hast, mein Lieber», sagte sie zu ihm, «aber ich weiß noch nicht, was ich tun soll.»

Stellas Tochter Patsy hatte ein Haus mit einigen Hektar Land dabei. «Ich möchte, daß du hierherziehst, Mutter», sagte sie. «Bud und ich werden dir ein kleines Haus hinter unserem bauen. Du wirst dein eigenes Zuhause haben und Platz für deine Rosen. Du kannst das Häuschen sogar selbst gestalten, wenn du willst.»

«Danke dir, meine Liebe», sagte Stella, «aber ich weiß einfach noch nicht, was ich tun soll.»

Stellas Schwester war im Ruhestand nach Florida gezogen. «Hier ist es wunderbar», schrieb sie. «Du könntest hierher ziehen, und wir wären zusammen. Erinnerst du dich, wie sehr du Florida immer gemocht hast?»

Stella schrieb zurück: «Danke dir. Ich mag Florida wirklich, und ich liebe dich. Aber ich weiß einfach noch nicht, was ich tun soll.»

Stella hatte im Laufe der Jahre Freundschaft mit ihrem Fuchs geschlossen. Er hatte ihr bei vielen Gelegenheiten einen guten Rat gegeben. Offensichtlich hatte er sich noch keine Meinung gebildet. Stella war bereit zu warten. Wenn sie sich entschloß, ihr Haus zu verkaufen und umzuziehen, dann wollte sie ganz sicher sein, daß sie sich nicht voreilig und aufgrund guter Ratschläge von anderen entschied. Stella hatte gelernt, lustige Wirtshäuser und funkelnde Käfige links liegenzulassen.

Der jüngste Sohn in unserem Märchen besaß nicht Stellas Weisheit. Er mißachtete seinen Instinkt. Er wollte das Gold. So machte er den Fehler zu denken, daß wenn eines gut ist, zwei besser sind. Der goldene Vogel ist herrlich, aber warum sollte man nicht auch den goldenen Käfig haben? Das goldene Pferd ist wunderbar, aber warum sollte man nicht auch noch den goldenen Sattel haben? Wann immer wir vom Äußerlichen geblendet sind, geht uns die Botschaft des Fuchses verloren. Wir mißachten unsere Instinkte. Dies wird uns immer in Schwierigkeiten bringen.

Der goldene Vogel ist das Symbol für den inneren Ort, an dem wir Sinn und Weisheit finden werden. Die Erzählerin läßt uns wissen, daß diese Suche ein Prozeß von Versuch und Irrtum ist. Wir können diesen Prozeß nicht beschleunigen. Es gibt keine Abkürzungen. Wir können den goldenen Vogel nicht mit nur einer Einsicht gewinnen. Nur durch kontinuierliches Arbeiten können wir den Sinn entdecken. Am Ende der Geschichte findet der jüngste Sohn diesen Sinn. Er kehrt mit der Prinzessin, dem goldenen Pferd und dem goldenen Vogel zum Schloß zurück.

Dieses Jahrtausend nähert sich seinem Ende. In den mitternächtlichen Momenten ist für jeden, der wachen möchte, immer ein goldener Vogel da. Wir sind Frauen, die in einer Zeit leben, in der sie eine Stimme finden können. Wenn wir uns selbst heilen, können wir auch vom Heilen sprechen. Wir sind die Ältesten der Gesellschaft, in einer Zeit, in der diese Gesellschaft weibliche Weisheit und Weisheit des Alters braucht. Es gibt viele Wege, eine Weise Alte Frau zu werden.

Der Sufi-Dichter Rumi sagte:

Es ist einfach. Du meintest, du wärest Staub,
und nun entdeckst du, daß du Atem bist.
Zunächst warst du unwissend, und jetzt weißt du mehr.

Genau das, was jede von uns noch «mehr» weiß, muß noch entdeckt werden. Was wir wissen, ist, daß unsere Wahrheit das umfaßt, was wir sind, was wir immer waren und was wir sein sollen.

Und wir wissen auch, daß unsere Wahrheit sehr paradox ist. Sie ist universal und individuell. Sie ist außen und innen. Sie wird gefunden, aber nicht gesucht. Wenn wir uns unserer Dunkelheit ausreichend bewußt werden, dann werden wir dort Licht finden. Dies ist der Weg des Selbst.

EPILOG

Die alte Frau war den größten Teil des Tages mit Vorbereitungen beschäftigt gewesen. Heute abend bei Sonnenuntergang würde das eine Woche während Ritual beginnen. Sie versuchte, sich zu erinnern. Jeden Juni fand das Ritual statt. Dieses Mal – war es das vierzigste Mal? Vielleicht das einundvierzigste? Sie seufzte. Das wievielte Mal auch immer – sie alle markierten die zahlreichen Runden auf ihrer Reise.

Heute abend würden drei neue Frauen aus dem Dorf kommen, um mit der Gruppe am Ritual teilzunehmen. Sie waren so jung, diese neuen alten Frauen. Vor vielen Jahren hatte sie vielleicht auch einmal so ausgesehen; das Haar noch kaum grau gesprenkelt, der Rücken noch gerade. Aber ihr Blut hatte aufgehört zu fließen, und jetzt war es an der Zeit, daß sie in den Kreis aufgenommen wurden und mit den anderen Frauen für eine Woche in die Berge zogen.

Zusammen waren sie zweiunddreißig, nein, dreiunddreißig Frauen, jetzt, da Elizabeth zurückgekommen war. Die älteste der Dorffrauen, Zeta, war immer noch am Leben, obwohl die alte Frau sich in diesem Winter Sorgen um sie gemacht hatte. Zeta hatte mehr als zwölfhundert ganze Monde gelebt, und für fünfhundert davon gehörte sie dem Kreis alter Frauen des Dorfes an. Die alte Frau hielt inne, dachte an alles, was sie von Zeta gelernt hatte, und ein zufriedenes Lächeln ging über ihr Gesicht. «Nicht nur von Zeta», sagte sie laut. «Ich habe von ihnen allen gelernt, und sie von mir.» Das war der Sinn des Kreises.

Heute abend mußte sie keine Geschichte vorbereiten. Eine Woche würde vergehen, bevor sie wieder eine erzählen würde. Diese Woche würden die Frauen tief in den Bergen, wo ein Eichenhain Tieren und Vögeln Schutz bot, verbringen. Sie würden reden, die Älteren und die Jüngeren, die gerade anfingen. Jede Frau, war sie einmal Teil des Kreises, war auf einer heiligen Entdeckungsreise zu der Geschichte ihres eigenen Lebens. In vieler Hinsicht würde jede Geschichte die Geschichte des Lebens einer jeden Frau sein. Und noch mehr würde jede Geschichte einzigartig sein. Nicht zwei Frauen waren denselben Weg gegangen. Keine Frau hatte alles gesehen, was es zu sehen gab. Manche Frauen hatten Schatten gesehen, andere Stürme. Keine Frau kam hier an, die nicht genug wußte, um beginnen zu können. In jeder lebte das Göttliche, und in jeder war ein Durst nach Sinn.

Die alte Frau faltete sorgfältig eine dicke Wolldecke zusammen, denn in den Bergen war es kalt. Sie erinnerte sich an das Jahr, in dem diese Wolle von dem Schaf geschoren worden war. Sie hatte bei seiner Geburt geholfen. Es hatte verkehrt herum gelegen, und es bestand Gefahr, daß es sich bei dem Weg durch den Geburtskanal das Genick brechen würde. Sie hatte ihre Hände und Arme in den warmen Körper der Mutter geschoben und hatte die Beine und den Kopf zu fassen bekommen. Das Lamm flutschte daraufhin mit dem Schwung eines jeden Neugeborenen heraus. Sie hatte sich diesem besonders verbunden gefühlt, vielleicht aufgrund der Geburt, und dachte an es, wann immer sie die Decke benutzte.

Ihren großen Topf würde sie mitnehmen, aber kein Essen. Die Nahrung, die sie brauchten, würden sie leicht in den Bergen finden. Dort würde es wilde Tiere geben, und die Wälder und Hügel würden mit frischem Grün bedeckt sein. Der Farn war geschossen, und der Löwenzahn war zart. Der Sauerampfer würde eine grüne Soße für jedes Tier, das sich bot, geben. Der Duft des Ysops würde sie umgeben, wo sie schliefen. Sie konnte das Gute dieser Woche bereits schmecken und riechen.

Sie legte sich ihre Decke auf den Rücken und ging hinaus, um die anderen Frauen für die Wanderung zu ihrem Ort in den Bergen zu treffen. Der Vollmond würde heute abend scheinen, wenn sie begannen, den Schmelztiegel des Wissens zu bereichern. Dieser Schmelztiegel war es, zu dem jede Frau schaute, um zu sehen, was gesehen werden mußte. In diesen Schmelztiegel gaben sie Weisheit, und sie empfingen Weisheit daraus. Jede Frau, die ihre Mond-Blutzeit durchlaufen hatte, um an dem Kreis teilzuhaben, trug Verantwortung dafür, Weisheit dorthin zu geben, wo sie gebraucht wurde. Das ist der Sinn des Kreises der Weisen.

Und so ist es bis heute. Eine alte Frau zu werden heißt, in den

Kreis aller Ältesten einzutreten, die einmal da waren. Eine alte Frau zu werden heißt, daran zu arbeiten, die Geschichte des eigenen Lebens zu entdecken und daraus Sinn und Weisheit zu ziehen. Dies ist die Aufgabe aller, die nicht länger das Blut gebrauchen, um neues Leben zu schaffen. Denn wir sind diejenigen, die die Ältesten für die kommende Generation werden.

DANKSAGUNG

Ich möchte Dr. Eileen Maday für ihre Unterstützung während der Entstehung dieses Buches danken, Dr. Nancy Robinson für die vielen Stunden der Diskussion und die Hilfe bei Fragen der Symbolik. Paul Corkerys Unterstützung beim Verlegen war von unschätzbarem Wert; Jim Wyre katapultierte mich ins Computer-Zeitalter – ich bin ihnen beiden dankbar. Und ich danke meiner Agentin Sheree Bykofski für all ihre Mühe, den richtigen Verlag zu finden.

Auch bei den Frauen, mit denen ich in den vielen Jahren gearbeitet habe, möchte ich mich bedanken. Obwohl die Klientinnen, die ich in diesem Buch beschreibe, fiktiv sind, habe ich doch in den langen Jahren im Therapieraum mehr gelernt, als ich jemals werde zurückgeben können, und die Beziehungen, die ich zu so vielen Menschen hatte, haben mich ungeheuer bereichert.

Schließlich danke ich meiner Familie und meinen Freunden für ihre unverbrüchliche Unterstützung, Geduld und Liebe während der Entstehung dieses Buches.